吉林财经大学资助出版图书
吉林财经大学博士基金项目（2019B07）

张晶 著

企业外部环境与高管收益研究

RESEARCH ON
THE EXTERNAL ENVIRONMENT OF ENTERPRISES
AND EXECUTIVE INCOME

社会科学文献出版社
SOCIAL SCIENCES ACADEMIC PRESS (CHINA)

前　言

过去的40年，我国经济体制经历了一系列的改革，这一过程的推进更加凸显外部宏观环境对微观企业发展和变革的重要性。外部环境的变迁贯穿经济体系的各个节点，由此对企业组织活动及内部参与者的决策发挥引导和治理效应，甚或深化公司治理结构的改革以及提升公司治理水平及能力，从而成为内部治理机制的有效补充。然而，随着企业改革的深入和治理结构的完善，众多企业的经营管理问题也接踵而来，其中如何提升高管收益的合理水平成为理论界和实务界共同关注的热点问题。基于此，本书以我国经济渐进式转型为制度背景，以比较制度分析理论、交易成本经济学理论和代理理论为基础，探求企业外部环境、内部监事会设置机制演进对高管收益决策的作用路径及效应。

围绕高管收益合理化这一重大议题，学者们分别从政治域、经济交换域、社会交换域和组织域内公司层级等方面探讨其对高管收益的作用。高管收益的合理程度不仅仅是微观层级公司治理的经济结果，更是经济、政治、社会文化和组织等企业内外部环境之间相互依存和联结作用的结果。然而，较少有研究结合我国的制度背景探究企业外部环境的作用，更少有研究从企业内外部因素的耦合效应考察这一研究主题。那么，在我国经济转型背景下，是内生环境还是外生环境能够更为有效地作用于高管权力寻租行为，又是哪些内生或外生的正式规则和非正式规则影响高管收益的获取行为？

因此，有专家和学者进一步提出内部监督机制的缺失是主要根源。监事会作为我国特色"二元制"公司治理体系中内部监督机制的重要构件，依照法律和契约对公司高管赋予财务监督和经营监督的权力。但是，我国监事会制度于实际运行中的监督作用存在差异，在为数不多的以监事会为主题的学术研究中其监督效力具有争议。如此，我国公司监事会对高管决策和行为的监督履职是否有效？抑或不同公司之间监事会的监督功能发挥是否存在差异？如有差异又来自何处呢？

监事会作为上市公司必设的监督机构，其设置在遵循法律法规等正式制度的强制性要求的基础上，并非一成不变，还可能因外部环境参数的位移和内部博弈参与人的策略互动而产生监事会设置机制的内生性自我实施。学术界对主动性公司治理创新活动的探索性研究和西方国家主动创新的公司治理实践的积极效应都侧面回应了这一观点。然而，少有研究探讨我国引入的监事会制度在路径依赖及法律规则与实践交互作用的运行过程中，是否融合我国差异化的背景环境而发生内生性设置机制的演进；更鲜有研究全面系统地分析监事会设置机制演进的机理和价值，以及其对高管攫取货币性收益和非货币性收益行为的监督效力。遵循已有相关研究，影响公司治理的法律环境和产品市场竞争环境等企业外部环境的差异或变化是否也将影响监事会设置机制的演进？将会产生怎样的效应？而监事会设置机制的演进是否会提升监事会的治理质量？监事会设置主动程度的提升是否会强化对高管收益获取行为的约束作用？交易成本经济学理论认为，宏观环境参数的位移会引发微观治理机制的主动协调适应，也进一步直接或间接作用于个体参与者。那么法律环境和产品市场竞争环境两个维度的企业外部环境是否会通过监事会

前言

设置机制的演进这一中间介质的作用,进而间接影响高管收益?

在我国经济转型过程中,外部环境的不断优化给予公司更多实施自律行为的空间,而各区域改革发展不均衡、区域环境具有差异性又为研究提供背景条件。鉴于此,为解答上述一系列问题,本书通过对大量研究文献的梳理和凝练,整合比较制度分析理论、交易成本经济学理论和代理理论,构建"企业外部环境—监事会设置机制演进—高管收益"的研究框架。本书选取2006~2016年A股主板上市公司为研究样本,全面系统考察政治域中法律环境及经济交换域中产品市场竞争环境对组织域内高管收益决策选择行为的影响;明确监事会制度的演进机理,探析组织域外生博弈规则的变化或差异对监事会设置机制演进的影响及程度;探究监事会设置机制演进的价值,研析监事会设置主动程度对高管收益的作用;探讨宏观层级的外部环境至微观层级的监事会设置机制演进再至个体层级的高管收益这一自上而下的作用路径中作为中间介质的监事会设置主动程度的效应。

本书研究发现以下几点内容。其一,企业外部环境通过正式规则和非正式规则约束高管获取货币性收益和非货币性收益行为。法律环境随着立法和执法水平的提升而更加合理优化,信息不对称程度随之降低;有效的外部产品市场竞争环境能促进信息的有效传递、价格机制的及时反馈和竞争结果的优胜劣汰;法律环境的优化和产品市场竞争环境的提升,增加了高管进行选择不当收益决策的风险和交易成本,使得高管获取收益的行动决策选择更为谨慎,从而提升高管货币性收益和非货币性收益的合理程度。相对而言,法律环境对高管非货币性收益的约束作用更强,产品市场竞争环境的差异性对高管货币性收益的影响更大。其二,企业外部环境参数位移轨迹的变化作用于监事会设置机制内生性演进。积极适应环境的企业将根据外生博弈规则的变化自发性调整监事会的设置机制,良性健康的环境促使监事会设置机制内生性演进形成新的非正式规则，表现为提升监事会规模设置主动程度，主动提高监事会成员独立性和技术能力的设置水平。此外，因为更加完善的法律环境加大了对外部正式规则的监督和监管力度，公司会倾向于适当降低监事会规模设置主动程度。其三，监事会设置机制的演进具有积极作用。仅满足刚性制度的强制性要求，被动性地设置监事会将无法适应公司规模扩张、技术及资源禀赋等变化的需要，这不仅增加监事会制度实施的交易成本，亦不能充分制约高管的决策和行为。但监事会设置机制在既有制度规则范围内的自我实施能够提升监督效力，通过提升监事会规模设置主动程度、独立性设置主动程度和技术能力设置主动程度，可以增强监事会制度的制约效力，从而有效提升对高管货币性和非货币性收益合理性的监督效应。进一步而言，监事会规模设置主动程度、独立性设置主动程度和技术能力设置主动程度的提升对约束高管货币性收益的效力更强。其四，企业外部的法律环境和产品市场竞争环境不仅存在影响高管货币性收益和非货币性收益的直接路径，企业外部环境正式或非正式规则的变化，还能够使公司相应积极地设置监事会，主动调整监事会规模、独立性和技术能力等设置程度，进而通过规则形成交易成本的变化，间接影响高管获取收益决策选择的行为，从而实现监事会设置主动程度在企业外部环境与高管货币性收益和非货币性收益之间分别发挥中介效应。同时，监事会设置主动程度发挥的部分中介效应具有差异性，相对而言，在企业外部环境对高管货币性收益的间接作用路径中监事会设置主动程度发挥的部分中介效应更大，且多经由监事会独立性设置主动程度和监事会技术能力设置主动程度形成间接作用路径。

目 录

第一章 绪 论 ………………………………………… 1
 第一节 研究背景 ………………………………………… 1
 第二节 研究意义 ………………………………………… 7
 第三节 研究方法与内容 ………………………………… 11

第二章 文献综述 ……………………………………… 16
 第一节 高管收益相关文献 ……………………………… 17
 第二节 企业外部环境相关文献 ………………………… 27
 第三节 监事会设置相关文献 …………………………… 42
 第四节 本章小结 ………………………………………… 59

第三章 企业外部环境、监事会设置机制演进与高管收益的理论分析 …………………………………………… 62
 第一节 比较制度分析理论 ……………………………… 63
 第二节 交易成本经济学理论 …………………………… 69
 第三节 代理理论 ………………………………………… 81
 第四节 本章小结 ………………………………………… 86

第四章 法律环境与高管收益：基于监事会设置主动程度的中介效应 ……… 90

第一节 法律环境、监事会设置主动程度与高管收益的作用机理分析 ……… 90

第二节 法律环境、监事会设置主动程度与高管收益的研究设计 ……… 101

第三节 法律环境、监事会设置主动程度与高管收益的实证结果分析 ……… 112

第四节 法律环境、监事会设置主动程度与高管收益的稳健性检验 ……… 134

第五节 本章小结 ……… 144

第五章 产品市场竞争环境与高管收益：基于监事会设置主动程度的中介效应 ……… 147

第一节 产品市场竞争环境、监事会设置主动程度与高管收益的作用机理分析 ……… 147

第二节 产品市场竞争环境、监事会设置主动程度与高管收益的研究设计 ……… 153

第三节 产品市场竞争环境、监事会设置主动程度与高管收益的实证结果分析 ……… 160

第四节 产品市场竞争环境、监事会设置主动程度与高管收益的稳健性检验 ……… 178

第五节 本章小结 ……… 185

第六章　研究结论及政策建议 ·················· 190
第一节　主要结论 ························· 190
第二节　政策建议 ························· 195
第三节　研究局限及展望 ····················· 199

参考文献 ································ 201

第一章
绪 论

第一节 研究背景

高管收益是缓解 Jensen 和 Meckling（1976）所提及代理冲突的激励手段之一（Murphy，1999，2002；Holmstrom and Kaplan，2003；周仁俊等，2010；刘星和徐光伟，2012；逯东等，2012）。它是对高管的努力程度及承担风险和成本的补偿，适当水平的高管收益有助于强化高管的地位和权威（冯根福和赵钰航，2012），进而提高公司的管理效率（Rajan and Wulf，2006）；Dyck 和 Zingales（2004）也认为高管私人收益的存在可能促使高管自行利用公司不需要或已忽视的投资机会创造价值，因而，此类高管私人收益就是有效率的。实践中，也有一些代理人违背与委托人订立的契约为个人谋取超出合理因素解释范围的不当收益（Shleifer and Vishny，1993；黄群慧，2006；权小锋等，2010；Luo et al.，2011）。高管通过获取超额薪酬、超额消费及构建商业帝国等手段攫取收益的行为（周黎安和陶婧，2009；徐细雄，2012），将导致投资者利益受损和公司价值下降（Huang and Snell，2003；Oler et al.，2010；Morse et al.，2011），这可能致使公司陷入财务困境。这一行为可能被有限理性的团队成员主动学习效仿，或通过社会关系互动导致个人偏离行为的蔓延（Zyglidopoulos and Fleming，2008；Schaubroeck et al.，2012；Zyglidopoulos，2015），影响公司治理水平（Zahra et al.，2007；Hung，2008）。因此，如何约束和治理高管收益决策选择的行为，是内生环境还是外生环境能够更为有效地作用于高管收益决策的选择？

实务界与理论界都致力于规范和治理高管收益决策选择的行为。政府及监管部门修订并颁布了一系列的法律法规，主要包括2005年修订和2013年第三次修订的《中华人民共和国公司法》（简称《公司法》），2014年修订的《中华人民共和国证券法》（简称《证券法》），2006年颁布《企业会计准则》后于2014年和2017年又陆续增补14项具体准则，2016年修订的《上市公司章程指引》等，用于直接或间接约束高管权力寻租行为；另外颁布一些具体办法规定，如2009年的"央企高管限薪令"、2012年的"八项规定"以及2015年正式实施的《中央管理企业负责人薪酬制度改革方案》等针对性制约公司（主要是央企）高管的货币性收益和非货币性收益。这些举措彰显了政府提升公司治理环境、规范公司高管行为及其收益的态度。理论界学者认为公司高管权力寻租行为不应仅被视为微观层级公司治理的经济结果（徐细雄和刘星，2013），亦是经济、政治、组织和社会文化等制度环境之间相互依存和联结作用的结果（La Porta et al.，1999）。一些学者分别从政治域的法律渊源、法律环境、政府干预和民主政治（La Porta et al.，1999；Dyck and Zingales，2004；陈信元等，2009），经济交换域的产品市场竞争环境、经济发展水平和经济自由度（Doidge et al.，2007；Berg et al.，2012），社会交换域的舆论压力和信誉机制（Dyck et al.，2008；杨德明和赵璨，2012）等企业外部环境，以及组织域内公司层级股东权力、管理层权力和董事会作用（Chen et al.，2006；Hirsch and

第一章 绪 论

Watson，2010；徐细雄和刘星，2013）等方面进行研究。另有专家和学者进一步认为内部监督机制是约束高管收益决策选择行为的关键节点（王世权，2011a；徐细雄和谭瑾，2013），但建立有效内部监督机制的确非常困难（赵大伟，2017a）。在中国，监事会制度是公司内部监督机制的重要组成部分，《公司法》赋予监事会对公司董事和高级管理人员财务监督和业务监督的法定权力（Xi，2006），而且2005年修订后的《公司法》强化了监事会的职权[①]并完善了监事会行权的保障机制（王彦明和赵大伟，2016），从而在制度层面强化了对高管行为和决策的内部监督机制。另外，《公司法》（2005年）赋予公司更多自主权，削减过度管制（李维安，2007），给予公司更多实施自律行为的空间，使得以"主动合规"实现监事会制度的创新成为可能（李慧聪等，2015）。

我国制度背景下的监事会制度具有其独特性（李维安和王世权，2005；Jia et al.，2009）。我国借鉴德国、日本和荷兰的监督模式于1993年正式导入监事会制度；之后借鉴英国和美国的经验对公司监督模式进行创新，2001年在上市公司引入独立董事制度，由此形成"双核心"内部监督机制。然而由于引入监事会制度存在路径依赖及法律规范与实践运行交互作用等原因，其实际运行中的监督效力受到质疑。Dahya等（2002）基于调研结果认为中国监事会未发挥监督职能，形同虚设；中国监事会一度被认为处于空洞化履职状态（李维安和张亚双，2002）或被称为"尴尬稻草人"（郑浩昊和罗丽娜，2003）；邵东亚（2003）等更是一度提出取消监事会制度，建议实行以独立董事及审计委员会为主的内部监督机制。袁萍等（2006）

[①] 监事会职权规定的具体法条参见《公司法》（2005年）第40条、第41条、第54条、第55条、第101条、第102条和第119条；2013年最新修订的《公司法》依次更改为第39条、第40条、第53条、第54条、第100条、第101条和第118条，但关于监事会相应职权的规定未有变化。

通过实证检验发现监事会并未发挥其应有的作用或作用甚微（高雷和宋顺林，2007；张先治和戴文涛，2010；张振新等，2011；邓启稳，2013；胡海川和张心灵，2013；扈文秀等，2013）。与前述否定中国监事会制度有效的研究相反，Dahya 等（2003）通过案例分析发现，投资人开始意识到监事会的重要作用，监事会是公司治理结构和内部控制的重要元素（李克成，2004）；在中国经济转型和公司治理日趋复杂的情境中，监事会作为法律制度规定的内部监督机构，监督作用无可替代（李维安和王世权，2005），因而应进一步强化监事会的监督作用（王立彦等，2002；Wang and Liu，2006；王丽敏和王世权，2007）。张逸杰等（2006）认为我国监事会具有监督作用，但作用微弱。Firth 等（2007）证实提高监事会的活跃程度、灵活性及提升监事专业水平能增强监事会财务监督和经营监督的作用（陈仕华等，2014；冉光圭等，2015）。Ding 等（2010）通过对《公司法》修订前后进行对比分析发现，《公司法》（2005 年）实施后监事会对高管薪酬的约束作用由不显著转为显著负向影响，本书认为这种转变可能源于《公司法》（2005 年）的施行为组织实施目的性公司治理机制和主动性设置监事会提供了契机。Ran 等（2014）的研究结果表明，监事会成员专业能力的提升、激励机制的有效性及女性监事比例的提高均能够增强监事会对信息质量的监督效应；同时，也支持《公司法》（2005 年）的实施提高了监事会的监督质量，与 Ding 等（2010）的研究一致。可见，学术研究中实证检验的结果未完全收敛于一致，公司实际运行中也有高管未运用权力寻租的案例，由此，是公司监事会确实完全无效，还是不同公司之间监事会的监督功能发挥存在差异？如有差异又来自何处？

依据比较制度分析理论，外生博弈规则变化和差异将引发内部参与人预测行动选择决策的变化，从而形成新的博弈均衡点（青木昌彦，2001）。也就是说，在现有外生制度结构下，新博弈规则的形成能够带来潜在利润，实现治理溢价（Davis and North，1971），则公司将以外部环境为参数主动创新公司治理机制。美国、英国和东欧等国家和地区对主动创新公司治理机制实践产生积极效应，一些学者也验证了主动性以超出法律条例的强制性制约水平进行公司治理的正面作用（Anand，2005；Klapper et al.，2005；Di et al.，2007；McKnight et al.，2009；Chhaochharia and Laeven，2009；陈德球等，2009；Bruno and Claessens，2010；钱先航，2010）。同时，一些学者从法学角度分析认为，我国监事会制度尽管经历 2005 年《公司法》的改革并在一定程度上得到完善，但是监事会在充分独立性、监督机制互补、监督地位、监督成员专业化水平和监督信息获取渠道等方面应进一步加深立法程度（胡坚，2010；周梅，2013；杨大可，2016a；王彦明和赵大伟，2016；郭雳，2016；赵大伟，2017a），这会在一定程度上为上市公司监事会制度内生性自我实施提供空间。由 2016 年监事会设置数据[①]分析发现，31.96% 的公司监事会规模高于法律要求标准和行业均值，41.34% 的公司监事会独立性高于规则要求，42.14% 的公司监事会配备有技术能力的监事多于规则要求；东部地区公司监事会独立性超出规则要求的上市公司占比高于西部和中部地区 2~3 个百分点，中部地区公司监事会配备有专业技术能力的监事的公司略多于东部地区和西部地区；在信息技术行业和综合类行业的上市公司中，监事会规模超过规则要求的较少，分别占同行业的 21.95% 和 24.95%，社会服务行业的公司监事会具有独立性和技术能力的成员超过规则要求的上市公司较少，为同行业的 33% 左右。数据分析说明，我国东部、中部和西部地区及各个行业均有公司在积极合规的基础上，主动提高监事会设置的水平，促进监事会制度内生性自我实施，但地域间、行业间和公司间超过规则

---

① 数据来源：笔者根据国泰安数据库的数据和自己收集的数据计算整理。

标准设置监事会规模、独立性和技术能力的程度具有差异性。为何我国一些公司会在符合外生规则基础上主动提升监事会设置水平？何种因素导致监事会设置主动程度存在公司间差异、行业间差异和地域间差异？是公司内部参与人博弈的偶然巧合，还是外部环境因素作用的结果？哪些环境的变化将引发监事会设置机制的演进？而监事会设置机制演进是否可以提升监事会的治理质量？监事会设置主动程度的提升对高管收益的合理程度提升是否发挥监督作用？与此同时，学者较多从政治域的法律环境和经济交换域的产品市场竞争环境探析其对公司治理机制的影响，La Porta 等（1997，1998，2000）认为法律环境的完善是公司治理演化的根本驱动因素，能够减少公司的交易成本（Nenova，2003；Bergman and Nicolaievsky，2007），提高区域公司治理水平，增强内部监督机制的监督效力（Klapper and Love，2004；Doidge et al.，2007；戴德明等，2015）。另一些学者阐述产品市场竞争环境对公司治理的作用，认为产品市场竞争环境是公司治理外部规则的参数，对公司治理结构和公司治理的运行具有隐性的软约束（Mayer，1997），通过提高信息透明度（Holmstrom，1982；Hart，1983）和行业内公司的优胜劣汰效应（Grossman and Hart，1982；Schmidt，1997；Aghion et al.，1999；Bai et al.，2004），增加对公司治理机制的压力。我国各区域改革发展不均衡，区域环境具有差异性（陈信元等，2009；王小鲁等，2017），这为研究提供了背景条件，那么，影响公司治理的法律环境和产品市场竞争环境等企业外部环境的差异或变化是否也将影响监事会的制度演进？将会产生怎样的效应？交易成本经济学理论表明，宏观环境参数的位移会引发微观治理机制的主动协调适应，也进一步直接或间接作用于个体参与者，那么法律环境和产品市场竞争环境两个维度的企业外部环境是否通过监事会设置机制的演进这一中间介质的作用对高管收益产生间接影响呢？

"二元制"模式下的监事会制度并非主流监督机制，且我国监事会的监督效力尚存在争议（Ding et al.，2012），故而较少有针对监事会进行的研究（刘名旭，2007；Ding et al.，2010），亦甚少有针对监事会对高管权力及决策选择行为的监督效力的研究；同时，微观公司层级的目的性治理视域研究逐渐兴起（马连福和陈德球，2008a），而国内鲜有研究涉及监事会制度演进的机理和价值及其对高管收益决策选择行为的影响，更鲜有研究通过构建"企业外部环境—监事会设置机制演进—高管收益"的研究框架，探讨企业外部环境对高管收益的直接和间接作用路径，以及作为中间层级的监事会可能发挥的中介效应。因而，本书通过理论分析和实证检验对前述问题的解答，对我国经济转型时期高管收益的治理和监事会制度的创新具有实践启示。

第二节 研究意义

本书以我国特色的制度为背景，选择上市公司为研究对象，对企业外部环境、监事会设置主动程度和高管收益之间的作用机理进行理论分析和实证研究，具有一定的理论和现实意义。

一 理论意义

首先，本书丰富了外部环境对高管收益影响因素的研究成果。国内已有对高管收益的诱发和治理因素的研究较少侧重于外部环境对高管收益的影响，其中或是将外部环境作为调节变量，或是对其中某一方面环境影响进行分析，较少对影响高管收益的主要环境因素进行较为全面的分析，也较少研究外部环境对高管收益的作用机理，以及从交易成本视角分析外部环境对高管选择获取收益决策的影响。本书运用交易成本经济学理论综合分析法律环境和产品市场竞争环境等企业外部环境的技术和资源禀赋等参数的变化和差异，影响公司内部参与人（高管）收益决策选择行为的作用机理；企业外部环境的参数发生位移将使高管运用权力寻租的交易成本发生变化，从而导致高管选择实施或停止获取不合理收益的行为。本书将高管权力运用视为交易，从交易成本视角探索外部环境对高管收益合理程度的影响，丰富了这一领域研究的内容和明确了这一作用路径。

其次，本书深化和拓展了监事会研究的领域。针对"二元制"模式下的监事会制度进行的研究较少（Ding et al.，2010），且已有研究对我国监事会监督效力的结论存在差异（Ding et al.，2012）。以此为基础，本书的研究意义如下。一是深化了监事会研究的理论认知。现有国内关于监事会的研究多为运用代理理论或公司治理理论，探讨在既定监事会制度框架下，作为内部监督机制的监事会的影响因素或监督效率（薛祖云和黄彤，2004；李维安等，2006；Firth et al.，2007；Ran et al.，2014），较少从监事会内生性制度演进视角加以研究。本书依据青木昌彦（2001）的比较制度分析理论探讨政治域和经济交换域中主流外生博弈规则参数发生变化，最终引发公司层级中监事会内生地从现有博弈均衡点螺旋运动至新的博弈均衡点的制度演进机理；并以代理理论（Jensen and Meckling，1976）为基础，运用交易成本经济学理论（Williamson，1979，1985，1991a，1996a）综合分析监事会制度演进的价值及其对高管收益决策选择行为的监督作用机制。二是拓展并延伸了监事会实证研究的领域。目前对监事会的实证研究多是以既有法律法规关于监事会的强制性要求为基础，探索监事会的监督作用；针对研究结论不一的情形，也甚少有研究具体分析这一差异性是否源于公司创新监事会机制而提升监督效力的作用。本书通过分析监事会设置机制的演进机理并进行实证检验,一方面验证了外部环境对公司监事会的内生性自我实施及其程度的影响;另一方面验证了监事会设置主动程度对高管货币性收益和非货币性收益的监督作用。本书从监事会制度演进视角深化了监事会研究的理论认知,拓展了影响监事会及其制度演进的相关研究,延伸了监事会监督作用视域的研究,并为监事会监督作用研究结论存在差异提供了较为合理的解释。

最后,本书延展了企业内外部环境与高管收益研究的视域。国内外已有对高管收益的诱发和治理因素的研究,多是侧重于从公司内部管理层权力(卢锐等,2008;权小锋等,2010;Rama,2011;陆智强和李红玉,2012)、控制权制衡(Yalamov and Belev,2002;Chen et al.,2006;罗进辉和万迪昉,2009;赵璨等,2015)以及董事会规模和独立董事(周继军和张旺峰,2011;王清刚等,2011;Muravyev et al.,2014;赵华伟,2015;Jiang and Kim,2015)等方面探讨其对高管收益的作用,也较少有研究分析企业外部环境与高管收益的关系(Doidge et al.,2007;卢馨等,2015),更少有研究将企业外部环境与内部因素纳入同一框架探究其对高管收益的影响,以及探求企业内部因素是否发挥中介效应。本书构建"企业外部环境—监事会设置机制演进—高管收益"的研究框架,探求宏观层级的外部环境、微观层级的监事会设置机制演进对个体层级的高管收益的约束作用机理,以及作为中间层级的监事会是否对企业外部环境与高管收益之间的作用路径存在影响。本书研究结果显示,法律环境和产品市场竞争环境两个维度的企业外部环境不仅存在对高管收益的直接作用路径,还能够因环境参数的变化和差异,影响监事会设置机制的自我实施及其程度,进而分别作用于高管货币性收益和非货币性收益,即监事会设置主动程度中介传导了企业外部环境与高管收益的关系。故而,本书不仅丰富了高管收益影响因素的相关研究,也延展了关于高管收益治理和监督的研究视域。

二　现实意义

首先，本书为公司高管收益的治理及监事会机制的完善提供了参考。本书研究发现，法律环境和产品市场竞争环境两个维度外部环境的良性发展，将增加高管不合理收益决策选择行为的交易成本和风险，从而对高管攫取货币性收益和非货币性收益的合理程度产生差异性的约束效应。本书的研究结论有利于公司利用环境水平作为"指示器"，即微观组织可以依据其置身的不同环境利用各外部的正式和非正式规则充分发挥环境对高管权力的约束效应。同时，本书对监事会制度演进机理及其价值的研究结果表明，一方面，有利于向公司传递重要的信息，我国已存在具有创新精神的上市公司适应环境，推进了监事会设置机制内生性演进，而且监事会设置主动程度的提升增强了对高管决策选择行为的制约效应；另一方面，有利于推进尚未根据外部环境参数的变化而相应调整监事会设置机制的公司适时转变以适应环境，从而推动公司监事会设置机制创新活动的开展，而非一味地被动合规。此外，根据本书监事会设置主动程度在企业外部环境和高管收益之间发挥的部分中介效应的结论，无论是已积极适应环境参数变化主动提升监事会设置主动程度的公司，还是仍然未满足规则要求被动设置监事会的公司，未来均应考虑根据法律环境和产品市场竞争环境等企业外部环境的变化，积极调整监事会设置机制，从而提升对高管的监督作用。本书的研究也为上市公司根据环境参数的位移轨迹调整和构建相宜的公司治理机制提供了理论参考。

其次，本书有利于政府和监管部门的法律法规及政策建议的制定和完善。一是监事会制度演进对高管收益合理程度监督作用的提升，为政府及监管部门完善现有关于监事会规模、监事会独立性及监事会积极任职资格的法律法规提供经验证据；同时，也为推进政府及监管部门发布鼓励公司监事会制度自我实施的相关政策提供理论依据。二是本书关于企业外部环境对高管收益作用的研究，以及经由影响监事会设置主动程度而作用于高管合理性收益的研究结论，为政府加大力度深化改革、推行相应的法律法规及政策提供参考。因此，政府应在宏观层面完善立法和执法环境，促进产品市场竞争的健康发展，由此既为监事会机制的创新提供空间，增强监事会的监督效力，也增加高管实施权力寻租行为的交易成本，提升高管收益的合理性水平。

最后，本书结论可以为投资者的投资决策提供启示。本书发现立法的完善和执法质量的提升会增强对高管收益决策选择行为的制约和震慑作用，强化投资者利益的保护机制；增强产品市场竞争的激烈程度能够提升信息透明度，以及竞争对企业和个体层级的压力，形成对高管决策选择行为的软约束，从而保护投资者利益。因而投资者进行投资决策时应考虑公司所处的法律环境和产品市场竞争环境等企业外部环境因素。同时，鉴于监事会设置机制演进的积极作用，以及其对企业外部环境与高管收益之间关系的中介效应，投资者进行投资决策时，可以将能够积极应对环境并主动提升监事会设置主动程度的公司纳入倾向性考量因素范围，因为这类公司更能够确保投资的收回，降低投资的损失。

第三节　研究方法与内容

本书以现有研究为基础，采用文献研究法、元分析法、规范研究法、回归分析法和中介效应检验法等多种研究方法，探讨企业外部环境、监事会设置主动程度和高管收益之间的关系。

一 研究方法

本书综合运用多种研究方法实现研究目的，具体方法包括以下几个方面。

(一) 文献研究法

本书通过文献研究法梳理前人的研究成果，掌握研究问题相关领域的研究现状，通过对目前文献的总结和评述，承续已有成果及提升自身研究见解。一是本书通过梳理文献，获取已有研究关于企业外部环境、监事会设置主动程度与高管收益等概念的阐释，通过梳理并结合本书研究主题明确所使用概念的内涵及边界。二是依据本书研究主题，研读、整理和深入分析关于高管收益、企业外部环境（政治域、经济交换域和社会交换域）与高管收益、企业外部环境与监事会、监事会设置与高管收益等几方面研究的国内外文献，明确本书继续研究的思路，并以此为基础构建研究框架。三是通过查阅文献，整理并摘记目前研究样本选取的原则、选择替代变量及衡量标准的依据、实证模型的构建和研究方法的运用等内容，以此为鉴形成本书的研究设计。

(二) 规范研究法

本书使用规范研究法，以比较制度分析理论、交易成本经济学理论和代理理论分析监事会设置机制演进的机理、监事会设置机制演进的价值及对高管收益的作用机理、企业外部环境对高管收益的作用机理、"企业外部环境—监事会设置机制演进—高管收益"三层级框架的作用机理，进一步通过引证文献形成并提出法律环境和产品市场竞争环境两个维度的企业外部环境、监事会设置主动程度、高管货币性收益与非货币性收益等内容的研究假设。

(三) 实证分析法

本书使用各种实证分析法，对选取的样本进行数据处理，从而检验企业外部环境、监事会设置主动程度和高管收益三个概念之间的因果关系。第一，本书以 Winsorize 方法对样本数据极端值进行截尾处理。第二，本书对所使用的变量进行描述性统计分析，从而初步了解各个变量数据的主要描述性统计特征。第三，本书以监事会规模、独立性和技术能力设置主动程度是否大于零为标准划分样本组，并以企业外部的法律环境和产品市场竞争环境的中位数为标准划分样本组，进而对独立样本组间差异进行均值 T 检验和中位数 Wilcoxon 秩和检验，初步分析各个样本组间高管货币性收益和非货币性收益及企业环境的样本组间监事会设置主动程度是否存在差异，从而初步考察是否符合研究假设。第四，对被解释变量、解释变量及控制变量之间的相关关系采用 Pearson 和 Spearman 两种方法分别进行相关性分析，在检验变量间是否存在相关关系的同时考察自变量间是否存在严重的共线性问题；同时，使用方差膨胀因子（VIF）进一步检验自变量之间是否具有严重的共线性问题。第五，本书采用普通最小二乘法（OLS）进行回归分析，以验证研究假设；并且结合中介效应检验法、Sobel 检验法和差异检验法验证监事会规模、独立性和技术能力设置主动程度在企业外部环境与高管货币性收益和非货币性收益之间是否分别发挥中介效应。

二 研究内容

第一章为绪论。本章概括性地阐述了本书的研究背景、研究的理论意义及现实意义、研究方法与内容等。

第二章为文献综述。本章围绕"企业外部环境—监事会设置机制演进—高管收益"的逻辑主线，对组织域内高管收益的影响因素、企业外部环境及其对高管收益的影响、监事会设置及其分别与企业外部环境和高管收益的关系等方面的文献进行逻辑梳理和回顾，为本书确定研究切入点，进而初步构建研究框架。

第三章为企业外部环境、监事会设置机制演进与高管收益的理论分析。本章以前述文献梳理及凝练的本书研究整体思路的切入点为基础，以比较制度分析理论、交易成本经济学理论和代理理论综合勾勒出"企业外部环境—监事会设置机制演进—高管收益"的研究框架及说明其作用机理。

第四章为法律环境与高管收益：基于监事会设置主动程度的中介效应。本章根据第三章的理论推导并引证文献提出相关研究假设，进一步以2006~2016年A股主板上市公司为研究样本，通过回归分析法、中介效应检验法和差异检验法验证法律环境、监事会设置主动程度和高管收益之间的因果关系。研究发现：法律环境的改善对高管以权力为个人谋求不正当利益的行为具有约束作用；法律环境的良性发展能够提升监事会独立性和技术能力设置主动程度，但会倾向于降低监事会规模设置主动程度；监事会规模设置主动程度、独立性设置主动程度和技术能力设置主动程度的提升能够有效提高高管货币性收益和非货币性收益的合理程度；监事会规模设置主动程度、独立性设置主动程度和技术能力设置主动程度在法律环境与高管货币性收益和非货币性收益之间发挥部分中介效应。继本章前述以子样本验证后，本书通过变换替代变量、模型自变量滞后一期替代变量及Sobel检验等方法对本章实证结论进行稳健性检验。

第五章为产品市场竞争环境与高管收益：基于监事会设置主动程度的中介效应。本章选取与前述章节相同的研究样本，采用普通最小二乘法、中介效应检验法、Sobel检验法及差异检验法对研究假设进行实证检验。研究发现：经济交换域中产品市场竞争程度的增强能够加强对高管货币性收益和非货币性收益的约束作用；产品市场竞争程度的增强,强化了企业外部环境的信息传递效应和优胜劣汰效应,因此提升公司层级监事会规模、独立性和技术能力设置的主动程度,是积极应对环境变化或差异的公司依据产品市场竞争环境参数的变化推进监事会设置机制内生性协调的反映;产品市场竞争激烈,监事会受市场环境参数变化的影响,通过自发的协调适应并提升监事会设置主动程度,从而提升对高管货币性收益和非货币性收益合理性水平的约束效力,即监事会设置主动程度对产品市场竞争环境与高管收益的关系具有部分中介效应。在前述以子样本进一步检验的基础上,本书通过变换替代变量和模型自变量滞后一期替代变量等方法对本章实证结论进行稳健性检验。

第六章为研究结论及政策建议。本书对前述章节的研究内容和结果进行总结,从而凝练为四个方面的主要研究结论,并结合我国特色制度背景,从宏观层面和微观层面分别提出相应的政策建议,最后对本书的研究局限和未来拓展方向予以阐释。

第二章
文献综述

　　本章首先从高管收益的相关文献着手,结合本书对高管收益内涵的界定,分别从高管收益的形式和组织域内公司层级高管收益的诱发因素等方面评述和梳理国内外文献,为本书后续研究方向和研究内容奠定基础。其次,在企业外部环境内涵界定的基础上,回顾企业外部环境的测度方式,梳理和分析企业外部政治域、经济交换域和社会交换域中的环境对高管获取收益行为的影响,为形成本书企业外部环境的测量方法提供依据,更重要的是分析企业外部环境与高管收益之间关系研究的成果与不足,探求本书在该研究方向上可深入研究的问题,并为研究思路的完整形成奠定基础。最后,依据本书对监事会设置主动程度概念的分析,归纳整理国内外已有研究外部环境与作为公司内部治理机制和内部监督机制重要组成的监事会关系的文献,随之综述监事会对公司高管发挥监督和约束作用的国内外文献,结合前述对企业外部环境和高管收益之间关系文献的梳理,进而发现监事会作为中间层级的治理主体可能在企业外部环境对高管收益影响的路径中发挥重要作用,最终形成以比较制度分析理论和交易成本经济学理论为视角进一步探索监事会制度演进机理和价值的整体研究思路。

第一节　高管收益相关文献

本章围绕高管收益的内涵、形式及影响因素等方面展开高管收益的相关文献梳理，从而探寻尚待深入研究的内容和方向。

一　高管收益的内涵

1. 高管

本书所使用的高管概念的界定依据法律法规的规定和目前学术研究的具体运用而进一步明确。

《上市公司治理准则》将"上市公司董事、监事和经理"列为高级管理人员[①]，《上市公司内部控制基本规范》的规定与此相近；而 2005 年修订后的《公司法》明确高级管理人员为"公司的经理、副经理、财务负责人，上市公司董事会秘书和公司章程规定的其他人员"，《上市公司章程指引》（2016 年修订）亦是类似规定[②]。后者规定的高级管理人员不含董事和监事，更突出董事会为决策层、高级管理人员为执行层并向董事会负责的组织架构。同时，在部分学者的研究中，如苏方国（2011）将高管定义为负责公司运营的管理层，与《公司法》和《上市公司章程指引》的要求相近；郑志刚等（2012）、王曾等（2014）将高管定义为公司执行总裁（CEO）；也有学者因我国董事长的权力较大和决策地位较高而将董事长和总经

---

① 参见《上市公司治理准则》（2002 年）的导言。
② 参见《公司法》（2013 年）第 216 条及《上市公司章程指引》（2016 年修订）第 11 条和第 124 条。2005 年修订的《公司法》于 2013 年再次修订，关于监事会的相应法律规定未见变化，本书中《公司法》所涉及的法律内容均以 2013 年第三次修订的法条为主。

理作为高管层（Kato and Long，2006）；还有一些学者依据《公司法》的规定进一步将董事列入公司高管层（徐光伟，2012；陈仕华等，2014；方芳和李实，2015；陈剑洪，2015）。

鉴于监事会为本书所研究微观层级的主体，且《公司法》规定监事会或监事对董事和高级管理人员可以行使监督权、罢免建议权、纠正权和提起诉讼权等职权，因此本书采用方芳和李实（2015）的定义，将高管界定为公司的董事长、总经理、副总经理、董事和财务总监等人员的集合，并将其获取的收益作为研究对象。

2. 高管收益

随着所有权与控制权分离形式的现代公司出现，"管理－控制"的矛盾问题日益凸显（Berle and Means，1932）。由于公司高管和投资者的预期效用并不完全一致，加之投资者又不可能对拥有私人信息和掌握公司实际控制权的高管层进行全面彻底的监督，因此意欲理性但对环境认知有限的公司高管并不会以最大化股东财富为努力目标，而是追求自身利益最大化，从而更可能为自身谋取不正当收益，如获取超额薪酬（Firth et al.，2006；权小锋等，2010）、享受超额在职消费（Yermack，2006；Rajan and Wulf，2006；陈冬华等，2005）、追求较高的销售增长率、打造个人商业帝国（Jensen and Mecking，1976；Oler et al.，2010），甚至收受贿赂贪污腐败（陈信元等，2009；徐细雄和刘星，2013）等并使之最大化。

高管收益与控制权私有收益密切相关。Jensen 和 Meckling（1976）首次从理论上系统地探讨了控制权私有收益的问题，认为集所有者与管理者于一身的公司高管通过所掌握的公司控制权获得无形的在职消费、良好的职业声誉、较高的社会地位等，这是一种精神上的享受，从而带给内部人无法以货币衡量的满足感。Grossman 和 Hart（1988）以公司投票权和现金流权的最优分配视角研究公司价值时，认为公司价值既包括股东共享收益，也包括由经营者私人享有的收益，即控制权私有收益。而 Harris 和 Raviv（1991）、Aghion 和 Bolton（1992）在研究最优控制权配置问题时提出，控制权私有收益是企业家（经理）所享有的精神收益。La Porta 等（2000）认为管理者的人力资本增值也是管理者非货币性收益的表现形式之一。此外，Hellmann（1998）还将在职消费列为管理者的控制权私有收益，认为它们是管理者在公司运营过程中获取的隐性形式的利益，可以由管理者通过非显性契约路径的决策影响攫取程度，最终减损公司预期收益。不同于前述的公司高管获取隐性或无形的私有收益，Coffee（2001）认为控制权私有收益是公司的控制者通过各种途径为自己谋求的、防止其他股东瓜分的利益，比如高于市场水平的薪酬、关联交易、以转移价格进行的内部交易等。Dyck 和 Zingales（2004）把被公司内部人侵吞的盈余额度超过依据其股权占比确定的应得份额的额度称为控制权私有收益，这严重损伤了股东（尤其是中小股东）的利益。同时，拥有公司控制权的经理人还可以通过其他手段获取私人收益，如与收购者谈判获取额外收益（Hartzell et al.，2004；Wulf，2004）、以关联交易方式转移资产（Hart，2001）、由会计舞弊获得非法私人收益等（Johnson et al.，2000；Hall and Murphy，2003）。可见，前人的研究在对控制权私有收益的内涵界定上未能有效收敛，总体而言，控制权私有收益包括大股东私人享有的收益和由公司高管获取的私有收益，而本书的研究对象侧重后者，即高管的私有收益。

本书沿用 Dyck 和 Zingales（2004）的思想，其思想抓住了私有收益最为本质的内涵，但不考虑控股股东的控制权私有收益，同时规避高管腐败——主要意指高管移送司法机关立案调查的显性腐败事件（陈仕华等，2014），并以国内一些学者针对高管收益进行的经验研究（权小锋等，2010；陈仕华等，2014；吴先聪，2015；郝照辉等，2016；赵刚等，2017）为基础。由此，本书将高管收益定义为：所有权与控制权相分离后，意欲理性但认知有限的公司高管源于最大化自身效用动机进行收益决策选择的产物（Jensen and Meckling，1976），是公司高管利用公共或组织资源所谋求的最大化个人收益（Shleifer and Vishny，1993），且该收益只能由公司高管自身享有，而不能与股东或组织分享。另外，对于控制权私有收益的界定问题，有部分学者认为控制权私有收益还包括精神上的享受（Harris and Raviv，1991；Aghion and Bolton，1992），虽然在实际个案中确实存在这种情况，但本书认为它不是控制权私有收益的主要表现形式，因而本书研究的高管收益不包括该情形产生的收益。

二　高管收益的形式

1. 高管货币性收益和高管非货币性收益

高管收益的形式以货币或非货币为标准进行分类，是已有研究最为普遍采用的划分依据。Jensen 和 Meckling（1976）认为公司管理者既能通过掌握公司控制权获得金钱的满足又能通过经营运作企业的乐趣、成就感等得到精神的享受，从而将高管收益分为货币性收益和非货币性收益，高管收益的具体形式包括高管薪酬、在职消费、自我交易或掠夺、基于私人利益进行的公司决策、管理公司的心理效用以及收获职业的声誉等（Bebchuk and Kahan，1990；Holderness，2003）。Demsetz 和 Lehn（1985）认为，管理者的控制权私有收益可以表现为非货币性收益，如能够独自决定公司资源配置的权力。Harris 和 Raviv（1991）、Aghion 和 Bolton（1992）在研究最优控制权配置问题时提出高管收益是经理所享有的精神收益，这种收益是非货币性的。而 Grossman 和 Hart（1988）强调公司管理者收益是货币性收益；掌握公司控制权的管理者还可以通过关联交易转移资产（Hart，2001）和披露虚假信息或操纵财务（Johnson et al., 2000; Hall and Murphy, 2003) 等方式获取货币性收益甚至是非法收益。国内学者权小锋等（2010）认为公司高管收益的获取途径主要是高管薪酬和在职消费，将高管收益分为货币性收益和非货币性收益（郑志刚，2012；郑志刚等，2012；杨德明和赵璨，2012；陈仕华等，2014）；也有研究认为高管还可以通过贪污受贿及违规行为（陈信元等，2005，2009；徐细雄和刘星，2013；赵璨等，2015）等方式获取货币性和非货币性不合理收益。

2. 高管显性收益和高管隐性收益

根据高管获取收益的途径将其划分为显性和隐性收益，但学者们的划分标准和具体内容又稍有不同。Chen 等（2009）以高管激励是否有明文契约的规定为标准，将高管的年薪、股票和期权等由书面合同规定的收益确定为显性契约收益；而将通过在职消费和内部晋升获取的，难以明文确切规定的收益视为隐性契约收益（陈冬华等，2010；陈烜等，2013）。周黎安和陶婧（2009）将高管不合理收益的表现形式归纳为违规资产操作、职务侵占、关联交易、贪污受贿和奢靡在职消费等。其中，违规资产操作、职务侵占、关联交易及贪污受贿等获取收益形式是违规行为，是比较明显的高管获取不合理收益的行为，比较容易发现；而奢靡在职消费并不违反法律法规，是一种隐性的高管获取不合理收益的行为，不容易发现。一些学者进一步将超额的显性契约收益和过度的隐性契约收益作为高管收益的研究内容（权小锋等，2010；王曾等，2014；陈仕华等，2014；谢获宝和惠丽丽，2015）。此外，徐细雄（2012）根据高管获取私有收益行为的策略，将之划分为不合理的隐性收益和显性收益。高管不合理的隐性收益指高管通过奢靡的在职消费、获取超额薪酬及构建商业帝国等隐蔽途径实施权力寻租行为获得的收益；而高管不合理的显性收益则指公司高管为谋取私利而实施明显违反相关法律或监管条例的行为获得的收益，这些行为具体包括贪污受贿、职务侵占和关联交易等。徐细雄（2012）对高管私有收益的分类与 Osuji（2011）的合规性收益和违规性收益分类密切相关。

三 高管收益的影响因素

本书结合前人关于高管收益研究的文献，承袭 Collier（2002）的制度选择理论的概念框架并融合青木昌彦（2001）提出的制度域[①]的内涵，以此为框架从企业外部环境的政治域、经济交换域、社会交换域，以及组织域等维度遵循本书脉络分别依次展开对高管收益诱因的梳理。

组织域内高管收益诱因的研究基本认为，公司治理水平低下引发或至少直接诱发了高管获取不合理收益（Hirsch and Watson，2010；Rama，2011；Cai et al.，2011；吴成颂等，2015；游志郎等，2017），因此组织域内主要侧重于从公司治理视角探寻高管不合理收益的诱发因素。组织域内参与人通过联合行动进行重复博弈，分配生产成果（收益），则高管收益可视为股东、管理层、董事会和监事会等行为主体选择参与博弈的结果之一。

1. 股东权力的作用

股权高度集中给公司治理带来挑战（Claessens et al.，2000；Wang，2005）。第一大股东持股比例越高，对公司经营决策影响越大，越可能有动机为自身利益纵容高管或遏制高管的偏离行为（Chen et al.，2006）。Claessens（2006）的研究发现公司所有权集中会反向影响监管水平，所有权集中更易滋生高管权力寻租的行为

[①] 青木昌彦（2001）在关于域的界定中说明"任何域类型的划分不可能是纯粹在技术上可行的，只能尽可能根据域的技术特征加以区别"，则整体制度配置各个域之间可能出现重叠部分（王世权，2011a）。因此，本书根据各个诱发因素的主要技术特征将其归为不同的域。

(Rama，2011)。在股权分散状态下，股东股权之间的制衡程度使内部监督机构不易为第一大股东所控制，强化内部监督机制对高管获取收益行为的监督效力影响显著（Pagano and Roell，1998；Gomes and Novaes，2001）。国内有学者研究认为公司股权集中于第一大股东或者国家股持股比例较高可能促使高管增加个人收益（郝颖和刘星，2009；周继军和张旺峰，2011；张洽和袁天荣，2013；郝照辉和胡国柳，2014；郝照辉等，2016）。也有学者研究认为股权制衡容易导致监督管理层的"搭便车"行为，而随着大股东持股比例的增加，其对公司高管的监督动机增强（Demsetz and Lehn，1985；Xu and Wang，1999；林浚清等，2003；王彦超等，2007）。徐细雄和刘星（2013）通过经验研究证实股权集中于大股东能有效监督和约束高管权力，减少显性寻租行为的发生（张栋等，2007；谢获宝和惠丽丽，2015）。陈仕华等（2014）进一步分析发现，第一大股东权力集中能够抑制高管攫取超额薪酬，同时也助长其超额在职消费。赵璨等（2015）发现控股股东较高的股权集中度对实施显性契约收益和隐性契约收益均有明显的约束作用。此外，Chen等（2006）进行多变量分析否定单变量分析的结果，表明两者不存在显著关系（Luo et al.，2011）。而罗进辉和万迪昉（2009）分析数据发现，大股东的股权集中度与公司高管过度获取非货币性收益之间表现为非线性的 U 形关系。

2. 管理层权力的助推

在盎格鲁-撒克逊公司治理模式下，董事长兼 CEO 的双重任命被视为将过多的权力赋予同一行为人（Jensen，1993），但是因为契约的不完备性无法悉数列举管理层经营决策的权力（Argandoña，2001），则无法避免自由裁量权使得董事长兼 CEO 成为违规的高危个体（Hirsch and Watson，2010），更容易诱发高管利用权力寻租或攫取私利的欲望（Dechow et al.，1996；Yalamov and Belev，2002；

Chen et al.，2006）。因此当公司高管权力越大甚至超过董事会时，高管将利用公司治理机制的不完善偏离与股东缔结的契约，加大获取租金的力度（Bebchuk et al.，2002；Bebchuk and Fried，2003；Adams et al.，2005；Rajan and Wulf，2006；Kalyta and Magnan，2008；Bebchuk and Peyer，2010；Cai et al.，2011），或者通过关联交易（Bol-ton et al.，2006）和构建商业帝国（Oler et al.，2010）的方式为自己获取不正当利益。Beasley（1996）和 Uzun 等（2004）的研究并不认为高管权力集中将加剧代理冲突。在我国曾经实行的"一把手"负责制和集权体制所孕育流传的权力文化影响下（徐细雄和谭瑾，2013），公司高管权力集中使其更有动机利用权力影响个人收益。权小锋等（2010）对 2004~2007 年国有公司的研究发现，管理层权力越大导致的高管不合理收益水平越高（陈冬华等，2005；陈信元等，2009；李维安等，2010；方军雄，2011；刘星和徐光伟，2012；徐细雄和刘星，2013；张铁铸和沙曼，2014；吴成颂等，2015）。赵璨等（2015）对国有公司行政权和控制权与高管收益进行研究，赵刚等（2017）以 2006~2011 年首次 IPO 的超募资金为对象，研究管理层权力与其获取货币性收益和非货币性收益的关系，两者的研究结果均与权小锋等（2010）的研究结果一致。赵华伟（2015）选取我国上市银行为样本进行回归，发现银行高管权力与高管不合理货币性收益水平的回归系数显著，可见，高管权力也是产生金融业高管货币性收益的重要诱因（游志郎等，2017）。

3. 董事会的影响

公司治理结构，特别是董事会结构及其性能的弱化将降低公司治理水平（Berle and Means，1932），而董事会的不勤勉或独立性受损将增加高管获取私人收益的发生概率（Wu，2005；张力和潘青，2009；Hirsch and Watson，2010）。

关于独立董事对高管收益的监督作用，Chen 等（2006）发现外部董事比例或非执行董事比例的增加能够强化对企业高管的监督作用；Luo 等（2011）针对中国上市公司独立董事的研究得出了一致结论（林浚清等，2003；周继军和张旺峰，2011；徐细雄和刘星，2013；陈仕华等，2014），研究结论支持公司具有的强大的外部董事或独立董事能更好地履职，对高管具有监督作用（Fama and Jensen，1983），从而帮助公司抑制不端行为。Muravyev 等（2014）选择1998~2009 年俄罗斯证券交易所交易的二级股票公司为样本进行研究，发现非执行董事或独立董事与较高的高管控制权私有收益相关联，并未发挥预期作用，不利于改善公司治理水平（Chen et al.，2016）。同时，Jiang 和 Kim（2015）对我国独立董事的作用提出疑问，原因是我国独立性比例变化小，只是简单地维持独立董事的最低比例，且最低比例仅由董事会规模而不由其他任何因素驱动，因此很难评估董事会独立性的效力，国内一些关于独立董事监督作用的研究持有类似的观点（杜胜利和翟艳玲，2005；谢德仁，2005；杨蕾和卢锐，2009；李维安等，2010；王清刚和胡亚君，2011；苏方国，2011；张蕊和管考磊，2016）。

董事会规模对企业高管收益的合理性水平具有显著影响，公司董事会规模越大将越缺乏效率，越容易被企业高管层俘获（Jensen，1993），董事会规模越小的公司反而财务表现越出色（Vafeas，1999；Yermack，2006；张翼和马光，2005；Chen et al.，2006）。陈仕华等（2014）的检验结果证实董事会规模与高管收益的合理程度存在反向关系（赵璨等，2015）。也有学者得出相反的结果，他们发现董事会规模增大能显著降低高管谋私行为发生的概率（周好文等，2006；Crespí‐Cladera and Pascual‐Fuster，2014）；而 Muravyev 等（2014）的研究显示董事会规模与高管不合理收益存在 U 形关系；另有研究发现两者不存在显著正向关系（Chen et al.，2006）或负向关系（Luo et al.，2011；Yermack，2006）。

董事会会议对高管收益的影响。一些公司的董事会可能比其他公司更勤勉和警觉，因为无法直接测量勤勉和警觉的活动则以董事会每年的会议频率替代董事会的活动，认为董事会会议频率在一定程度上反映了董事会对公司的控制能力和对公司高管的监督能力（Lipton and Lorsch，1992；Bowen et al.，2008；李明辉，2009）。另一些学者研究发现，董事会会议频率与高管谋取超额收益的倾向显著正相关（Chen et al.，2006），这可能源于董事会捕捉到高管有争议的可疑行为而增加了会议频率（袁萍等，2006；伊志宏等，2010）。此外，有学者发现董事会的文化惯例（Bebchuk and Fried，2003；Brick et al.，2006；郑志刚等，2012）、董事长任期（Chen et al.，2006）和董事的教育背景（周好文等，2006）也会影响高管收益的合理性水平。

4. 监事会的监督

组织域内也有把监事会作为重要的公司内部监督机制，探讨其对高管收益的监督效力的研究。此外，一些学者从企业外部环境的不同维度研究监事会对高管获取收益决策选择行为的影响。监事会设置和企业外部环境对高管收益的作用是本书研究的重点，将在后续部分展开详细阐述。

综上，通过对国内外组织域内诱发因素的回顾和梳理发现，国内外学者的研究侧重于从股东、管理层权力和董事会的视角分别探究对高管收益的影响。我国学者较多针对公司层级，尤其是管理层权力对高管收益的影响进行研究，而且相同问题的研究结论并未完全有效收敛；相比之下，检验公司内部主要监督机制之一的监事会和企业外部环境对高管收益约束作用的研究较少，本书将对此进行深入探究。

第二节 企业外部环境相关文献

在梳理已有关于企业外部环境概念和测度方式研究的基础上，明确本书企业外部环境的内涵及测度方式，进而分别梳理并阐述企业外部政治域的法律环境、政府行为等环境，经济交换域的经济发展水平、经济自由度和产品市场竞争等环境，以及社会交换域的舆论压力和宗教文化等环境对高管收益的影响。

一 企业外部环境的内涵

本书提及的企业外部环境既联系又区别于制度环境，在梳理和总结制度环境含义的基础上阐述本书企业外部环境的内涵。

North（1990）关注的是更高层次、更为广泛的制度框架。North（1984）认为制度包括对行为的制约，其以规则和管制形式存在，约束参与人行为。制度最终形成一系列道德伦理和行为规范，一系列规范限定规则和管制实现的具体方式及强制执行的具体方式。North（1991）进一步完善提出，制度是人为制定的一系列制约，它以规则和管制的形式存在，作用于政治、经济和社会的交互，包括正式制度（法律、产权等）和非正式制度（习俗、惯例等）。Davis 和 North（1971）将制度划分为制度安排和制度环境。制度安排是特定领域内正式和非正式的安排，这一安排支配了经济单位之间合作和竞争的方式；制度环境是指一系列为建立生产、交易和分配奠定基础的根本性政治、社会和法律规则，共同构成经济活动的基础。

Williamson（1975，1985，1996a）严肃对待各种制度背景或治理结构对经济行为的影响，认为对制度的理解应包含两个层面，第一个层面为制度环境，可以理解为博弈的制度性规则，是产权、规范、习俗及类似框架的各种背景条件的集合,即宏观层面的制度;第二个层面为更微观的治理制度,交易成本经济学理论更关注比较各种备择的治理机制的效率,这些治理机制包括市场制、混合制、层级制和官僚制。同时 Williamson(1996a)将制度环境视为引发比较治理成本变动的一组参数,由更为复杂的层面构成,约束治理制度;治理制度视给定的制度环境为位移参数,根据位移参数设置匹配的治理结构,以促使经济规划效果的实现(Williamson,1991b;威廉姆森,2016)。

青木昌彦(2001)认为制度是关于博弈如何进行的共有信念的自我维系系统,以自我实施的方式制约参与人的策略互动,反过来被环境变化中参与人的实际决策不断再生产。青木昌彦(2001)界定了域以及域之间所内生演化的制度的差异性,域之间的相互依存共同构成整体的制度安排,并说明某一域中通行的内生博弈规则,对于其他域的参与人而言,因其认知和决策的有限性而超出控制范围,这代表了博弈的外生性规则,即构成外部制度环境。

斯科特(2010)对组织的制度环境的形成过程加以分析。20 世纪 60 年代中期,学者强调了作为开放系统的组织所属的更大的外部环境对于该组织的重要性,且这种环境对组织起着制约、塑造、渗透和革新的作用(斯科特和戴维斯,2011),但最初只认识到技术环境(资源和相关信息)的影响。20 世纪 70 年代中期学者融合了更广泛的社会文化因素,即制度环境对组织的影响。Scott(1995)从三大基础要素综合定义了制度,认为制度包括为社会生活提高稳定性和意义的规制性、规范性、文化-认知性要素以及相关的活动与资源。规制性要素强调明确的外在的各种规制设定、监督和奖惩的过程;规范性要素强调社会生活中的制度,如价值观和社会规范;文化-认知性要素构成了参与人关于社会实在的性质的共同理解,不仅仅是主观的信念,更是客观外在于行动者的符号系统。三大基

第二章 文献综述

础要素共同构成了支撑组织活动的外部制度环境。

本书研究的微观层级治理主体为监事会，监事会既是一项制度安排，也是置身于公司治理制度中的一项重要内部监督机制，而且Williamson（1975，1985）提出的治理机制有市场制、混合制、层级制和官僚制等形式。可见，制度环境的涵盖范围与本书欲探索的企业外部环境位移参数规则之间并未完全吻合。因此，为明确研究层级主体的边界，本书在充分理解制度环境的基础上，以企业外部环境区分制度环境；以企业边界为分界点，将企业外部环境定义为企业作为组织域的子集以其他域的参数及其变化作为外生博弈规则，一般包括政治域、经济交换域、社会交换域和公用资源域等企业所属本域之外的其他域的正式和非正式博弈规则，并以其参数的位移轨迹进行决策选择。鉴于其范围广泛，而本书无法面面俱到，因此主要从政治域和经济交换域的法律环境和产品市场竞争环境两个主要维度，研究企业外部环境对高管收益的影响以及监事会设置主动程度在二者关系中发挥的中介效应。

此外，需要提及的是，本书后续依据行文语境会将"企业外部环境"表述为"外部环境"或"公司外部环境"，即这两个名词在本书中皆与"企业外部环境"同义。

本书微观经济主体所面临的法律环境由两方面内容构成，一方面是我国各个区域现存的由政府或政府部门颁布法规的情况，另一方面则包含各地方的法院之类的司法机关和以证监会为主的行政执法机关的执法质量和执法效率。

产品市场竞争环境是指同行业中具有超过两个相同或类似商品或劳务的企业，为最大化企业利益围绕人力、物力和客户资源等进行的争夺或较量的程度，至于竞争策略和行为则不属于本书研究范围。

二 企业外部环境的测度方式

企业外部环境是一个复杂且广泛的概念,其量化是企业环境问题经验研究的难点。经济学领域通常选取参与人共同遵守的正式博弈规则和非正式博弈规则(North,1984,1990)的指标作为企业外部环境的替代变量,但从实证研究视角如何进行测度尚无统一定论。

La Porta 等(1998)开创了法与金融的研究,并探索性地以法律对投资者的保护程度量化企业外部环境,他们以国家法律渊源,国家间公司法,破产、重组法等法律条文以及法律准则在上市公司的执行情况等方面衡量 49 个国家的法律环境水平。La Porta 等(1999)以大部分于 1990 年的 152 个国家的数据为样本,探讨"好政府"如何形成。他们提出能促进经济发展、市场繁荣、减少不平等以及民众能够保持多样性的政府,即"良好的政府"。在前人侧重理论研究(Hayek,1945;Shleifer and Vishny,1993,1997,1998;Mauro,1995)的基础上,La Porta 等(1999)以五个维度的多项指标量化政府质量的环境水平:①以产权保护指数、商业监管质量指数和最高边际税率三个指标来衡量政府干预;②以腐败、官僚拖延和税收遵从度等指标的得分以及政府官员的相对工资四个指标衡量政府效率;③以婴儿死亡率、受教育程度、文盲和基础设施质量指数来衡量公共设施的供给和效率;④以政府的转移和补贴、政府消费、国有企业规模指数和公共部门雇员(比总人口)的相对值四个指标衡量公共部门的规模;⑤以民主指数和政治权利指数衡量民主政治权利。La Porta 等(1999)以种族语言合理水平、法律渊源、人均国民生产总值(GNP)和宗教文化作为衡量政治域、经济交换域和社会交换域等环境的替代指标。La Porta 等(2000)以 La Porta 等(1998)的方法测度 49 个国家的法律环境水平,并进一步探讨外部法律环境对公司治理的作用。La Porta 等(1998,1999,2000)的研究范式以微观

第二章 文献综述

层级深入企业外部环境视角的研究为经济学和管理学的实证研究开辟了新思路。

后续学者关于企业外部环境的测度以 La Porta 等（1998，1999，2000）的研究为基础框架，或以其为依据测度外部环境，或深化外部环境的测度。Treisman（2000）以 La Porta 等（1998，1999）的法律渊源和宗教文化分别探讨法律环境和文化传统对腐败的影响。Clarke 和 Xu（2004）通过调查拟合而成的法律效率指数、政治权利指数和政府效率等衡量政治域环境，以 GDP、GDP 增长率、进口贸易和资源出口等衡量经济交换域环境，并进一步以垄断事业是否私有化衡量竞争程度。Dyck 和 Zingales（2004）拓展了外部环境水平测度的研究，一方面，法律环境的衡量除考虑保护股东权利的立法和执法因素外，进一步融入了 La Porta 等（1998）未考虑的信息披露质量；另一方面，以国家层级行业进入壁垒的设置作为经济环境中产品竞争程度的替代指标，以媒体、报刊扩散程度衡量社会层面的舆论压力。Wu（2005）结合 La Porta 等（1999）和 Treisman（2000）的研究，以法律渊源、宗教文化和进口额衡量外部环境水平，另外，以人均 GDP（自然对数）衡量影响参与人寻租行为的经济交换域环境。Berg 等（2012）借鉴 Kaufmann（2007）构建的世界治理指数（World Governance Indicators，WGI），选取政治和体制质量指数的言论自由、政治稳定、政府效能、政策执行力、法律效率和公共部门腐败控制等六项指标构建政府质量指数，且遵循 La Porta 等（1998，1999，2000）、Clarke 和 Xu（2004）的研究框架，以民主指数、政府支出、政治权利、GDP、GDP 增长率、通货膨胀、资源出口和出口额等作为其他政治域环境和经济交换域环境的替代变量。

可见，国外学者多是从国家差异、法律传统差异入手研究企业外部环境对微观经济主体行为的影响，国内学者将 La Porta 等（1998，1999，2000）的研究思想拓展为我国各地区之间环境差异的影响，且主要以我国各地区市场化进程相对指数（简称"市场化指数"）作为企业外部环境的替代变量。市场化指数的构建考虑到我国转型时期的经济、社会、法律和政治等各方面的变革因素，采用主成分分析法从"政府与市场的关系、非国有经济的发展、产品市场的发育程度、要素市场的发育程度、市场中介组织的发育和法律制度环境"五个维度25个指标进行量化、分析，从而形成客观可验证的衡量我国各地区"制度变量"的有价值的相对指数（樊纲等，2003）。市场化指数与其五个维度的分项指标及二级分项指标被运用于企业外部环境对公司治理结构和高管权力寻租行为的影响研究。夏立军和方轶强（2005）以市场化指数相对得分及第一个维度和第五个维度的分项指标分别衡量我国各地区企业外部环境、政府干预和法律环境。陈信元等（2009）以市场化指数、财政赤字、收入差距和失业率4个指标作为衡量上市公司地区环境差异的变量，考察地区环境对薪酬管制的影响，在稳健性分析中以"政府与市场的关系"的分项指标作为替代变量进行进一步分析；同时，陈信元等（2005）选用市场化指数中第五个维度的分项指标作为法律环境的替代变量，分析法律环境对高管腐败的作用。后续更多学者根据研究目的选择市场化指数衡量区域整体环境质量（高雷和宋顺林，2007；辛清泉和谭伟强，2009；陈冬华等，2010；周玮，2010；姜付秀等，2009；周玮等，2011；徐细雄和刘星，2013；谢获宝和惠丽丽，2015；吴成颂等，2015；陈修德等，2015；张玮倩和方军雄，2016），也会选择市场化指数中的一级分项指标或者二级分项指标测度企业外部的政府干预程度（夏立军和方轶强，2005；高雷和宋顺林，2007；章卫东等，2015；邓路等，2016）、法律环境水平（高雷和宋顺林，2007；陈德球等，2013；戴德明等，2015；邓路等，2016）和金融市场发展水平（余明桂和潘红波，2010；陈德球等，2013；邓路等，2016），从而对公司的薪酬契约、公司治理及内部人寻租行为等方面进行跨层级的研究。

我国也有采用其他方法衡量企业外部环境的研究。郝臣（2009）根据我国环境特征，分别选取政策环境的 5 个细分指标、经济环境的 7 个细分指标和法律环境的 4 个细分指标，通过问题调查逐级拟合，最终汇总得到中小企业外部环境的得分。马连福和曹春方（2011）选取市场化指数第三个维度的两个二级分项指标，以及产权保护和政策扶持等指标计算制度环境的指数。Fan 等（2013）选择市场化指数的第五个维度的分项指标，以及产权保护、政策扶持、外商直接投资和进出口总额，通过主成分分析法形成制度环境变量。此外，李青原等（2007）借鉴 Nickell（1996）的研究并结合我国会计准则计算垄断租金，并把它作为产品市场竞争程度的衡量标准（韩忠雪和周婷婷，2011）。戴德明等（2015）、余明桂和潘红波（2010）的研究中选用了赫芬达尔－赫希曼指数作为企业外部产品市场竞争的替代变量。

综上，学者根据各自研究目的选择衡量企业外部环境的测度标准，因研究目的和视角不同，其测度标准较为多元化。本书借鉴我国大多研究中关于企业外部环境的做法，一方面，采用樊纲等（2011）、王小鲁等（2017）的市场化指数中的"市场中介组织的发育和法律制度环境"指标衡量法律环境的水平；另一方面，采用 Nickell（1996）、李青原等（2007）的研究思路，以垄断租金衡量产品市场竞争环境的水平。

三　企业外部环境与高管收益的关系

组织中参与人运用权力决策行为是对政治、经济环境变化的反映，也将随社会风气的转变而变化（Ting，1997；La Porta et al.，1999；Djankov et al.，2003），因此，对我国公司高管收益的研究，不仅需要考虑公司内部因素的影响，也应根植于我国的政治、法律、经济和文化等环境背景进行思考（徐细雄和刘星，2013；孙烨和张晶，2017）。前文已述组织域内主要因素对高管收益的影响，本部分阐述企业外部各域内环境因素对高管收益的影响。

（一）政治域环境与高管收益

关于政治域对高管收益作用的研究重显性约束，主要从宏观法律环境和政府行为对公司控制权和资源配置的影响程度等人为秩序分析其对微观组织参与人行为的影响。

1. 法律环境与高管收益

法律环境分别从法律渊源、立法保护及法律执行等方面讨论对投资者利益的保护情况及对公司高管偏离行为的约束力。La Porta 等（1999）认为国家的法律渊源影响行为人权力决策的结果，研究发现英国及其前殖民地的普通法体系相比民法体系对投资者的保护力度和执行效力更强，英国及其前殖民地的腐败水平显著低于其他国家（Treisman，2000）。Doidge 等（2007）进一步将样本分为发达国家和欠发达国家，亦支持该结论。而 Pellegrini 和 Gerlagh（2008）并未发现此联动作用。另外，高管合理收益的水平依赖国家或地区立法和法律执行的有效性（La Porta et al.，2000）。一个国家或地区的法律制度越完备，对投资者保护的立法越完善且执法也越有效，从而对公司信息透明度要求越高，使公司高管行为受到越多约束，抑制公司内部高管决策选择行为偏离的机会越多，进而保护投资者利益（La Porta et al.，1998，1999，2000；Broadman and Recanatini，2001；Clarke and Xu，2004）。Dyck 和 Zingales（2004）参考 La Porta 等（1997）、Zingales（1995）关于法律有效性的研究思想，通过对 39 个国家的数据检验发现，信息披露质量的提高、投资者的法律保护程度的提升以及执法质量的提高均对控制权私有收益产生削弱效应，而且该效应具有统计意义和经济意义。同时，在法律机制有效的国家和地区,当投资者或公司利益被侵害时,公司管理层也会因此而受到法律的制裁,这提高了公司高管谋求异常收益的风险和交易成本,从而使法律发挥监管和震慑作用(Wu,2005;Burgstahler et al.,2006;Berg et al.,2012)。

经济转型时期我国各地区法律环境的发展水平不一致(戴德明等,2015),国内一些学者检验了法律环境对高管获取收益行为的作用。高雷和宋顺林(2007)以2003~2005年上市公司的面板数据为研究样本,通过固定效应模型分析发现,法律环境水平与代理成本在5%的水平下显著为负,说明法律环境的改善,加大了投资者利益的保护力度,从而降低了代理成本(陈修德等,2015;戴德明等,2015)。陈信元等(2005,2009)选取截至2005年共116家已发生高管违规案件的上市公司为例,通过回归分析发现,法律环境的改善能够降低非国有公司高管获取不合理收益的发生概率,而对国有公司则缺乏约束力。冉戎和刘星(2010)认为控制权私有收益侵蚀外部投资人的利益,与经济制度和法律制度相悖,减少控制权私有收益是公司治理的目标;通过数理分析验证了地区法律保护程度的提升能够使得内部人难以获取控制权私有收益。张蕊和管考磊(2016)也认为薄弱的法律环境对企业高管的约束性较低。然而,罗培新(2012)以法学视域分析认为,商业规则的存在赋予了公司高管自由裁量权,使得对具有浓厚经营色彩的高管薪酬的精准设定进行明确的法律规定非常困难,而且事后也无法进行合理的裁断。卢馨等(2015)对2004~2013年的数据进行研究,未发现法律环境与高管超额收益两者间的显著关联。

2. 政府行为与高管收益

良好的政府可以促进经济的增长和社会的繁荣(La Porta et al.,1998)。国外学者分别从政府干预、民主政治和公共基础设施投入等方面衡量政府行为对个体行为的影响。政府的工作本质是为公司发展营造良好的运行环境，政府过度干预将引发公司内部管理者的寻租行为（Hart，1983；Shleifer and Vishny，1993）。Hubbard 和 Palia（1995）以金融业为研究对象，实证检验发现，政府放松管制后，公司给予高管的薪酬激励更加市场化。Joskow 等（1994）和 Bryan 等（2005）对跨国公共电力事业 CEO 薪酬的分析也得出了一致结论。Su 和 Littlefield（2001）认为因为政府干预的存在，公司高管可以向政府官员寻求庇护则更倾向于寻租而发生违规行为。Dal 和 Rossi（2007）、Athanasouli 和 Goujard（2015）认为政府干预严重，增加了高管与政府官员利益交换掩饰经营业绩的机会，而这是公司所有者默许的。地方政府肩负地区经济和社会发展的多重任务，政府干预程度越高，其将自身任务转嫁于公司的概率越大，政企关系的削弱可以提高公司高管做出合理性决策的概率（Collins et al.，2009）。

以经济转型时期我国政府和企业，尤其是国有企业之间的关系为背景，大部分学者以政府作为国有控股股东身份展开政府干预与高管收益的研究。高雷和宋顺林（2007）以 2003~2005 年上市公司的面板数据为研究样本，通过固定效应模型分析发现，政府干预程度与代理成本在 1% 的显著性水平下正相关，说明政府干预程度提高将导致代理成本增加。陈信元等（2009）认为国有公司相比于非国有公司更易受到外生的政府薪酬管制安排的影响，使国有公司薪酬缺乏激励效率（陈冬华等，2005，2010），从而导致高管行为的偏离，而且其对中央和地方国有公司的影响程度也呈现差异性（权小锋等，2010）。吴成颂等（2015）、李善民等（2009）认为政府干预程度越高，政府"有形之手"对高管薪酬（尤其是国有公司）的管制作用越强，从而扩展高管获取不合理的非货币性收益的空间。国有公司高管的决策权大多源于政府的放权让利（李维安等，2010），我国国有公司高管通常具有行政级别，但是未匹配对应级别的权力，过度的控制权和残缺的行政权使得国有公司高管不受内部监督机制的监督，并追求最大化非货币性收益（赵璨等，2013，2015；杨德明和赵璨，2014；魏益华等，2017）。另外，一些学者以政府配置资源视角研究政府干预对高管货币性收益和非货币性收益的影响。马连福等（2013）、陈仕华和卢昌崇（2014）认为政府除了通过国有控股股东的身份，还可以通过对重要资源的配置对上市公司施加影响。政府部门可以通过对国企高管行政级别的晋升以及土地、资金借贷和征税等重要资源的政策性扶持影响公司高管的行为选择（陈冬华，2003；陈信元等，2005；余明桂和潘红波，2010；陈德球等，2011；陈仕华和卢昌崇，2014）。王曾等（2014）研究发现，高管面临政治晋升压力与获取非货币性收益水平之间的关系显著为负。但曹伟等（2016）的研究则发现，高管因为政治晋升的关系将提高其获取非货币性收益的水平。也有学者持不同意见，他们认为民营公司受政府部门的影响相比国有公司更为间接，非国有公司高管相比国有公司高管的权力更大（卢锐等，2008）。张玮倩和方军雄（2016）认为，为从政府部门获取重要的自然资源或金融资本，民营公司高管更有契机进行权力寻租行为，并通过选取2007~2013年的数据进行实证检验支持了该结论。

（二）经济交换域环境与高管收益

国外学者探究经济交换域中产品市场竞争环境对高管个体权力决策行为的影响。产品市场竞争作为来自公司外部的治理机制，对公司管理层具有监督、约束效应（Alchian，1950），也存在激励高管改善经营及提高公司价值的作用（Stigler，1958）。Holmstrom（1982）的研究发现，产品市场的竞争参与者越多，公司内外信息不对称程度越低，高管将努力提升业绩以增加报酬。Hart（1983）进一步认为激烈的产品市场竞争能够促使公司提升信息透明度，从而减少高管偷懒行为的发生。激烈的产品市场竞争成为检验高管努力程度和个人能力的试金石，优胜劣汰规则的存在，一方面将使产品市场竞争中不努力或不具备能力的高管被解雇（Hermalin，1992）；另一方面也将导致劣势的公司被淘汰或破产，从而引发高管对自身行为后果的思考，进而充分约束自己的行为（Aghion et al.，1999）。Shleifer 和 Vishny（1997）、Bai 等（2004）认为产品市场竞争是提高公司效率最强的力量，是公司低效率运行状态下，内部公司治理机制的有效外部机制的补充。Treisman（2000）通过数据分析验证，产品市场竞争程度的提高能够降低权力过大的代理人获取不正当利益行为的发生概率（Ades and Tella，1999；Broadman and Recanatini，2001）。Clarke 和 Xu（2004）对公用事业的研究表明，垄断行业通过私有化提高产品市场竞争程度能够减少违规行为的发生。Dyck 和 Zingales（2004）认为产品市场竞争取决于产业和国家特点，是公司内部人获取私人利益的一种自然的约束。Liu（2006）通过对 39 个国家层级的数据对比显示，产品市场竞争增加一个标准差则公司内部人控制权私有收益降低 6%，说明产品市场竞争激烈的国家或者公司，其内部人获取不合理利益的机会将减少。

另外，也有学者研究发现经济发展水平和经济开放程度等环境因素影响高管收益。Husted（1999）认为地区经济发展水平越低，代理人越可能运用权力为个人谋求利益（Laffont and Guessan，1999；Broadman and Recanatini，2001；Paldam，2001；Treisman，2000；Serra，2006）。Garoupa 和 Klerman（2004）通过对比国家间经济发展水平，验证了经济发展水平对经济自由程度具有约束作用。Doidge 等（2007）选用法国里昂信贷银行亚洲证券部问卷调查报告（25 个国家 309 家公司样本）和美国标准普尔公司透明度及信息披露评级体系（39 个国家 667 家公司样本）进行对比分析发现，区域经济发展水平提高将提升公司高管决策选择行为的合理性。Wu（2005）、Berg 等（2012）的实证研究发现，经济发展（GDP 或人均 GDP）对高管收益产生反向作用，但在统计上不显著。

国内学者以中国经济转型时期为背景，探讨了产品市场竞争环境对高管收益的作用。市场化程度低的区域公司高管难以通过合法渠道获取期望收益，而更倾向于把在职消费等隐性方式作为替代性激励（徐细雄和刘星，2013；赵璨等，2015）。我国产品市场竞争也是有效的外部治理机制，可以增强对公司高管的监督（蒋荣和陈丽蓉，2007），能够有效地减少代理成本（姜付秀等，2009），并且通过提升信息披露的充分性和破产清算效应可以提升高管获取非货币性收益的合理程度（刘志强，2015）。而且，激烈的竞争能够向市场传递更多公司内部信息，有利于剔除衡量高管努力程度的噪声，对高管收益决策选择行为产生约束效应（陈修德等，2015）。卢馨等（2015）的实证检验结果表明，产品市场竞争与高管违规的回归系数显著为负，说明公司产品市场竞争压力的存在使得高管的行为决策选择更为谨慎，从而对高管偏离行为产生抑制作用。同时，国有垄断行业的公司依赖国家政策保护，国家的法律和政策保护、价格管制和行业进入壁垒为高管屏蔽产品市场竞争压力，从而减弱对高管行为的约束力（Luo，2002；刘凤委等，2007；陈信元等，2009；杨蓉，2011；王雄元和何捷，2012），只有增强产品市场竞争的力量才能够有效提升高管非货币性收益的合理性水平（辛清泉和谭伟强，2009）。戴德明等（2015）对2001~2012年A股上市公司的研究发现，具有垄断性质的行业存在更为严重的信息不对称，公司内部人寻租行为更严重；随着行业的产品市场竞争程度增加，公司内外部信息不对称降低使抑制效用显著提升。陈晓珊（2017）研究发现，产品市场竞争与高管超额非货币性收益之间存在U形关系，表明缺乏产品市场监督使公司高管倾向于享受在职消费；而产品市场竞争的加剧则能够进一步约束高管获取不合理非货币性收益的行为。

（三）社会交换域环境与高管收益

社会交换域主要从习俗、惯例和伦理等非正式约束条件阐释腐败的诱发因素。社会习俗性产权的自发秩序潜在地或者无意识地塑造参与人的行为，是影响高管收益决策选择行为的重要内容。但因为社会规范难于捕捉、具体化和量化（Kis-Katos and Schulze, 2013），因此学者试图从社会文化的多角度进行研究。

舆论压力的作用。新闻媒体越发成为探查和揭示高管不合理收益问题的外部控制机制（Dong and Torgler, 2013），媒体作为公众关注热点的反映平台，通过媒体报道的传播效应影响公司高管的声誉机制从而发挥监督作用（Dyck et al., 2008）。因此，新闻媒体自由度的提升或市场化能够抑制高管超额在职消费等行为的发生（Brunetti and Weder, 2003；Dyck and Zingales, 2004；Chowdhury, 2004；Lederman et al., 2005；Freille et al., 2007）。我国新闻媒体发布的负面消息会引起公众的关注，从而对公司高管形成外部制约（郑志刚等，2011），但这一外部监督功能有待进一步完善（张铁铸和沙曼，2014）。杨德明和赵璨（2012）探讨了我国的媒体是否对高管货币性收益存在监督和治理功能，回归分析发现，我国媒体能够曝光高管薪酬乱象，具有监督功能；但对于高管货币性收益不存在治理功能，并指出需借助政府路径实现治理功能。翟胜宝等（2015）认为媒体对国有公司高管非货币性收益具有监督功能，且媒体间竞争程度增加将使监督功能增强，同时指出媒体的监督功能在东部和西部地区存在差距。薛健等（2017）认为曝光机制对同地区和同行业上市公司的非货币性收益具有威慑作用，且对公司治理水平低的组织其"杀一儆百"的效应更强。

宗教文化的影响。Dyck 和 Zingales（2004）以暴力犯罪率（Coffee, 2001）和国家主导的宗教（佛教、天主教、伊斯兰教和基督教

第二章 文献综述

四大宗教）信仰（Stulz and Williamson，2003）研究对控制权私有收益的影响，发现暴力犯罪率较高的国家中公司内部人控制权私有收益较高，但在统计上不显著；而国家主导的宗教信仰不同对道德态度的影响也不同（Guiso et al.，2003），研究发现信仰天主教的国家其公司内部人控制权私有收益高得多，以基督教作为主导信仰的国家其公司内部人控制权私有收益显著减少，并未发现主导信仰为伊斯兰教和佛教的国家对公司内部人控制权私有收益产生显著作用。Treisman（2000）、Wu（2005）针对国家信仰基督教的宗教文化进行研究，结论与 Dyck 和 Zingales（2004）的一致。

信用机制的作用。信用机制作为"隐形眼睛"，尤其在法律盲区发挥管制作用（张维迎，2001），当身处信用程度高的环境时，避免寻租行为破坏良好的信用记录（Knack and Keefer，1997），可能降低公司高管获取不合理收益的发生概率。张翼和马光（2005）对 1993~2003 年因违规而被处罚披露的 178 家上市公司分析发现，当公司所属地域信用水平良好时，高管发生违规的概率更低。

综上所述，国内外学者从政治域、经济交换域和社会交换域分别对高管收益的作用进行研究，通过梳理分析发现，国外学者关于企业外部环境与高管权力寻租行为关系的研究数量多且范围广，国外学者从政治域中的法律渊源、立法保护和法律执行等法律环境，政府干预、民主政治和公共基础设施投入等政府行为两个维度，从经济交换域中的产品市场竞争、经济开放程度和经济发展水平等方面，从社会交换域中的舆论压力、宗教文化和信用机制等方面分别分析各个外部环境变量与高管收益之间的关系。而国内关于影响高管收益的外部环境的研究较少，相比国外学者，我国学者对企业外部环境的研究并不充分、全面。另外，国内此类问题多为研究外部环境的直接作用或者调节效应，较少深入探究我国上市公司外部环境作用于高管收益的路径是直接作用这一唯一路径，抑或是通过中间介质而实现的间接作用,对此本书尝试性地构建理论框架进行深入分析。

第三节 监事会设置相关文献

本书在探讨监事会设置内涵的基础上,进一步确定监事会设置主动程度的内涵,并梳理和回顾企业外部政治域和经济交换域环境对内部监督机构——监事会的影响,以及监事会规模设置、监事会独立性设置和监事会技术能力设置分别对高管收益合理性程度的作用。

一 监事会设置的内涵

《公司法》于1993年首次颁布,2005年修订的《公司法》和2013年第三次修订后的《公司法》及相关法律规定中并未明确界定监事会监督权的概念,而是以列举监督职权及行权机制的方式说明监事会的监督权,包括财务监督权、业务监督权、代表(提起诉讼)权、股东大会的提议召开、召集与主持权、会议列席和质询权、职务行使保障权及其他职权等[①](胡坚,2010)。监事会独立并且有效地行使监督权,是监事会制度预设目标实现的基本表现。为保证监事会法定权责的实现,我国《公司法》、《上市公司治理准则》、《上市公司章程指引》和《国有企业监事会暂行条例》等一系列法律法规将监事会制度固化为正式书面规则。本书认为就范围而言监事会设置有广义和狭义之分,广义范围的监事会设置是指所有法律法规

[①] 具体法律条文参照《公司法》(2013年)第53条、第54条、第118条、第150条和第152条相关规定。

提及的关于监事会制度的内容；狭义范围的监事会设置内容相对较窄，2005年南开大学优化后的监事会治理指标包括监事会运行状况、监事会结构与规模和监事胜任能力三个维度，而有学者将运行状况解释为监事会履职和作用状态（王世权和李维安，2009），大多学者视监事会规模为评价基础，并且认为监事会独立性和监事会技术能力是提升监事会监督效力的关键（Schneider and Chan，2001；Dahya et al.，2002；Xiao et al.，2004；刘银国，2004；Firth et al.，2007；Wei and Geng，2008；Jia et al.，2009；Ding et al.，2010；Velte，2010；克里格尔，2011；Lee，2012）。因此，本书将狭义范围的监事会设置界定为监事会规模设置、监事会独立性设置和监事会技术能力设置，后续将针对使用狭义范围的监事会设置进行深入研究。

　　本书所使用的监事会设置具体而言，监事会规模设置是依据《公司法》，指上市公司监事会成员人数的设置。关于监事会独立性，一些学者认为由监事会地位的独立性和监事会人员的独立性两方面构成（刘善敏，2008；杨大可，2016a）。在实证研究中更为确切的是通过监事会成员的独立性来反映，概括为监事会成员经济独立，即不与自己任职的上市公司产生诸如报酬的经济利益；职务级别独立，即仅在监督单位担任监事，无其他上下级关系等任何影响（胡坚，2010；王世权，2011a）。此外，Bassen等（2006）认为还应包含监事会成员不应与被监督单位相关人员之间有亲密关系。鉴于我国相关法律中未明确界定监事会独立性及其相关概念，本书承继多数研究，将监事会独立性设置界定为上市公司外部监事及其比例设置（Xiao et al.，2004；李维安和王世权，2005；王彦超等，2007；王可和周亚拿，2016），外部监事包括独立监事与被监督上市公司通常不发生薪酬关系和被领导关系，具备经济和职务独立性（李维安等，2006；王世权，2011a）。监事会技术能力设置是指监事会中具有完全行为能力且具备管理学、财务会计、审计和法学等相关专业知识的监事及其比例配置（Dahya et al., 2002; Bassen et al., 2006; 克里格尔，2011; Lee, 2012）。

二 监事会设置主动程度的内涵

以上述界定的狭义范围的监事会设置为基础，本书进一步梳理并确定监事会设置主动程度的内涵。提及监事会设置主动程度的内涵界定，需厘清和明确以下内容。其一，需厘清监事会设置的制度演进过程。监事会制度形成后并非处于静止状态，而是由公司内部参与人内生且自我实施地沿着螺旋式路径（马连福和陈德球，2008a），由一个博弈均衡点演进至另一个博弈均衡点的动态过程（Greif, 1999; 青木昌彦，2001）。其二，需明确监事会设置是否有制度性规定及其标准。制度是由正式制度和非正式制度构成的约束集（North, 1991），监事会既受到法律法规等正式制度的约束，也承受来自公司所在行业惯例等非正式制度的约束。《公司法》、《上市公司章程指引》和《上市公司治理准则》等法律法规明确了监事会是上市公司必须设置的内部监督机构，有关监事会设置的法律法规的内容体现了立法的强制性和公司的自律性。同时，行业内由参与者共同形成的默认设置惯例则应作为监事会设置的非正式规则参数，体现主动性和自愿性。Anand（2005）曾提出"Voluntary Governance"的理念，即"自愿性治理"或"自主性治理"，代表以法律法规的强制性要求为基础而超出基础水平的自愿性治理活动。Ma 等（2008）探索性地提出自主性治理，认为公司治理应受外部环境的正式规则和非正式规则约束，当公司内生性自我实施机制占据博弈主导地位时，公司为满足法律监管要求所进行的主动的且自愿性的治理创新活动（马连福和陈德球，2008a, 2008b）。宏观弹性监管机制的实施为上市公司提供了主动遵循而非强制指引的空间，形成公司的自主性治理合规行为（李慧聪等，2015）。于阳子（2015）从制度经济学视角入手，主要依据 Williamson（1991a）关于自发性治理（Spontaneous Governance）和目的性治理（Intentional Governance）的思想，对独立董事主动设置予以界定，认为公司董事会所配备的独立董事超过法律规定的最低标准的行为即为独立董事主动设置。

对于监事会规模设置的要求及标准，各国相关法律法规对上市公司有明确规定。德国《股份公司法》规定监事会至少有 3 名监事，但具体组成和相关法律规定较为多样化，《煤钢行业共同决定法》范围内的公司监事会对应条件的最低人数分别为 11 人、15 人和 21 人（克里格尔，2011）；德国监事会的平均规模一般较大（Schneider and Chan，2001），1998~2007 年德国监事会平均规模在 9.5 人之上（Bermig，2011）。我国《公司法》和《上市公司章程指引》规定"股份有限公司设监事会，其成员不得少于三人"①，此条规定于上市公司而言，一方面监事会是必设法定机构，另一方面规定了监事会人数的最低标准，而上限由公司自由设置。但 Dahya 等（2002）认为我国部门庞大，监事会规模宜扩张使其更利于监督（王世权和刘金岩，2007），或考虑从立法上将监事会规模的最低标准扩充至 5 人或 7 人（高菲等，2009）。

对于监事会独立性设置和监事会技术能力设置的要求及标准，一些国家通过立法予以明确。德国在《股份公司法》和《德国公司治理准则》中明确规定了监事会成员的消极任职资格、不相容职务相互分离的原则，以及担任监事的知识、能力、专业经验和独立性等前提条件和构成要求（克里格尔，2011）。日本《商法特例法》

---

① 源自《公司法》第 117 条，且《上市公司章程指引》（2016 年修订）第 143 条规定与此一致。另外《公司法》第 51 条规定有限责任公司监事会规模的最低标准，第 70 条规定国有独资公司监事会规模的最低标准，鉴于本书的研究对象为上市公司，因此不对非上市公司的相关法律法规予以赘述。

规定规模大的股份公司[①]的监事会至少有一名成员近5年未曾在公司或子公司担任管理层或监察人职务；外部监事必须是国家考核通过的会计师。英国《公司法》规定公司及相关企业的审计师不能是公司职员，也不可以是公司职员的合伙人或公司职员雇用的人（胡坚，2010）。我国《公司法》规定了监事的消极任职资格[②]，也明确规定了应排除的不具备任职资格的候选人，但并未对能够引发监事会公正客观履职的"利益冲突"进行防范（杨大可，2016a）和履职的能力予以充分关注。一方面，《公司法》第51条规定职工监事的最低比例，《上市公司治理准则》（2002年）第26条、第64条和《上市公司章程指引》（2016年修订）第56条分别提及监事会应独立运作、监事人员构成应保证监事会独立性和监事候选人应提交详细的个人资料，但并未明确界定外部监事公正客观履职的积极任职资格，也未有法律法规明确如何保证监事会独立性设置的细则。另一方面，《上市公司治理准则》（2002）年第64条规定"监事应具有法律、会计等方面的专业知识或工作经验"，以及《上市公司章程指引》（2016年修订）第56条提及股东大会讨论监事选举事项，应考虑其教育背景、工作经历和兼职等情况，但未明确界定监事的专业技术能力的积极任职资格，也没有列明保障监事会技术能力设置的细则。众多学者建议通过立法对监事会独立性和技术能力的积极任职资格予以完善（周梅，2013；杨大可，2016a；王彦明和赵大伟，2016；赵大伟，2017a，2017b）。

综上，本书所使用的监事会设置主动程度，是以监事会设置制度演进的重复博弈均衡过程为依据的，是具有创新意识的公司主动

[①] 规模大的股份公司为资本额在5亿日元以上或资产负债总额在200亿日元以上的股份公司。

[②] 《公司法》第51条、第117条和第146条。

进行探索性实践,探寻新的监事会设置的博弈均衡结果。以外生正式法律监管制度的强制性最低标准和公司所属行业由共同信念所形成的习俗、惯例等非正式规则的标准相结合,作为主动性创新实践活动的基准,超越这一基准越多,可视为监事会设置主动程度越高;反之,低于这一基准,监事会设置主动程度为负,则表现为监事会设置的被动性。结合本书监事会设置的概念界定,将监事会设置主动程度进一步具体阐释为监事会规模、独立性和技术能力的设置分别超过法律法规等正式规则的标准和行业共同惯例等非正式规则的标准的水平,即分别为本书所使用的监事会规模设置主动程度、监事会独立性设置主动程度和监事会技术能力设置主动程度。

三 企业外部环境与监事会的关系

国内外系统性研究企业外部环境与监事会关系的文献较少,鉴于监事会为公司内部治理机制和监督机制的重要组成部分,本书将对企业外部环境与监事会、公司内部治理机制和监督机制的研究文献进行梳理及阐述。

1. 法律环境与监事会

法律机制是公司外部治理机制的组成部分,但并不能作为解决委托人和代理人之间代理问题的有效工具(Jensen,1993)。Shleifer 和 Vishny(1997)认为公司治理水平的差异主要因为公司在高管法律义务规定和司法解释及执行方面存在异质性。La Porta 等(1997,1998,1999,2000)认为一个国家或地区的法律制度是否完备对公司治理结构和水平产生至关重要的影响,国家或地区的立法和执法程度越高,法律对公司信息透明度要求越高,则其对公司内部监督机制发挥作用的概率越大。公司的行为受法律环境的影响,法治水平的提高有利于降低公司的交易成本,立法的完善和执法质量的提升是对投资者有效的法律保护和公司治理机制的重要基础(La Porta et al.，2000；Nenova，2003；Dyck and Zingales，2004）。Klapper 和 Love（2004）以处于经济转型时期国家的公司为研究对象发现，国家层面对投资者的立法保护和法律执行效率的提升更有利于微观经济主体构建相宜的公司治理结构，从而提高平均治理水平（Doidge et al.，2007），并更有力地推动公司内部监督机制作用的发挥。

  国内公司外部法律环境主要指《公司法》立法的严谨性与执法的规范性，以此研究法律环境对监事会的影响。我国上市公司监事会的职权和义务主要来自《公司法》的相关规定，我国首部《公司法》于1993年颁布实施，具体规定股份有限公司监事会规模、构成、任期、工作方式、议事程序、职权、职责和义务等。2005年修订的《公司法》对股份有限公司监事会的职责、职权等方面予以强化和修改，并明确会议制度：增加职工监事最低比例，明确监事会会议制度规则，增加纠正权、罢免建议权和代表诉讼权、召集权等多项监督的具体权能，明确监事的忠诚和勤勉义务。2013年第三次修订《公司法》，与此前2005年修订的《公司法》中监事会有关条款进行对比，发现其并未进行修改或增减。已有研究大多为规范性的法律探究，发现法律环境对监事会组织存在约束作用，但较少得到实证的检验。法律对监事会的职权和责任不明确的规定（Xiao et al.，2004；Tian，2009），监事会的构成、行权方式不当，将限制监事会成为一个开放的系统并影响其良性循环（王彦明和赵大伟，2016）。德国通过《德国商法典》、《煤钢行业共同决定法》、《股份公司法》和《德国公司治理准则》等法律法规，以及日本以《公司法》和《日本商法典》等法律法规构建监事会信息获取、监督功能的实施及行权保障等相对完善的机制（周梅，2013；泰赫曼等，2015；杨大可，2016a）。然而，我国通过对《公司法》、《上市公司治理准则》和《上市公司章程指引》等一系列政府及监管部门法律规定的多次修订，虽然完善了监事会制度，但对监事会信息获取、独立性、任职资格和权责细化等尚未形成有效的制度保障和实现机制（刘银国，2004；Lee，2012；王敏，2012；周梅，2013；杨大可，2015；王彦明和赵大伟，2016；杨大可，2016a）。

2. 政府行为与监事会

Shleifer 和 Vishny（1998）认为政府在经济发展中将会扮演守护、帮助和掠夺三种角色。政治干预一方面可以帮助公司获取土地、资金等基础性、互补性资源以巩固其竞争优势（Oliver and Holzinger，2008）；另一方面能为公司带来最新的政策信息，从而帮助其了解或适应游戏规则，以降低对外部环境的依赖（Dimaggio and Powell，1983）。La Porta 等（1999）发现大陆法系国家的各级政府比普通法系国家的各级政府对企业经济活动的干预程度更高。Djankov 和 Murrell（2002）提出公司治理结构受其所处内外部环境的影响，市场改革促进私有化，政府管制的放松重塑企业外部环境，从而改变外部公司治理机制（Estrin，2002）。Bai 等（2006）通过对中国国有公司的研究发现，公司所在地区政府干预程度高将加重公司政策性负担，与公司提高经济效益和价值最大化目标相冲突，损伤公司自我运营能力（林毅夫等，2004；Chen et al.，2006）。Fan 等（2007，2013）认为地方政府的社会目标更加多元化，地方政府干预程度较高的区域将通过企业帮助政府实现一些政治或者社会目标；若政府官员的考核严格，政府会放缓国企放权改革的进程，倾向于保留较高的所有权（Boubakri et al.，2009；陈德球，2014）；然而，政府出于政治目的进行公司治理会促使内部治理机制失去效率，从而降低公司绩效（Boubakri et al.，2008）。

公司治理机制问题，一定而且必然涉及政府的角色及其作用（李维安等，2010），政府约束型的治理模式在当代中国是较为常见的（卢山，2011），政府对公司的治理有时不是依据建立在法律条文基础之上的正式契约，而是依靠长期交易、声誉和私人关系等一系列非正式治理机制来维持双方之间的关系。中国上市公司的所有权大部分集中在国有股东手中,政府干预和政治关联普遍存在,由于受国有股东主导,监事会只是一种"装饰"而"无话语权"(李维安和张亚双,2002)。Xiao 等(2004)认为国有公司监事会是否勤勉的评判标准不仅仅是依据法律法规,更重要的是依从国企行政人员的业绩评价体系;另一种情形是政府替代监事会对公司高管进行监督。两种情形都将导致监事会功能弱化,渐弱但依旧强势的政府的影响力阻碍了监事会职能的发挥,可见,只有减少政府控制才能够改善公司内部治理机制(夏立军和方轶强,2005)。陈修德等(2015)认为我国经济转型的过程就是从整体制度安排及演进降低交易成本的逻辑出发,从而降低公司的代理成本。章卫东等(2015)提出通过金字塔结构能够有效抑制地方政府对国有公司的干预,从而优化国有公司治理机制。2009 年,党的十七届四中全会通过的《中共中央关于加强和改进新形势下党的建设若干重大问题的决定》对党组织在国有企业发挥作用的职责和领域做了明确规定,主要集中在参与决策、带头执行和有效监督三个方面,而这恰恰和国企党组织的政治优势是一一对应的。因此,也有研究认为国有公司监事会的作用略强于民营公司(李维安等,2006),马连福等(2013)发现我国国有公司党委会与监事会人员的重合将经济监督与行政监督相结合,极大地增强了监事会的监督能力。与之相近,陈仕华等(2014)探讨了政府对国企实施干预的另一途径,即党组织参与(Chang and Wong,2004;陈仕华和卢昌崇,2014),研究发现国企纪委参与监事会治理能增强对高管攫取非货币性收益的抑制作用。

3. 产品市场竞争与监事会

Mayer(1997)认为公司治理的形式和最优公司治理机制形成的速度都受到产品市场竞争程度的影响,成功的公司治理制度是将内部治理机制与产品市场竞争结合起来的制度。这与 Holmstrom 和 Mil-

第二章 文献综述

grom（1994）认为公司的各种管理机制存在协同效应的思想一致。Nickell 等（1997）则通过对英国制造业分析发现，产品市场竞争与公司内部治理机制在一定程度上促进了公司成长；较低的产品市场竞争程度或者行业垄断易导致组织懈怠（Nickell，1996），两者之间具有替代性（Aghion et al.，1999）。Beasley 等（2000）对高技术、医药业和金融业三个行业的上市公司进行研究，发现产品市场竞争激烈的高技术产业，其内部监督机制更能有效制约财务报表欺诈行为的发生。Grosfeld 和 Tressel（2002）、Januszewski 等（2002）研究产品市场竞争和公司治理之间的作用发现，当公司治理良好时，产品市场竞争对公司的影响是正向的。Djankov 和 Murrell（2002）、Estrin（2002）强调公司治理结构安排受公司内部和外部环境影响，产品市场竞争主要通过外力重塑外部环境，从而对塑造公司治理机制产生作用。Bai 等（2004）认为产品市场竞争能够缓解代理问题，但在产品市场竞争中失败或者丧失优势，将会导致公司破产清算，因此公司需要在外部竞争压力下提高经营效率。Bozec 和 Dia（2007）以加拿大国有公司为研究样本，研究发现只有公司充分置于激烈的产品竞争环境中才能使董事会（监事会）更加发挥作用。而也有学者从产品市场竞争与代理冲突的关系的视角分析其对公司内部治理机制的影响，认为激烈的产品市场竞争能够减少或缓解代理冲突，降低不必要的交易成本，降低组织松懈的发生概率（Jagannathan and Srinivasan，1999）。Griffith（2001）对英国公司的实证研究验证了产品市场竞争能够降低代理成本，提高公司效率。Chhaochharia 和 Laeven（2009）对美国上市公司的研究也认为产品市场竞争程度高的公司的效率要高于产品市场竞争程度低的公司。林毅夫等（1997）提出公司内部治理制度是外部产品市场竞争机制的衍生制度安排，外部产品市场竞争通过间接控制或外部治理影响公司内部治理作用的发挥。产品市场竞争与公司治理之间存在协同作用（施东晖，2003；

张功富和宋献中，2007），提升产品市场竞争程度是降低公司代理成本的有效途径（李寿喜，2007），尤其对国有公司的作用更为显著（谭云清和朱荣林，2007）。姜付秀等（2009）研究发现，当产品市场竞争较小时，董事会规模和监事会规模的作用不显著，表现出管理者固守动机；当产品市场竞争较大时，监事会规模增大降低代理成本的作用增强；但在产品市场竞争水平处于最高组时，监事会规模的作用再度不显著。辛清泉和谭伟强（2009）认为放松管制后，产品市场竞争的力量将促使公司治理结构进行动态调整，对公司治理水平和治理效率的提升具有重要作用（戴德明等，2015；卢馨等，2015）。

本书通过对国内外关于企业外部环境与监事会设置相关研究的梳理发现，已有研究基本探讨企业外部环境对公司内部治理机制或监督机制的影响，而从企业外部环境寻求监事会作用问题的答案的研究相对较少，更少有企业外部环境对监事会作用的实证检验研究；已有研究基本依据代理理论和公司治理理论分析企业外部环境对既有监事会制度的监督效率和创造价值的作用，鲜有研究探求企业外部环境作为外生博弈规则参数，其位移轨迹发生变化是否会引起监事会设置发生制度演进。基于此，本书以比较制度分析理论探讨外部环境变化引起的监事会设置机制的重复动态博弈均衡过程，并实证检验外部环境对监事会设置机制演进的作用程度和方向。

四 监事会设置与高管收益的关系

监事会是我国公司内部监督机制的重要组成部分，正式制度（《公司法》和《上市公司治理准则》等）赋予监事会监督并约束公司高管的权力。中国特色的二元治理模式不同于英美的一元治理模式，但中国公司治理结构似乎更接近一元治理模式中的董事会结构类型（Chen and Alnajjar，2012）；同时，中国公司的监事会和董事会不存在等级差异，因此又异于德日的二元治理模式（Schipani and Liu，2002）。

（一）监事会规模设置与高管收益

国外学者 Schneider 和 Chan（2001）对德国、美国、瑞士和法国四国公司治理水平进行比较发现，监事会规模与监督效率之间的关系可以用倒 U 形曲线来描述，瑞士监事会的平均规模是最小的，而德国监事会的平均规模是最大的。Dahya 等（2002）认为中国企业部门过于庞大，而监事会规模较小不利于监督。Firth 等（2007）认为，监事会规模扩大能提高监事会整体专业能力，更可能成功应对公司管理层施加的压力以提高会计信息质量，而且规模更大的监事会更有可能坚持反对试图侵略或是具有欺骗性的 CEO 任职；并通过对 1998～2003 年中国上市公司的研究发现，规模更大、更活跃的监事会能够降低绝对可操纵性应计盈余，对提升盈余信息质量具有重要作用。Ding 等（2010）研究发现 2005 年修订的《公司法》实施后，监事会规模与高管薪酬绩效敏感性呈现反向关系。Mollah 和 Zaman（2015）选择 2005～2011 年伊斯兰银行为研究样本，发现伊斯兰教法监事会发挥监督作用时，监事会规模对公司业绩的影响显著为正；但伊斯兰教法监事会发挥咨询作用时，其影响微乎其微。相反，Jia 等（2009）考察了中国监事会的职责，发现监事会的规模扩大反而使得监事会的监督作用下降。Bermig（2011）选择 1998～2007 年德国 DAX 指数、MDAX 指数和 SDAX 指数所包含的 306 家上市公司为研究样本，发现监事会的平均规模由 10.7 人减少至 9.5 人时，并未发现监事会规模对公司价值及绩效存在连续的影响。学者还发现，监事会规模对（金融类）公司的绩效、公司内部人的"隧道行为"（Shan and Xu，2012；Shan，2013），以及纠正能力（Garas，2012）无影响，但与会计信息质量负相关（Ran et al.，2014）。

国内学者薛祖云和黄彤（2004）、王丽敏和王世权（2007）研究发现，监事会制度发挥了财务监督的作用，监事会规模增加有助于提高会计信息质量，提高监督效率。因此，王世权和刘金岩（2007）提出我国应从立法上提高监事会规模的最低标准（高菲等，2009）。张逸杰等（2006）探求监事会规模的财务监督效力，发现监事会规模对盈余管理起到了弱遏制作用。肖继辉和彭文平（2010）发现扩大监事会规模能够有效提升基金管理公司的内部治理水平。苏方国（2011）发现监事会规模与高管超额货币性收益显著负相关，但由监事会规模的回归系数可知其对高管超额货币性收益的作用较弱（王清刚和胡亚君，2011），而进一步检验发现国有持股比例50%（含）以下的公司，监事会规模对高管超额货币性收益的抑制作用显著，而对国有持股占比超过50%的公司则无显著影响。另外，一些学者的研究结果有所不同，有研究发现监事会规模与公司绩效表现为显著负相关关系（郑伯阳等，2010），或呈 U 形关系（卿石松，2008）。李维安等（2010）认为公司治理机制的完善，能够提升监事会对高管权力寻租行为的制衡效应，但实证检验发现监事会规模并未对其产生显著影响，马施和李毓萍（2009）的研究也未验证监事会规模的有效作用。

（二）监事会独立性设置与高管收益

德国法律将监事会设为独立的日常监督机构（泰赫曼等，2015），独立性是监事会成员应必备的属性（Schneider and Chan，2001）。《德国公司治理准则》对监事会成员的能力和独立性予以规定，已辞退的董事不得担任监事，独立监事应不曾与公司有过关联（王世权和刘金岩，2007）。1997 年日本监事协会和日本经济团体联合会也提出强化独立监事制度。Bassen 等（2006）在研究德国 TEC-DAX 指数上市公司的监事会对成长型公司的影响时认为，《上市公司治理准则》并没有充分涵盖独立性。Campbell 等（2009）在对 2005 年波兰华沙证券交易所上市的公司治理不合规行为的原因进行分析时，提出应更关注监事会成员的独立性、监事会组成人员的任命。Velte（2010）审查了选择"二元制"公司治理体系的德国和奥地利的《上市公司治理准则》中监事会报告的作用，建议两国提高报告质量，并发现监事会独立性报告与公司绩效指数（销售净利率和托宾 Q 比率）之间存在显著的正相关关系。Lee（2012）对中国上市公司调查研究认为，监事会成员普遍缺乏独立性，且具有党政身份的成员对监事会的监督效力影响较大。Mollah 和 Zaman（2015）研究发现当伊斯兰教法监事会发挥监督作用而非咨询作用时，监事会独立性对伊斯兰银行业绩产生显著正向作用。

在对德国监事会的研究中，部分学者探讨了职工代表担任监事及其构成比例的监事会效力。研究发现，德国职工代表监事参与的共同决策制对公司影响的研究结果不一（Bassen et al.，2006）。有研究表明共同决策制对公司有负向影响，会降低投资效率和收入（Furubotn，1988）；还有研究认为共同决策制的优点超过了缺点，它对企业生产率（Boneberg，2011）、创新的程度（Dilger，2002；Kraft et al.，2009）和会计信息质量（Ran et al.，2014）有正向影响，可以提升公司价值（Balsmeier et al.，2013）；另外，有研究显示职工代表监事参与的共同决策制对公司价值的提升没有影响（Boneberg，2011）。

我国监事会成员一般由政治官员（党员）、非职能部门的工会领导、大股东或高级经理的亲密朋友以及联盟代表构成（Tam，2002；Dahya et al.，2003）。Dahya 等（2003）根据《上市公司治理准则》并结合监事会成员的独立性和能力提出监事会承担的四种不同类型的角色，包括嘉宾型（Honoured Guest）、友好顾问型（Friendly Advisor）、审查监督型（Censored Watchdog）和独立审查监督型（Independent Censored Watchdog)（Xiao et al.，2004），并认为应提升监事会的独立性进而增强监事会的职能。刘银国（2004）、薛祖云和黄彤（2004）认为我国公司由于监事会成员普遍缺乏独立性而无法发挥监督的作用，灰色监事和名誉监事对公司会计信息质量的改善具有影响。李明辉（2009）、杨大可（2016a）发现独立性高的监事会可在一定程度上降低代理成本，因此应提升监事会的独立性，明确监事会独立性的积极任职资格。王彦明和赵大伟（2016）从法学视角，结合欧盟委员会和《德国公司治理准则》的标准，建议我国监事会可以根据欧盟独立监事标准设置独立监事制度（张运所和秦玉彬，2005；王世权和宋海英，2011），独立监事比例建议为 1/3；而罗礼平（2009）依据日本独立监事制度建议将独立监事比例设定为 1/2。同时，由于我国信息获取机制不健全（李伯侨和凌永琴，2006；胡晓静，2008；王世权和李维安，2009；周梅，2013；泰赫曼等，2015；郭雳，2016；赵大伟，2017a），左拙人（2016）提出"经弱利益无关者定义二次筛选后的独立监事"，认为此结构在监督效果上仍有潜力。但是，独立监事可能面临更为严重的信息不对称问题（Xiao et al.，2004），因此，独立监事的比例应适当设置，以保证监督公正（王彦明和赵大伟，2016）。

（三）监事会技术能力设置与高管收益

国外学者 Schneider 和 Chan（2001）对德国、美国、瑞士和法国四国公司治理水平进行对比认为，监事只有具有法律、财务审计和生产等方面的知识，才能够在监督过程中提供法律方向、财务审计方向及生产方向的专业知识指导，监事会专业能力水平对成长型公司非常重要。Xiao 等（2004）指出监事会应由具有很强的会计、金融和法律专业背景的人组成，若监事专业技能缺失将为公司高管和董事的权力寻租行为直接打开方便之门。Firth 等（2007）认为如果监事会成员熟知违反法律法规、会计准则及公司章程的行为，就可以直接向监管当局汇报；对于公司管理层可能的舞弊、渎职或不当行为，这种直接监管的途径非常重要。Wei 和 Geng（2008）在分析我国公司治理存在的问题时提出，监事应该具有企业管理、公司财务或商业法律等方面较强的专业知识。Lieder（2010）认为德国只提高监事会独立性，而没有配备具有与公司业务以及财务审计和法律相关的技术能力的监事也将导致监督无效。Lee（2012）调查研究表明，监事会成员缺乏会计、财务、法律或审计专业知识，降低了我国上市公司监事会的有效性。Oxelheim 等（2013）分析了北欧上市公司监督机构国际化的问题，发现公司监督机构成员具备财务能力会正向影响公司的国际化。Ran 等（2014）发现会计背景、学术背景与会计信息质量的回归系数均显著为正，进一步分析发现 2006 年后会计信息质量的提高很大程度归因于监事技术能力等方面的提升，从而呼应了 Ding 等（2010）的研究结果。然而 Shan 和 Xu（2012）、Shan（2013）发现专业监督人士的多少不会影响代理冲突。国内学者刘银国（2004）用博弈论方法分析认为，监事专业技术能力的薄弱导致他们只能实施程序性监督，无法探查董事和高管存在的问题，因此提出优化监事会成员的知识结构和提高专业能力，进而提升监事会的监督水平和效率（杨瑞平，2011）。魏树发和江钦辉（2010）认为应通过监事会机制设计调整监事会设置，并提升监事会独立性以及监事的专业学历、专业能力和专业工作经验（赵大伟，2017a，2017b），从而制约盈余管理行为，提高会计信息质量（冉光圭等，2015）。

此外，一些学者研究监事会运行发挥的监督作用。Schneider 和 Chan（2001）对四个选定国家的公司召开监事会的会议频率进行研究，发现美国公司平均召开监事会会议次数最多，而德国最少，但仅仅是会议次数本身增加并不会导致监事会具有更好的监督作用。

Dahya 等（2003）发现我国上市公司年报中的监事会报告具有信息含量，增加监事的合法权限可以提高监事会报告质量和监事会的职能。Jia 等（2009）、Ding 等（2010）、程晓陵和王怀明（2008）的分析表明，中国公司的监事会大多被动地做出反应，通过增加会议的频率监管执法以防止欺诈，而不是事前阻止欺诈的发生，因此监事会会议频率不具备监督效力。佐藤孝弘（2011）认为监事会认知的权力结构不发生变化，即使修订规定也无法提升效力。卿石松（2008）研究证实，监事会会议频率提高是公司业绩下滑的表现；监事会会议频率增加并未对会计信息质量提升发挥作用（高雷和宋顺林，2007）。马施和李毓萍（2009）发现监事会成员年龄特征与信息披露质量正相关。然而，Tušek 等（2009）以克罗地亚共和国上市公司为研究样本发现，监事会的会议频率增加对良好的公司治理实践具有重要作用。此外，杨慧辉（2010）发现监事会会议频率、监事的持股与财务舞弊之间均不存在显著关系，认为监事会对制约上市公司的财务舞弊行为没有发挥监督作用。Shan（2013）研究发现监事会会议频率增加对中国上市公司存在的"隧道行为"无任何影响，从而认为中国监事会只是"橡皮图章"。

综上所述，鉴于"二元制"并非主流的公司治理模式，由此关于探讨监事会设置及其监督作用的国内外文献相对较少，尤其关于我国监事会对高管监督效力的研究结论不一致。此外，已有研究基本是在既定制度框架内探究监事会设置对高管收益的监督作用，较少有研究深入探索监事会制度演进对高管收益的影响，更鲜有研究分析作为中间层级的监事会发生历时性演进在企业外部环境和高管收益决策选择行为之间发挥怎样的作用。因此本书进一步实证分析监事会设置机制演进对高管收益的影响，并深入研究监事会设置主动程度是否在企业外部环境影响高管收益的过程中发挥中介效应。

第四节 本章小结

为梳理企业外部环境、监事会设置和高管收益三者之间的研究脉络、研究价值及本书可深入拓展的研究内容，本章围绕研究主题和研究目的，依次对高管收益的形式和公司层级影响因素、企业外部环境的测度及其对高管收益的影响、企业外部环境对监事会的影响及监事会设置对高管收益的作用等国内外文献进行回顾和梳理，得到以下结论。

首先，本章从高管收益的相关文献入手，通过高管和高管收益的内涵、高管收益的形式和影响因素四个方面的国内外文献进行回顾和评述。本章依据对高管收益内涵的国内外相关文献的梳理和总结，结合研究主旨形成本书所使用的高管收益的内涵。通过对高管收益的形式的文献进行回顾发现，高管收益划分的方式较多，而且标准和所包含的内容未形成完全一致的结论。通过对高管收益公司层级的影响因素的国内外文献进行回顾和梳理发现，国外在公司层级股东权力、管理层权力和董事会权力等方面的研究起步较早，理论和实证研究的成果和内容也较为丰富；国内研究起步较晚，针对高管收益的实证研究也较多集中在公司层级影响因素，且多为探究对高管收益的直接作用，相比国外研究，国内研究考虑的因素不够全面，且未取得一致结论。

其次，本章回顾和总结了企业外部环境的内涵，企业外部环境的测度方式，以及政治域、经济交换域和社会交换域等外部环境对高管收益影响的国内外相关文献。其一，本书企业外部环境承继于制度环境但又有所差别，因此，在梳理已有研究关于制度环境界定的基础上总结本书企业外部环境的内涵。其二，本章对国内外企业外部环境测度方式的研究汇总分析发现，关于如何测度企业外部环境尚未形成统一标准，相比较而言，国外关于企业外部环境的测度涵盖的内容较为丰富，实证研究并量化的环境指标较为广泛和细化；但鉴于制度背景的差异，本书使用的法律环境和产品市场竞争环境的指标依从国内主要测度方式选择综合性指标和通过多项指标计算、拟合、量化以衡量企业外部环境。其三，从企业外部环境的各个制度域分析对高管收益的影响，梳理后发现，国外实证研究从制度域的多个构面、多个角度探讨了对高管收益决策选择行为的影响，起步较早且研究较为全面。国内从外部宏观环境探讨对高管收益影响的实证研究较少，主要分析外部环境与高管收益二者之间的关系或者研究公司层级诱发因素的调节作用，且结论尚不完全一致。同时，已有研究多是以代理理论、公司治理理论、信息不对称理论和契约理论等作为支撑，甚少从交易成本经济学理论和比较制度分析理论视域分析企业外部环境对高管收益的作用机理。于此角度而言，本书结合交易成本经济学理论和比较制度分析理论探讨宏观层级政治域的法律环境和经济交换域的产品市场竞争环境对个体层级高管收益的跨层级作用的问题，丰富了该领域的研究。

最后，本章在梳理监事会设置相关文献基础上，通过综合分析和梳理企业外部环境与监事会以及监事会设置与高管收益相关方面已有的国内外文献，厘清了宏观环境因素对微观高管权力寻租行为存在跨层级作用的路径。其一，通过对已有文献的回顾及对我国和其他国家监事会相关法律的借鉴，总结本书使用的监事会设置及监事会设置主动程度的内涵。其二，通过梳理和分析监事会被企业外部环境所影响的文献发现，研究企业外部政治域的法律环境及经济交换域的产品市场竞争环境对公司治理影响的文献略多，探讨直接对监事会影响的文献较少，进行实证检验的研究更少。其中，法律环境对监事会设置影响的文献较多，大多研究从法学视角探讨监事

第二章 文献综述

会设置的弊病及创新的紧迫性。其三,通过回顾与总结监事会设置对高管收益的影响研究发现,一定量的研究探讨了德国和日本等"二元制"模式下监事会对高管行为决策的监督作用,且多为实证研究;国内关于监事会对高管监督作用以及直接对高管货币性收益和非货币性收益作用的研究较少,且研究结论不一致。同时,已有研究基本是在既定制度框架内探究监事会设置对高管收益的监督效应,少有研究深入探索监事会制度螺旋式演进形成的监事会设置主动程度对高管收益的影响,更鲜有研究探讨监事会设置作为中间层级是否在企业外部环境和高管权力寻租行为之间发挥中介效应。

综上,本书基于比较制度分析理论,依据监事会设置机制演进的机理,实证检验企业外部环境对监事会设置主动程度的影响,具有研究价值和意义。更进一步,本书依据交易成本经济学理论分析并检验监事会设置主动程度对高管收益的作用机理,再深入探究监事会设置主动程度是否在外部环境影响高管收益的过程中发挥中介效应,进而使本书的研究在理论和实证两方面将已有研究深入推进,使其具有重要价值和研究意义。

第三章
企业外部环境、监事会设置机制演进与高管收益的理论分析

　　本章以前述文献梳理及凝练的整体研究思路的切入点为基础，以交易成本经济学理论、比较制度分析理论和代理理论综合勾勒出"企业外部环境—监事会设置机制演进—高管收益"的研究框架及其作用机理。运用比较制度分析理论研究监事会制度历时性演进的内在机理，并进一步分析相关域的外生博弈规则与监事会制度演进的耦合效应所形成的共时性关联，进而实现帕累托次优的持续性整体制度安排。以交易成本经济学理论分析监事会制度演进的价值及其对高管收益的监督效应，分析企业外部环境对公司高管获取收益的约束和激励效应，并进一步分析企业外部环境、监事会设置机制演进和高管收益三者之间跨层级因果关系的作用机理，明确作为中间层级的监事会设置机制的作用。以代理理论分析代理冲突和代理问题的产生，以此作为分析在既定监事会制度框架下对意欲理性但认知有限的高管行为实施监督的理论基础，并与交易成本经济学理论相结合推理监事会设置的自我实施机制对高管收益的作用机理。本章理论分析与凝练为本书后续研究提供理论支撑。

第三章　企业外部环境、监事会设置机制演进与高管收益的理论分析

第一节　比较制度分析理论

比较制度分析（Comparative Institutional Analysis，CIA）理论是以新制度经济学为基础，随着历史制度分析（Historical Institutional Analysis）和转型经济学（Transitional Economics）的发展而发展起来的。比较制度分析理论通过汇集不同经济体制的比较信息，结合博弈论、信息经济学和契约理论构建"内容特定的"（Content-specific）微观模型，该模型假定以比较的历史信息为基石，其预测结论将能够通过历史经验的检验（青木昌彦等，1997a，1997b）。

一　比较制度分析理论的内容框架

20世纪80年代后期全球局势变化巨大，发达市场经济体制中的制度安排差异对区域间生产力和国际竞争力的决定性影响，东欧计划经济体制的崩塌，而同为计划经济的中国实现了向市场导向型经济的成功转型，"亚洲四小龙"的崛起奇迹和日本经济体制的改革等一系列重大变革，使得在国际政策领域内开始出现关键性的比较制度问题；加之此时转型经济学、博弈论、组织理论和契约理论等的发展拓宽了经济学者关于经济学理论的视野并使其展开积极探讨。钱颖一（1992）初次提及经济学的"CIA"（Comparative Institutional Analysis），认为此前的比较经济制度为"Comparative Economic Systems"，研究领域主要侧重资本主义制度和社会主义制度之间的比较，然而"Institution"相比于"System"的含义更为宽泛，表示为体制、制度或机构，是制约人类行为的规则、习俗和文化的约束集；同时他也提及随着世界局势的变化，比较经济制度研究的领域也将发生变化。由此，预示比较制度分析理论这一崭新领域孕育成熟

（青木昌彦，1997a，2001）。

比较制度分析理论的基本对象是制度及其相互依存关系。比较制度分析理论产生的背景突出其研究的出发点和核心对象是不同经济的制度或体制及其差异性（青木昌彦和奥野正宽，2005），然而如果不厘清制度的内涵则无法确切解答制度的缘起、制度间如何互动，以及如何通过主动设计实现制度变迁等一系列问题（Aoki，1998）。因而，青木昌彦（2001）开篇立意，明确"什么是制度"，并首先基于博弈论的视角归纳阐述了两种制度观，即博弈规则制度观和博弈均衡制度观。持博弈规则制度观的学者认为制度是制定一系列规则、合同、规范和准则等，是制约参与人决策和行为的约束集，包括正式制度和非正式制度——正式博弈规则和非正式博弈规则（North，1991），正式博弈规则不能由参与者构建而是先于博弈而生，也有学者认为从博弈规则的角度技术性地定义制度是被设计的结果，是可执行的机制（Hurwicz，1993）。Schotter（1981）开创了制度分析中均衡理论的分析方法，后经 Greif（1998）和 Milgrom 等（1990）借助进化博弈论和重复博弈论方法形成博弈均衡制度观两个不同的均衡概念。借助进化博弈论方法的学者假设参与人个体是有限理性的，认为制度不需要人为设计，惯例、习俗等通过演化终会以法律的形式固化为制度，而法律是反映多数人自愿被施加的行为约束规则（Sugden，1986），赞成制度为"自发的秩序"（Hayek，1973）。相反，借助重复博弈论方法的学者在分析参与人动机和决策时假设个体是理性的，认为个体在认知参与双方决策的反馈机制中具有完备的演绎推理能力，但是无法解释多重均衡情境下制度的形成以及地域之间制度差异的存在（Aoki，1998；青木昌彦，2001）。青木昌彦（2001）认同博弈均衡制度观，且在解决其悖论后进而提出第三种制度观，认为制度是重复博弈均衡的结果，博弈规则是相关领域内由参与人策略互动内生的且可自我实施的；制度的本质是信息浓缩的

第三章　企业外部环境、监事会设置机制演进与高管收益的理论分析

概要表征，否定了参与人对博弈双方决策具有完备的演绎推理能力，信息以制度为载体浓缩，参与人受制度指导和决策约束；制度具有耐久性，但要求外生技术参数保持在可接受范围内；制度由与域相关联的参与人共享（青木昌彦等，1997b；Aoki，1998）。

比较制度分析理论以博弈域（Domain）为基础单元分析制度及制度的相互关联，并且通过系统探究制度在不同域间的相互关联，以此为基础分析现实存在的制度问题（青木昌彦，2001）。域由两个要素构成，即所在域内参与人集合及域内各个历史时点每个参与人面临的技术可选择的行动组合，域内的参与人个体可以是自然人也可以是组织。因此，青木昌彦（2001）以域内两个要素的技术特征为标准划分域的类型，借以界定域内以及域间内生演化的制度的差异性，公用资源域、政治域、交易（经济交换）域、社会交换域、组织域及组织场域等六个域的相互依存共同构成整体的制度安排；并说明某一域中通用的内生博弈规则，对于其他域的参与人而言，因其认知和决策的有限性而超出控制范围，则代表了博弈的外生性规则，即构成外部制度环境。

比较制度分析理论的基本方法和工具有博弈论分析方法、比较分析方法和历史分析方法。比较制度分析理论认为制度的演化是从一个博弈均衡运动到另一个博弈均衡的重复博弈的动态调整过程（青木昌彦等，1997b），因此博弈论分析方法是贯穿制度演进和整体性制度安排分析全过程的基础且核心的分析方法（青木昌彦，2001）。然而，博弈论分析方法作为系统研究制度理论的工具尚不完备，还需要依赖历史知识和比较知识进行分析（Greif，1998）。比较制度分析理论的重点是对经济体制差异性、多样性进行研究，而比较分析方法是对制度间互补性和路径依赖作用进行分析的有效工具。制度是自我实施的内生博弈规则，历史则是制度运动的载体，且分析相似制度的差异性也需要结合国家或地区的制度环境，因此研究比较

制度分析理论需要运用历史分析方法（青木昌彦，2001）。

二 监事会制度演进的机理

制度的历时性演进是比较制度分析理论研究的核心问题之一。比较制度分析理论认同制度应被理解为，重复互动的、由参与人所公认的且对其而言相当重要的均衡战略集合的概要表征（青木昌彦，2003）。参与人行动的结果函数值依赖所属域的环境状态的参数集合，这些参数集合规定了技术状态、资源禀赋状态及其他相关联域的状态，即外生博弈规则（外部制度环境）。当外生的技术和资源禀赋等参数集合的可接受范围扩展或改变时，客观上可以引发制度演进（青木昌彦等，1997b）。制度作为博弈域内生规则，其历时性演进的发生既与参与人个体行动规则方面的整体质变相联系，亦同参与人共有信念的转变相关联。进一步而言，一是参与人个体在既定可选择的规则子集内进行创新或变革的"分散性实验"（Decentralize Experiments），从而形成自发秩序的制度演进，类同于 Hayek（1973）提及的制度起源于"自发的秩序"；二是博弈均衡点的演进表现为由法律设计并固化，或者由异质于当前行动集合的参与人设计并推动，近似于 Hurwicz（1993）人为设计形成的制度观点。而无论以哪种形式发生制度演进都遵循相似的过程，即初始时由达到临界规模的参与人修正域内结构及外在环境的表征信念，后续以协作或分散的方式共同采纳从而达到新的均衡（青木昌彦，2001，2003）。比较制度分析理论的制度历时性演进框架认为，参与人没有关于在技术上决定博弈规则的全部推断，也无法对他人决策和环境状态进行完美推断，但个体对参与的博弈结构具有主观洞察力。在制度现象不断随环境变化的情况下，参与人重复使用共同规则对环境状态进行推测、预期并决策，在制度存续的整个时期内参与人可能拥有多种可选择的推测和预期的规则，这些规则可能既相互竞争又相互补充，参与

第三章 企业外部环境、监事会设置机制演进与高管收益的理论分析

人在对每一规则"实验"后,相机选择既定环境状态下主观推断最为合适的规则,即参与人主观博弈模型重新被缔造形成新的均衡(青木昌彦,2001,2003)。综上,客观参数变化和参与人主观洞察力两方面的综合作用形成制度演进的机理。

监事会制度为外生规则和内生规则的博弈均衡,股份有限公司的监事会制度外生于政治域、经济交换域和社会交换域的正式和非正式规则,内生于法律制度的强制性规定和以契约(主要与股东缔约)为基础的公司治理制度,是公司治理机制的重要组成部分(孙烨和张晶,2018)。作为一项制度安排,监事会并非一成不变,而是遵循螺旋式无限多重均衡博弈序列的制度演进路径(Greif,1999;青木昌彦,2001)。监事会制度的内生规则给定了其域内的投资者和公司高管层一定约束和激励以及在技术上可选择行动规则的集合,规定参与人在集合内进行多重博弈选择行动,重复博弈结果之一即为监事会作为内部监督机制有效或是无效,从而影响有创新精神的参与人开始新的博弈均衡的实验性探索。同时,监事会制度并不是孤立的制度安排,其本身在组织域的公司治理制度中,又受政治域、经济交换域和社会交换域等外生博弈规则参数位移的影响。外部环境的技术、资源禀赋等参数集合的变化,将影响组织域内博弈参与人(主要是投资者和公司高管)的推测、预期和决策,因而外生博弈规则影响监事会制度的自我实施。在组织域内,依据制度演进的框架,参与人一方(投资者)能够推断公司高管潜在实施为自身利益而寻租的行为,在既有监事会制度所有可能行动集合固定且客观可认知的基础上,通过推理演绎或借鉴先进国家公司治理监督机制演进或监事会制度历时性演进的实践经验,某些具有战略创新精神或变革精神的公司能够预期监事会发挥的监督效力可以产生"更好的均衡"(Better Equilibrium),形成自我实施机制,从而积极行动促

进监事会监督机制新的均衡点的产生[①]（见图 3.1）。

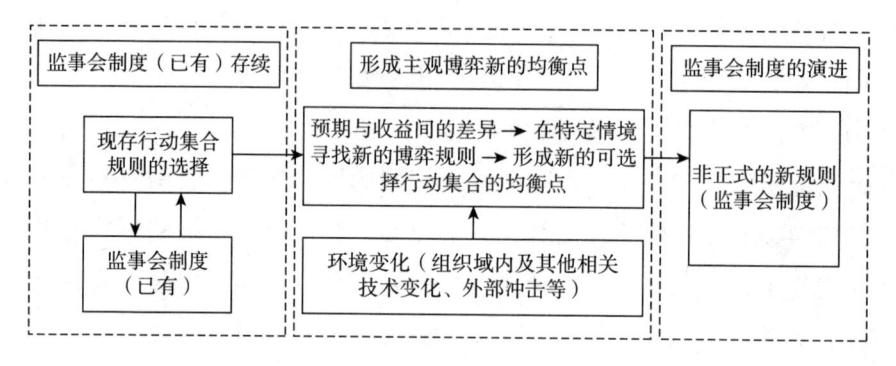

图 3.1　监事会制度演进的机理

资料来源：改编自青木昌彦（2003）制度演进机理图。

三　外部环境制度安排与监事会制度的耦合效应

比较制度分析理论认为单一主要制度域如果发生变化，将通过互补关系引发相关域的连锁反应，即孤立某个域富有活力的制度安排或关注制度的历时性演进并不必然是帕累托最优，还应从共时性关联角度考察制度域之间的相互关联，进行稳固且连贯的整体性制度安排（青木昌彦，2001）。共时性关联包含两种情形：其一，参与人在不同域间协调进而选择行动或决策，如此形成的制度安排是仅仅单独某个域的分别决策并汇聚所难以形成的，如当发生社会嵌入时，参与人同时属于社会交换域和另一个被联结的域；其二，参与人囿于空间和认知等，无法协调各域之间的行动或决策，但参与人的决策将被其他域主流的外生博弈规则所影响，此为制度互补性（青木昌彦，2003）。制度间的共时性相互依赖可能是各博弈域的均

[①] 本书述及的监事会设置的制度演进属于前文阐释的外生规则影响下自发秩序演进形式，监事会设置主动程度作为本书主要概念源自监事会制度的自组织机制，且尚未经由法律制度固化为正式规则。

衡结果，当其他域出现合适的制度安排时，参与人的本域亦会形成富有活力的制度，反之亦然，从而形成连贯的、持久的帕累托次优的整体性制度安排（青木昌彦，2001，2003）。

根据比较制度分析理论的思想，监事会设置主动程度的变化即使是历时性制度改进，但并非单独组织域内孤立性的实验，而是共时性关联的政治域和经济交换域等外部环境的耦合效应。我国借鉴德国和日本监督模式形成的监事会制度，作为精心设计的投资者和公司高管之外的第三方监督机制，必须与企业外部环境相互一致、相互依赖，进而提升监事会对高管机会主义行为的监督效能，从而实现帕累托改进。在我国公司治理域的"二元制"模式中，监事会设置的演进不仅是公司因外部参数变化而探索新的博弈均衡点的行为，也是应对我国经济转型时期特色制度安排的变化和差异而与组织域内公司层级发生的耦合效应。鉴于政治域博弈结果和经济交换域博弈结果之间反馈机制的重要性（青木昌彦，2001），本书着重探索企业外部政治域和经济交换域的环境参数变化导致的监事会设置的耦合效应[①]。

第二节 交易成本经济学理论

交易成本经济学（Transaction Cost Economics，TCE）理论是融合法学、经济学和组织学理论而形成的微观经济学的交叉学科（Williamson，1985），关注的是如何设计凭借降低交易成本，调节或

[①] 本书仅根据青木昌彦（2001）的研究中比较制度分析理论关于共时性关联的思想探讨其他博弈域环境与监事会设置主动程度的制度互补性所产生的耦合效应，而另一种情形，即企业外部域的一些环境因素与监事会设置主动程度对提升监事会监督效力可能存在共同作用的情形本书不予讨论。

管理与经济交易规则相适应的治理结构（斯科特，2010）。

一　交易成本经济学理论的内容框架

新制度经济学开创者 Coase（1937）提出问题：为什么某些经济交易并未直接由市场价格机制配置，而是于企业中进行？从交易成本的角度阐释企业出现和存在的原因。Coase（1937）对交易成本的关注倾向于更为宏观的制度框架，即以社会的"博弈规则"视域阐释对交易成本的影响，而非关注导致参与者选择差异性治理机制的原因（Hirsch and Lounsbury，1996）。

20 世纪 70 年代，威廉姆森（Williamson）承自 Coase（1937，1960）的思想渊源，详细阐述市场交易成本大大增加的前提条件：一是认知上有限理性的个体面临极其复杂与不确定的环境；二是机会主义（个别行动者出现欺骗倾向）盛行而又缺少可选择的交易伙伴。由于交易成本的大大增加，经济交换退出市场机制，而进入组织层级（Williamson，1975，1985），从而以节约交易成本的视角阐释各种经济组织（包括企业）的存在边界。交易成本经济学理论又进一步汲取了 Barnard（1938）关于适应是组织应对环境变化的中心问题的思想，Simon（1947）以有限理性和组织策略为基础的决策理论，以及 Chandler（1962）关于公司结构必须与其策略相匹配等研究思想精髓（斯科特，2010；威廉姆森，2016），拓展了 Coase（1937，1960）的思想——不仅在市场与公司之间进行交易成本的比较分析，还考虑各种广泛的具有替代性的"治理系统"（Williamson，1985，1991b）。Williamson（1991b）的新制度经济学思想的关注重点并非比较宏观的制度性规则（法律法规等正式制度和习俗、惯例等非正式制度）（North，1991）的根源和后果等问题（Williamson，1993），而是更为关注对作为制度形式的组织在节约交易成本方面的功能加以设计，并继续比较分析各种中观问题，且认为此类组织必

第三章　企业外部环境、监事会设置机制演进与高管收益的理论分析

须考虑产权、法律、规范及传统等正式制度与非正式制度的"背景条件"（Williamson，1991b，1993）。

交易成本经济学理论的核心是降低和节约交易成本，交易成本充斥在真实世界的市场层级和组织层级的经济交换活动中（Williamson，1996b）。Coase（1937）创造性地提出"交易成本"的概念，Arrow（1969）认为交易成本是"运转经济系统所需的成本"，从契约观视角而言交易成本可认为是契约成本；交易成本经济学理论认为契约的事前成本和事后成本相互依存（Williamson，1985），并主要侧重事后成本，包括当前治理模式与可选模式之间因"适应不良"而引发的成本、契约双方讨价还价的成本、与治理结构相适应的创设和运行成本、实现可信承诺的担保成本（Williamson，1985，1996a）。可见，交易成本涵盖了搜寻交易伙伴的成本、事前讨价还价的成本、签订契约的成本、监督执行的成本、企业的管理成本、事后讨价还价的成本，以及博弈所造成的效率损失等契约签订前成本、契约签订过程成本和契约执行过程成本，这也正契合了交易成本经济学理论研究治理所聚焦的思想，即"契约风险的全部形式的辨定、阐释与缓解之道"（威廉姆森，2016）。

交易成本经济学理论可操作的关键，也是其运用解决组织问题的关键，是将影响交易成本的参与人行为属性和交易属性加以分析和联结（Williamson，1973）。交易成本经济学理论认为行为假设，即认知假设和自利性假设，是一切契约风险的前提，亦是影响交易成本的一组因素。认知假设承认有限理性，即行为在主观意图上力求理性，但因参与人个体认知、技能及时间局限而仅限于此（Simon，1961）。Simon（1978）进一步将"理性精神"解释为出于简化考虑在参与人"通情达理"和"高度理性"之间选择前者，行动者能够具备预测未来、洞察后果并将其还原为初始组织设计的实践，这就是具备理性精神，而并非具备超理性能力（Williamson，1993，

1996b）。同时，因为有限理性的存在，所有复杂契约必然是完整但不完备的，Williamson（1979，1996a）进一步提出了具有机会主义行为倾向的自利性假设，即参与人用欺诈手段为自身谋求利益，降低了契约可信承诺的履行程度。由于交易过程中环境的复杂性和不确定性，以及参与人获取信息资源和个体认知能力的局限性，参与人交易决策制定和执行的效用会降低。因此，除却直接交易成本，交易契约的不完备性可能增加参与人未来收益的风险和分配的损失，以及由有限理性和知识限制导致参与人追求私利时采用微妙和隐匿的手段等，有限理性和机会主义行为倾向增加了市场和组织层级交易机制的代价和无效性，从而大大增加了交易成本。可见，制度环境和治理机制的分析是至关重要的，通过治理结构的设计潜在机会主义行为倾向能够被制约，并降低交易成本（陈宇峰和姜井勇，2010）。

交易成本经济学理论另一个更为精细的分析框架是交易维度，其属性的不同对交易成本的影响各异。交易成本经济学理论认同Commons（1932）的思想，将交易而非行为人或决策视为半微观化的基本分析单元。基于交易属性具有差异性，治理结构的成本和职权各异，应根据交易的可分辨性与治理结构相匹配的假设，将交易描述为三个关键维度，即资产专用性、不确定性和交易重复发生的频率（Williamson，1979，1991b，1996a）。首先，资产专用性是指用于某项交易的资产若重新配置于备择用途交易中，则该资产不牺牲其生产价值的程度；换言之，资产专用性越高，当使用该资产的交易中途终止时则难以置于其他替代用途，投资人将产生高额"沉没成本"。资产专用性越高，为预防交易对方机会主义行为发生的成本越高，交易双方越需要长期的、稳定的远见契约；随着资产专用性增强，资产转变用途发生的价值损失增加，更可能提高参与人在机会主义动机驱使下攫取资产专用性引发的租金，而专用性投资方必须构建适当的"治理结构"积极面对和防范对方的机会主义行为。

第三章　企业外部环境、监事会设置机制演进与高管收益的理论分析

其次，不确定性根据研究的内容区分为三类。一级不确定性是指由交易状态改变引发的不确定性，源于参与者个人偏好的随机性本源行为或无法预期的变化。二级不确定性是指交易双方因缺乏及时沟通导致一方参与人无法获悉或预期另一方参与人的决策和计划，这是一种纯洁性质的不确定性。上述两类不确定性由 Koopmans（1957）界定并区分，而后 Williamson（1996a）描述了第三类不确定性，即行为不确定性，是指在机会主义动机下参与人故意隐匿、误导或歪曲信息所造成的策略不确定性。交易成本经济学理论尤其强调了机会主义行为所引发的系统不确定性（Williamson，1979，1991b，1996a），此类不确定性恰与资产专用性相关联。最后，交易重复发生的频率是指交易在时间序列中的状态表现，交易重复发生频率的高或低是影响交易的收益和组织成本的重要因素。交易的重复与否不影响交易成本的总量，但对交易成本的相对额度存在作用，如果属于高频交易则需要构建适应的治理结构将交易成本总量分摊至各个频次的交易，从而降低交易的单位成本；若是低频交易甚至仅发生一次的交易则不需要设计专门的治理结构来降低交易成本。可见，交易成本经济学理论认为所有经济活动都可视为交易，而一切交易直接或间接发生在完整但不完备契约关系过程中，三项交易维度中资产专用性可视为不完备契约的特征属性，而不确定性和交易重复发生的频率可以理解为不完备契约的环境属性（聂辉华，2004）。因此，所有可以形式化的契约关系均可以运用此研究方法，进而通过设计节约交易成本的契约和治理结构解决经济组织的问题（费方域，1996a）。

契约是交易成本经济学理论分析交易的基本方法，真实世界的市场层级和经济组织层级是由或显性或隐性的契约联结，必然存在各种以契约为纽带的交易以及由参与人的摩擦所引发的各种交易成本。前已述及，参与人的行为属性和交易属性对交易成本的影响各

异，如何联结这两种属性匹配构建差别化的治理结构，降低反复修订契约发生的成本、不确定性成本以及事后的契约执行成本等，从而节约并最小化交易成本，最大化效率收益，成为交易成本经济学理论研究公司治理的一个重要内容（费方域，1996b）。

二 监事会制度演进的作用

制度是由正式制度（法律、产权等）、非正式制度（习俗、惯例及行为准则等）以及两者实施特征组成（North，1991），包括一系列以其规则和管制形式存在或形成的道德伦理和行为规范，从而对个人行为制约的集合（North，1984）。制度是一切明示契约或默示契约得以有效执行的规制保证，包括自发形成的公司内部治理制度和法定模式形成的外生制度（Williamson，1996a）。依据交易成本经济学理论的思想，外部制度背景下不同公司治理结构不同，导致的收益和契约成本也不一致。自发形成的公司内部治理制度是组织以增加收益为前提积极构建的相宜的治理结构；而外生制度往往是由外部监管机构强制实施的，对于这些制度，公司组织仅仅被动采用或接受明显增加的交易成本，而公司积极地加以利用则可能带来更大的收益。虽然存在相似的外生制度规制的背景，但由于组织在各自形成的历史、结构特征及能力等方面存在实质性的差异（斯科特，2010），因此，某些具有创新性的组织为获取"潜在的超额利润"，推动固化于组织内部的治理制度积极演进，即 Williamson（1991a）提及的目的性治理机制。

监事会制度的演进受组织外部制度环境和内部治理制度的综合作用。外部制度环境对监事会存在刚性作用，即外部正式制度[①]的

[①] 监事会的外部正式制度主要指法律法规，包括《公司法》、《证券法》、《上市公司治理准则》、《上市公司章程指引》和《国有企业监事会暂行条例》等。

第三章 企业外部环境、监事会设置机制演进与高管收益的理论分析

"硬性规则"和非正式制度的"软性规则"共同作用于监事会制度，并由"看不见的手"动态调整，在组织内部固化为监事会自发性治理机制（Williamson，1991a，1996a）。刚性的外生制度确定监事会依法监督的权力，限制组织内部参与者的行为边界，有利于减少代理冲突，保护投资者利益（Klapper and Love，2004）。但监事会自发性治理机制对组织域内参与者具有近乎程式化的制约，随着公司规模的扩大、技术及资源禀赋的变化和交易成本的上升，监事会制度的实施成本增加。同时，因为契约（法律条文）的内在不完备性，监事会自发性治理机制不能制约高管的全部机会主义行为（马连福和陈德球，2008a）。若公司仅仅依据外部制度的刚性制约设置监事会，即监事会遵循法律被动设置，仅能躲避行政机构的惩罚成本，其对高管收益的监督效应则不尽如人意，由此需推动监事会的制度演进。

公司治理结构的构建目的是有效地节约交易成本，制度安排可以创造和变更；若目的性治理机制的成本得以弥补并产生增项收益，则该机制可能选择性实施（Williamson，1991a）。监事会制度通过投资者、公司高管和监督者等参与者内生策略互动而产生自我实施机制（青木昌彦，2001），表现出明显的自治性特征。如North（1990）所述，公司主动实施的目的性治理机制使初始投资成本增加，但该机制的实施将导致单位成本和边际成本的下降，从而能够产生额外收益和积极效应。一方面，目的性治理机制的实施能够有效地降低高管机会主义行为发生的概率，进一步减少委托人和代理人之间的代理冲突，避免管理层的堑壕效应，更有利于引入外部投资，提升企业价值（马连福和陈德球，2008a）。另一方面，潜在收益产生预期效应（North，1990），监事会制度目的性治理机制的实施对公司高管的不端行为产生约束作用，则行为人对这一制度产生强烈的预期和认同效应，从而使公司积极有

效地利用监事会制度对高管行为产生震慑作用。出于上述现时和潜在的收益效应考虑，部分具有创新意识的组织将交易成本控制在不完全阻碍某些组织活动的范围内，并满足法律规范的治理制约，通过监事会的自我实施机制调整公司治理结构（Williamson，1996b），以期实现优化公司治理的目的。由此，实现监事会制度由原始的自发性治理到强制的被动性监督，再到目的性设置的主动性监督机制的螺旋式演进。

三　企业外部环境、治理机制和个体参与者的三层级框架

交易成本经济学理论强调构建交易成本最小化的治理结构，因为交易成本的存在，各个治理模式都表现为在成本和竞争力上的离散的结构性差异（Williamson，1996b），不会出现类同组织域内提及的一种组织（治理模式）优势能够零成本地被另一组织所模仿或复制（Williamson，1979）。由此，组织构建相宜的治理结构是解决组织问题的重要方面。交易成本经济学理论主要关注契约关系的治理，但治理并非孤立而行（Williamson，1996a），更需要结合制度环境、治理结构和个人之间的互动关系（Williamson，1985，1996b）。治理制度是介于制度环境和个人层级的中间层级，治理的各种备择模式间的绩效差异取决于位移轨迹参数的制度环境的变化，也取决于交易参与者个人特性的变化（威廉姆森，2016）。因此，Williamson（1996a）提出了交易成本经济学理论发挥作用的三层级框架模式。

此前，Friedland 和 Alford（1991）提出将环境、治理和个体区别的三层级模式，该三层级模式以个人层级为核心，认为环境、治理和个体三层级是嵌套的，组织层级与制度层级给予参与人个体行为水平越来越高的约束与激励。Scott（1994）以组织治理为中心问题描述了制度、组织场域和参与者从上到下与从下到上的过程因果

第三章 企业外部环境、监事会设置机制演进与高管收益的理论分析

模型（见图 3.2）。一方面，各种制度为组织提供了制度环境背景，而经济组织之中更多的制度形式得以存在和运行，同时组织也为更小的子集或个体参与者提供了环境；换言之，从各种制度的建立，到制度的扩散、社会化、被迫接受及权威化等（Scott，1987），使得较高层级的制度环境可以塑造和约束较低层级的组织或参与者的结构与行动，这即是从上到下的过程。另一方面，较低层级的参与者也能通过选择性关注、创新、谈判、妥协、回避、抵制以及操纵等重塑其所置身的运行背景环境（Oliver，1991），组织向上过程亦然（斯科特，2010）。Scott（1994）的层级模型也关注组织治理的作用，但并不是以组织为关注主体，而更为强调从上到下的制度流扩散过程，以及从下到上的制度流反馈并实现制度创新和完善的过程。

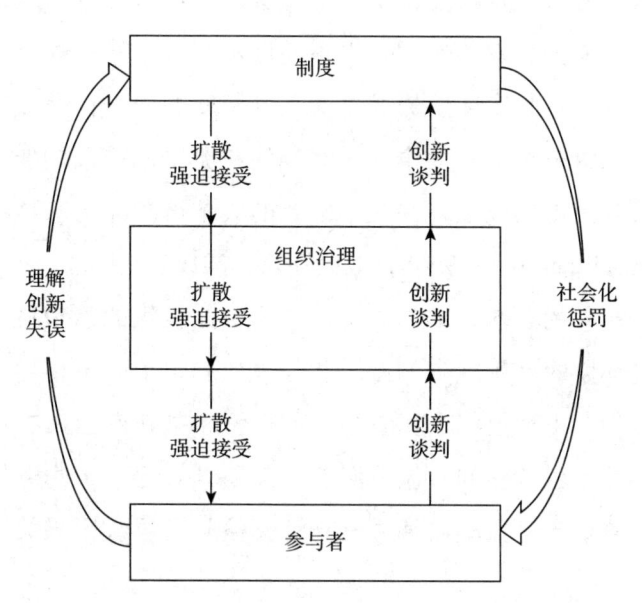

图 3.2　从上到下与从下到上的过程因果模型

资料来源：改编自 Scott（1994）。

交易成本经济学理论受到根源于组织理论的重大影响[①],Williamson(1996b)进一步融合Scott(1994)关于组织治理的因果模型但又与之有所区别,提出以组织契约关系的治理为核心的三层级框架模式。

依据这一框架,组织治理既为客观的制度环境所容纳,也为更微观的个体特征所包容。一方面,制度环境的变化被视为位移参数决定了产权、法律和习俗等规则的变化,进而导致经济组织治理比较成本的变动;同时,个体以内生偏好的行为假设为出发点,个体行为属性会导致治理比较成本的变化,有自我生命的组织则可能促进组织重组或治理机制实施演进,即图3.3中实线箭头所表示的效应及路径(Williamson,1996b;威廉姆森,2016)。另一方面,虚线箭头所表示的效应及路径反映为中间层级相机选择的治理机制对制度环境和个体参与者的作用,组织治理机制进行战略性调整及策略性变革,以应对制度环境的变化或促进制度的演进;而治理机制的构建对组织内子集或行为个人具有制约和激励两方面的作用,从而实现直接且显见的收益,并使不必要的成本被扣除、未预料的收益被强化(Williamson,1996b;威廉姆森,2016)。由此,进一步结合Scott(1994)的思想,本书认为,作为中间层级的治理机制,发挥着将制度环境的外生规则的激励和约束效应自上向下传导至个体参与者的作用,也承担将个体参与者的理解和创新向上反馈从而使制度环境参数发生位移的效应,而前者正是本书进一步构建"企业外部环境—监事会设置机制演进—高管收益"跨层级因果关系的理论基石。

---

① Williamson(1996b)认为交易成本经济学理论已经(并且将继续)受到根源于组织理论的概念和实证规律的重大影响,交易成本经济学理论从组织理论中获益,并为组织理论提供了有价值的东西(威廉姆森,2016)。

第三章　企业外部环境、监事会设置机制演进与高管收益的理论分析

我国处于经济转型时期，随着市场化进程的推进，企业外部整体制度环境逐渐改善，法律环境、政府干预和产品市场竞争环境等各维度环境均得到不同程度的改善，而且各区域之间的外部环境存在差异性（陈信元等，2009；王小鲁等，2017），为监事会协调适应环境参数的变化或差异进而实施目的性治理机制提供背景条件。依据交易成本经济学理论三层级框架的思想，位于中间层级的监事会是交易成本经济学理论所强调和关注的治理机制内容，其核心问题也是适应问题（Barnard，1938；Williamson，1991b）。企业外部的法律环境和产品市场竞争环境的"游戏规则"将发生变化或者形成差异，作为位移参数的企业外部环境的变化或差异会导致不同公司监事会比较交易成本发生变化，实现自发适应（Hayek，1945）。在不确定性条件下，履行不完备契约的意欲理性但认知有限的公司高管则将发生事后机会主义行为；为防止机会主义行为的出现，扩展现时和潜在收益与交易成本之间的利润空间，公司内部交易人之间进行博弈使得监事会实现协调适应（Barnard，1938；Williamson，1991b）。由此，形成如图3.3所示的实线效应。

监事会因法律规则及与股东缔约被赋予财务监督和业务监督的权力（李明辉，2009；王世权和细沼蔼芳，2008；王世权和李维安，2009；杨大可，2016a）。王世权（2011b）将监事会的本原性质解释为保障公司健全法制减少缔约风险的监督制衡机构，也为利益相关者参与和融入公司技术或制度创新提供了参与机制。监事会通过自发适应和协调适应实现参与机制的本质；而适应性进行创新的监事会机制，使监事会的监督制衡作用发挥得更加充分，可以更进一步实现内部监督机构的本原作用，即通过监督降低公司高管权力偏离行为的风险。综上，监事会自上承接外部环境压力，图目的性治理，求治理机制适应，向下传导并扩散外部环境约束效应。"企业外部环境—监事会设置机制演进—高管收益"跨层级的因果关系正契合

Williamson（1996b）、威廉姆森（2016）所阐释交易成本经济学理论的三层级框架思想的作用路径。

同时，依据图3.3还应注意到，制度环境对组织内个体参与者的行为具有直接作用，且这一作用路径与组织治理机制对个体参与者的作用一样受到参与人内生偏好的影响。正式制度（法律、产权等）与非正式制度（习俗、惯例及行为准则等）是制约参与者决策和行为的约束集（North，1991），影响参与者的行为动机、行为规范和行为选择。交易成本经济学理论以个体参与者的有限理性和机会主义行为假定为前提，因为有限理性存在，所以公司高管和投资者无法使长期复杂的契约完备，因此，在不确定性条件下，履行不完备长期契约就增加了公司高管权力寻租行为的风险（Williamson，1996b）。外部环境的外生博弈规则参数的位移轨迹影响和制约参见者于不同情境下可选择的响应对策。交易成本经济学理论以交易为

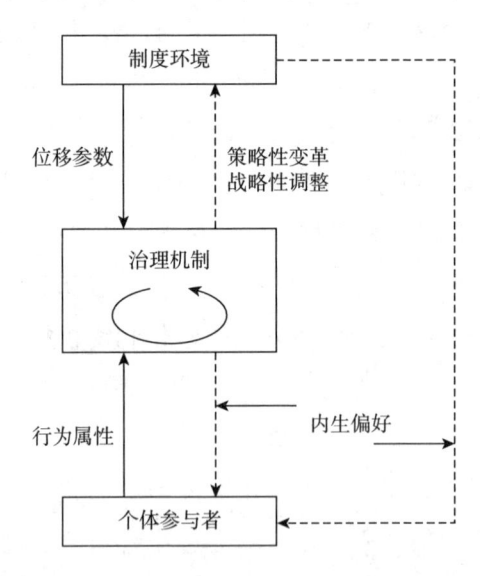

图3.3 交易成本经济学理论的三层级框架

资料来源：改编自威廉姆森（2016）的层次框架图。

基本分析单元，而交易也是权力领域的基本分析单元。对于公司高管而言，不同权力下的行动选择的交易分析单元之间存在差异，而且个人行为的目的最终在于使交易成本最小化。公司高管依据对外部环境约束和激励机制的预判和洞察，从效率视角审视各权力实施的交易单元，选择实施或纠偏某项行动方案，即如果所包含的违约风险、法律风险、潜在风险及惩罚成本与预期的净收益符合或高于预期报酬，公司高管可能继续或开始实施非良性的行为；反之，停止不端行为或维持现状。

第三节 代理理论

代理理论（Agency Theory，AT）是企业理论的重要组成部分，以 Berle 和 Means（1932）关于公司两权分离的经典分析范式以及 Alchian 和 Demsetz（1972）的团队生产理论为基石，由 Jensen 和 Meckling（1976）提出并进一步完善，其核心是构建有效机制监督和激励代理人，从而减少和缓解双方代理冲突（Jensen，1986；杨瑞龙和杨其静，2005）。代理理论后经研究者（Grossman and Hart，1982；Fama and Jensen，1983；Shleifer and Vishny，1997）不断地丰富和扩充，成为研究公司治理水平和实务问题的基础性理论。

一 代理理论的内容框架

现代公司制企业所有权高度分散于小股东，专业化分工的细化及公司规模的扩大等导致拥有所有权的投资者难以控制公司的日常经营，而掌控公司日常经营活动的管理者难以拥有公司的控制权，Berle 和 Means（1932）关于公司两权分离的经典分析范式使得委托人与代理人的利益冲突凸显，所阐述的"管理－控制"问题拉开了金融领域公司治理问题研究的序幕。Alchian 和 Demsetz（1972）提出团队生产理论，认为团队生产性质的组织中个人的贡献无法真实度量，因为信息不对称及信息成本的存在，对团队中可能存在的偷懒者的监督机制的构建则成为关键。而实施监督必然发生相应的成本，Alchian 和 Demsetz（1972）首次对代理成本问题进行讨论。Jensen 和 Mecking（1976）确定了代理成本的内涵，研究了代理成本的产生和性质及由谁承担等一系列问题，进一步扩展并形成了非正式实证代理理论。

Jensen 和 Mecking（1976）研究中的代理理论首先讨论产权结构的意义，提出产权以明示或默示契约缔结的形式明确了组织参与者个人权利的边界，而个人权利的边界决定了参与者的成本和报酬。其次，他们分析了委托人与代理人之间的代理冲突。Ross（1973）认为委托人向代理人授权行动即产生代理关系，Jensen 和 Mecking（1976）进一步完善提出，委托人和代理人因缔结契约而约定双方权利和义务，由此形成代理关系，但由于契约不完备、双方的目标函数不一致、激励不相容和信息不对称等因素的存在，在委托人难以实施有效监督的情形下，代理人出于机会主义动机偏离委托人效用最大化原则而追求自身报酬最大化，导致委托人与代理人之间产生利益冲突。企业是多重契约的集合（Jensen and Mecking，1976；Fama，1980），主要存在三类代理关系引起的冲突。第一类是公司所有者与管理者之间的代理冲突。所有者通过与管理者缔约授予管理者日常经营管理的权力，而在前述原因和追求自身利益最大化的驱动下，管理者更可能选择偏离股东价值最大化的获利方式（Jensen and Meckling，1976；Aghion and Bolton，1992；La Porta et al.，2000；Hart，2001；Wulf，2004），最终损伤股东利益。第二类是大股东与中小股东的代理冲突。在股权相对集中或高度集中的公司中，大股东实质上拥有公司的控制权而中小股东往往对

第三章 企业外部环境、监事会设置机制演进与高管收益的理论分析

其监督乏力,大股东在自利本性驱使下将通过隧道挖掘等方式获取超过控制权成本的超额现金流,这种寻租行为的发生侵蚀了中小股东的利益(Shleifer and Vishny,1997;La Porta et al.,1999,2000;Claessens et al.,2000;Johnson et al.,2000;唐跃军和李维安,2009)。第三类是由 Jensen 和 Mecking(1976)提出的,即股东-管理者与债权人的代理冲突,提出股东-管理者既能够获得应承担债务成本的全部财富效应,也能够以降低债务代理成本的方式获取利润;然而,当投资高风险项目失败时,股东-管理者只承担以投资额为底线的有限责任,而将投资损失转嫁给债权人,从而侵害债权人的利益。

代理成本的产生源于委托人和代理人之间存在的代理冲突。因为代理冲突的存在,代理人仅拥有不完全所有权时创造的价值与既作为代理人又作为拥有完全所有权的所有者时创造的价值之间的差额,即代理成本(Jensen and Mecking,1976)。Jensen 和 Mecking(1976)提及的代理成本由三项费用构成:一是委托人为激励和监督代理人,降低由代理人行为导致的利益偏差所发生的监督成本;二是为保证委托人利益,当代理人行为偏离时应付给委托人补偿所发生的保证成本;三是代理人授权进行决策发生偏差致使委托人承受的利益损失,即剩余损失。三项代理成本中剩余损失是重要内容,前两项成本的发生源于各自使剩余损失产生的成本效益下降的程度。剩余损失是由委托人所有权弱化导致的契约集合体的价值减损,监督成本和保证成本有助于将组织绩效恢复至所有权尚未被稀释之前的水平,使三项成本之和最小则意味着代理成本最小(费方域,1996c;威廉姆森,2016)。

基于此,关于降低和缓解代理成本、提升委托人收益的议题,学者研究主要从设计内部激励和约束机制、完善外部市场机制两个方面展开。一方面,强调设计内部激励和约束机制。Holmstrom 和

Tirole（1997）讨论公司内部有效激励机制对降低代理成本的影响，张维迎（2005）也认为应设计有效的激励契约从而尽量降低剩余损失，Byrd 和 Hickman（1992）则强调设计和构建有效的内部监督和约束机制以降低代理成本。另一方面，强调完善外部市场机制的重要性，学者分别从资本市场的并购、经理人市场的竞争和产品市场的竞争等方面研究完善外部市场机制对减少代理冲突的作用（Fama，1980；Demsetz，1989；Hart，1989）。

关于发生的代理成本应由谁承担，Jensen 和 Mecking（1976）认为实际情形中代理人并不拥有完全所有权，所以在代理人努力工作时会付出并增加个人成本，如此产生的代理成本完全由代理人承担并获得些许奖励；代理人偷懒或懈怠工作产生的额外增项成本，代理人仅承担小部分，更多的代理成本由委托人承担。因此，如何设计机制防止代理人偏离委托人价值最大化的目标成为代理理论的核心问题（Jensen，1986）。

二　代理理论与监事会监督机制

依据代理理论的思想，股东与管理者签订契约时已意识到契约的不完备性，预期公司高管存在发生管理专断和寻租行为的可能性，也预见将要发生的代理成本。高管权力寻租行为已成为两权分离范式下公司重要的代理问题，为防止所有权弱化使高管发生决策偏差导致价值损失，设置监事会并与股东缔约使代表股东对高管进行监督。监事会的构建和运行均导致公司监督成本增加，但是监督成本的增加程度与剩余损失和保证成本的发生相互制衡，使总代理成本最低，提升公司高管经营决策的行为效益，从而实现股东因承担这些预期发生代理成本的完全财富效应最大化（Jensen and Mecking，1976）。

中国的新兴市场代理问题更为复杂，控股股东占支配地位是我

第三章　企业外部环境、监事会设置机制演进与高管收益的理论分析

国公司的主要特征之一（Ding et al.，2010）。尽管 Shleifer 和 Vishny（1997）认为大股东治理能够提升公司治理水平和更好地解决代理问题，但经济转型时期我国公司所有人缺位（周黎安和陶婧，2009）和内部人控制（青木昌彦等，1997a，1997b；权小锋等，2010）的现象严重，大股东在我国公司治理中发挥的作用则是值得怀疑的。Shleifer 和 Vishny（1997）同时提出法律途径也是一种普遍的治理方法，在中国的特殊情境下，增强投资者的法律保护，通过法律法规的途径降低代理成本是更为可行的选择。Ding 等（2010）针对中国资本市场的一系列法律、规章的颁布和修改进行实证检验，从而支持了这一论断。根据 Jensen 和 Mecking（1976）的思想，当管理者与股东的利益发生冲突时，管理者的行为被监督或约束能够防止或减少高管发生寻租行为。1993 年，第一部《公司法》的颁布正式确立了监事会在公司内部监督的法律地位，《公司法》后经数次修订，监事会监督职能和行权保证方面都显著加强。可见，监事会是代表股东利益对高管行使监督权，从而减少代理冲突、降低代理成本的重要内部监督机制。

综上，监事会作为重要的内部监督机制是遵循代理理论的公司治理实践。本书更认为在代理理论思想中，监事会这一监督机制的设置是以高管偏离投资者效用行为的发生为假设前提，以事前匹配性构建监督机制作为约束和激励集合的组成部分。同时，代理理论认为"事后清算"能够提升对高管的约束效力（Fama，1980），然而即使作为内生于公司控制工具的监事会能够获悉高管机会主义行为的发生，但由此导致的事后负面声誉效应[①]何时能够发挥作用尚不确定（费方域，1996c；威廉姆森，2016）。由此，本书认为代理理

---

① 这里所提负面声誉效应主要是指在经理人市场完善的外部环境中，高管利用权力获取不正当利益行为导致其在经理人市场上的声誉下降及由此带来的所有负面影响。

— 85 —

论是阐释监事会形成及行使监督权力的基本理论，但不能多维度完全解释监事会制度对高管获取收益决策选择行为的平衡作用，因此本书将结合代理理论和交易成本经济学理论分析监事会及其制度演进对高管收益的作用机理。

第四节　本章小结

本章综合运用比较制度分析理论、交易成本经济学理论和代理理论分析并厘清企业外部环境、监事会设置主动程度和高管收益三个概念之间的因果作用机理及其经济含义。运用比较制度分析理论的思想研究监事会制度的历时性演进的机理，解释企业外部环境的变化对监事会设置主动程度产生的影响，以共时性关联视角比较分析我国各地区制度环境的差异与既定的监事会制度效力差异性的耦合效应。以代理理论作为分析监事会制度对高管权力寻租行为实施监督的基础，并结合交易成本经济学理论分析监事会的作用及由制度演进形成的监事会设置主动程度差异对高管收益的作用。运用交易成本经济学理论分析外部环境的变化和差异对高管权力寻租行为的约束效应；依据交易成本经济学理论的三层级框架思想分析并推理企业外部环境、监事会设置主动程度和高管收益之间跨层级的作用机理，明确位于中间层级的监事会治理机制的作用。本章的理论分析与凝练为本书后续研究提供了理论支撑。

比较制度分析理论运用博弈论分析方法、历史分析方法和比较分析方法研究制度差异性和多样性及其相互依存问题。依据比较制度分析理论，作为制度，监事会是能够内生性自我实施的博弈均衡策略，在组织域内，当公司的外生博弈规则发生变化时，对外部环境参数变化具有主观洞察力的公司内部博弈参与者，将能够通过主

第三章　企业外部环境、监事会设置机制演进与高管收益的理论分析

观推断进而相机选择在既定环境状态下最为合适的内生监事会规则。这说明，具有创新意识的公司将通过多次"实验"引发监事会设置机制的自我实施，使其由一个博弈均衡点动态调整至另一个博弈均衡点，从而实现监事会的制度演进。组织域的外生博弈规则可能产生多重博弈均衡，因此制度安排形成的环境具有多样性和差异性，单一组织域内监事会制度的历时性演进并不一定是帕累托最优，监事会的自我实施形成的创新性的博弈规则会受到企业外部其他域重要环境的影响，鉴于企业外部环境与监事会制度之间存在相互依存关系，监事会设置的主动程度应视为企业外部环境安排的耦合效应，实现耐久的帕累托次优效应。

交易成本经济学理论关注的核心是如何设计凭借降低交易成本，调节或管理与经济交易规则相适应的治理结构（Williamson，1985；费方域，1996b）。制度包括正式制度和非正式制度的思想（North，1991），Williamson（1996a）认为制度可以分为自发形成的公司内部治理制度和法定模式形成的外生制度两个领域。外部环境差异性背景下公司治理结构和监事会设置产生比较成本，导致利润空间的差异化。公司若只将监事会作为由外部监管机构强制性设置的内部监督机构，被动采用或接受只能使交易成本增加；而公司积极地加以利用监事会制度，实施主动的目的性治理，虽然监督成本由此增加，但强化了对公司高管监督制衡的作用以及实现了直接且显见的收益，而且进一步减少了不必要的成本、强化了潜在的收益（Williamson，1996b；威廉姆森，2016）。同时，本章分析了企业外部环境的约束或制衡机制对公司高管在不同情境下可选择的相应对策的作用机理，以及公司高管以最小化交易成本和实施偏离行为带来的净收益综合判断是否选择行为自律。最后，依据交易成本经济学理论的三层级框架，监事会系介于企业外部环境和个体层级的中间层级的治理机制，监事会设置既要接受企业环境正式规则和非正式规则的约束效

应，也要根据外部环境和内部参与人行为属性的变化有目的地自我实施协调适应，将外部环境的约束效应传递给公司高管，从而发挥"企业外部环境—监事会设置机制演进—高管收益"之间跨层级的作用。

代理理论的核心思想是在"管理-控制"问题的背景下如何构建有效机制监督和激励代理人，防止代理人偏离委托人效用最大化的目标，从而减少和缓解双方代理冲突。投资者在与管理者缔约时已意识到契约的不完备性，预期公司高管将会存在发生管理专断和寻租行为的可能性。投资者为防止所有权弱化及自身利益受到损伤，与监事缔约，设置监事会为内部监督制衡机制代为行使监督权力。

综合代理理论和交易成本经济学理论的分析，代理理论是构建监事会制度的基础，代理理论思想中监事会监督机制的设置以高管偏离投资者效用行为的发生为假设前提，代理理论很少关注如何解决由代理冲突引发的争端，侧重事先设计匹配机制约束和激励代理人的事前治理和"事后清算"监督机制；而且代理理论未阐述监督机制随外部环境参数的位移轨迹而演进的机制，亦不能从多维度完全解释监事会制度对高管获取收益行为的平衡作用。交易成本经济学理论强调根据外部环境参数变化构建与之相适应的治理结构以降低交易成本，尤其是事后交易成本，从而扩大获取超额利润的空间，并为监事会设置机制演进、强化监督作用及其价值提供理论支持。因此，本书将结合代理理论和交易成本经济学理论分析监事会制度及其演进对高管收益的作用机理。

综上，本书理论及概念框架如图3.4所示。

第三章 企业外部环境、监事会设置机制演进与高管收益的理论分析

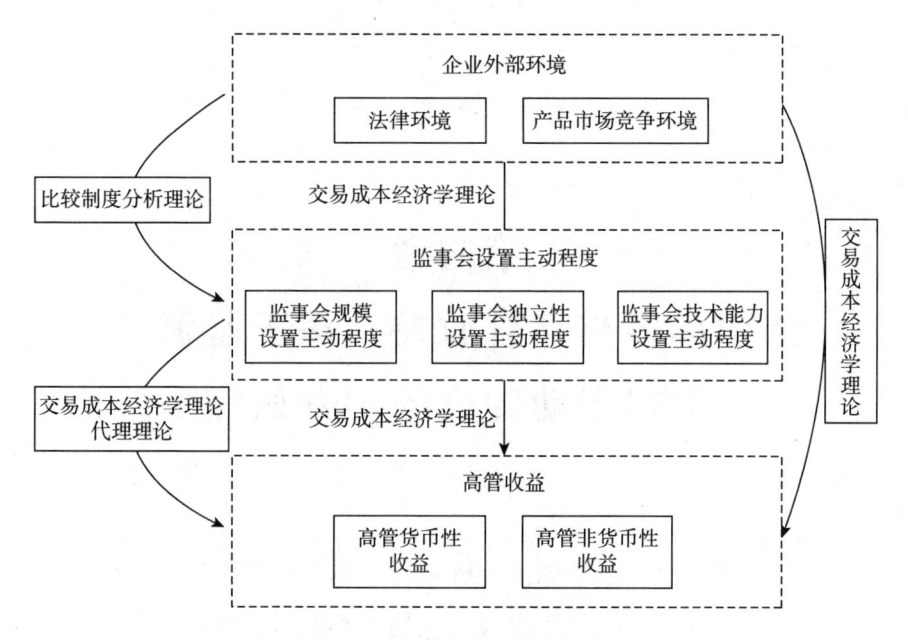

```
                    ┌─────────────────────────────────────┐
                    │           企业外部环境                │
                    │   ┌──────────┐   ┌──────────────┐   │
                    │   │ 法律环境 │   │产品市场竞争环境│   │
                    │   └──────────┘   └──────────────┘   │
                    └─────────────────────────────────────┘
   ┌──────────┐              交易成本经济学理论
   │比较制度  │     ┌─────────────────────────────────────┐
   │分析理论  │     │         监事会设置主动程度           │
   └──────────┘     │ ┌────────┐ ┌────────┐ ┌──────────┐ │    交易
                    │ │监事会规模│ │监事会独立性│ │监事会技术能力│ │    成本
                    │ │设置主动程度│ │设置主动程度│ │设置主动程度│ │    经济
                    │ └────────┘ └────────┘ └──────────┘ │    学
   ┌──────────┐     └─────────────────────────────────────┘    理论
   │交易成本  │              交易成本经济学理论
   │经济学理论│     ┌─────────────────────────────────────┐
   │代理理论  │     │              高管收益                │
   └──────────┘     │   ┌──────────┐   ┌──────────┐      │
                    │   │高管货币性│   │高管非货币性│      │
                    │   │  收益    │   │  收益    │      │
                    │   └──────────┘   └──────────┘      │
                    └─────────────────────────────────────┘
```

图 3.4　本书理论及概念框架

第四章
法律环境与高管收益：基于监事会设置主动程度的中介效应

根据前述文献综述和理论分析的研究思路，本章将深入探究企业外部政治域中的法律环境作为正式规则集合对公司内部个体参与者的制约效应如何，科学完善的法律环境对组织域内监事会设置机制的历时性演进具有怎样的影响，同时，因为相关联域之间制度的耦合效应和交易成本的存在，法律环境、监事会设置机制演进和高管获取收益行为之间存在何种跨层级的因果关系；进而尝试以比较制度分析理论、交易成本经济学理论和代理理论的综合运用分析法律环境、监事会设置主动程度和高管收益三者之间分别的作用机理并进行实证检验。

第一节 法律环境、监事会设置主动程度与高管收益的作用机理分析

本章通过理论分析推演法律环境分别对高管收益、监事会设置主动程度的影响，监事会设置主动程度对高管收益的作用，进而探

第四章 法律环境与高管收益：基于监事会设置主动程度的中介效应

讨处于中间层级的监事会设置主动程度在法律环境与高管收益之间是否存在中介效应，并提出相应研究假设。

一 法律环境对高管收益的作用

交易成本经济学理论的中心问题是构建适宜的治理结构以最小化交易成本（Williamson，1985；威廉姆森，2016）。面临所有权和控制权分离而产生的代理冲突（Jensen and Mecking，1976），公司通过设计一套协调责任、权利和义务的约束和激励机制（李维安主编，2009），减少事后的管理成本及由博弈造成的效率损失等交易成本，从而维护投资者的利益。公司经营活动和高管行为并非仅受内部治理机制的监督和制衡，同时也需承受来自企业外部环境的正式制度和非正式制度的监督和约束（North，1991）。外部投资者将资产投入公司运营，失去资产的控制权也面临收益被内部人侵占和浪费的代理问题，因此对公司高管的内部监督与制衡问题也可以描述为法律环境的约束和压力问题（Shleifer and Vishny，1997）。如果没有有效的法律保护投资者权益，无异于将资产交付于毫不相干的人，无法确保获得投资收益。对投资者的法律保护较弱，会加剧内部人对外部投资者利益的侵占（Johnson et al.，2000）；而健全的法律机制形成对投资者强有力的保护环境，也强化对公司内部高管的正式规则的硬约束，从而平衡公司管理层的行动选择决策的实施（Wu，2005；Berg et al.，2012；张晶和孙烨，2017）。

法律机制是外部投资者权益保障的关键而且是重要的正式制度的集合（La Porta et al.，2000）。La Porta 等（1998）探讨49个国家的法律传统、投资者保护的法律立法和法律执行3个方面的法律机制对经济发展的影响，研究发现，隶属于普通法系的国家法律对投资者的保护最为强大，隶属于大陆法系的国家法律对投资者的保护最弱（Treisman，2000；Doidge et al.，2007）。投资者保护相关法律条文越完善和执法力度越大,越能够有效防止投资者利益被掠夺;国家对公司的立法越完善,公司披露的信息透明度越高;国家的执法力度越大,越有利于经济发展(La Porta et al.,2000)。有学者在 La Porta 等(2000)分析范式的基础上,分析了立法和执法水平的影响。相比于立法的法律条文,法律效力对经济发展更为重要,Bhattacharya 和 Daouk(2002)针对颁布内幕交易法的 103 个国家的研究发现,仅 38 个国家执行该法,且只有在发生诉讼并执行后权益成本才下降。虽颁布法律但不执行,使得权益成本不降反升,甚至在某些情境中反而不如没有立法(Bhattacharya and Daouk,2009)。执法能力较弱的环境中,公司内部人因转移公司或投资者的资源而被法律惩罚的概率随之下降(Almeida and Wolfenzon,2006)。可见,立法的初衷是保护投资者的利益,但不执行或执行效率低,法律犹如一纸空文;执法机关的不作为或"小作为"也将会封堵投资者诉讼维权的路径,公司高管既不会受到震慑,也不必担心法律风险和交易成本的增加,更不会因此约束个人行为。

经济转型时期外部环境的不确定性增加,从而提高公司的交易成本(陈德球等,2013)。法律环境不完善可能导致对私有产权的保护不利(Johnson et al.,2002),降低公司高管决策选择行为的风险和潜在的交易成本。而良好的法律环境则为投资者权益提供了保障,提高了代理人不端行为的门槛,进而降低了高管过度自利行为的发生概率(傅颀和汪祥耀,2013)。如果立法片面而且法律体系不完善,当投资者利益受侵害时,法律机制无法给予相应的保证,反而助长侵蚀投资者利益的行为。我国 2007 年实施新的《企业会计准则》并于 2014 年和 2017 年陆续增补具体准则,2011 年实施《国家审计准则》并陆续完善,2013 年修订《公司法》和《证券法》,以及近年来中央和地方政府颁布了一系列反腐败的法律规定和文件,截至 2016 年底,除现行宪法外,我国现行有效的法律共 256 部,在

第四章　法律环境与高管收益：基于监事会设置主动程度的中介效应

立法质量提升的同时立法体系更趋于完善。在执法方面，2014～2016年，最高人民法院分别受理案件11210件、15985件和22742件，依次同比上升42.6%和42.3%；其间分别审结案件9882件、14135件和20151件，依次同比上升43.0%和42.6%。而且，2014～2016年，地方各级法院分别受理案件1565.1万件、1951.1万件和2303.0万件，依次同比上升24.7%、18.0%；其间审结、执结案件同比上升21.1%、18.3%。① 可见，我国整体立法和执法的法律环境逐步改善（高雷和宋顺林，2007；戴德明等，2015），但各地区法律环境发展程度不一，甚至有些区域法律环境反而变差（王小鲁等，2017）。通过立法提高信息透明度，可以提升对投资者的保护程度；通过执法质量的提升，既可以使股东通过诉讼维护权益，也可以通过法律的执行和惩罚增加公司高管不当行权的法律风险和交易成本。由此，通过增强立法和提升执法水平，完善法律环境，可以约束公司高管的行为。

综合上文分析，本书认为法律环境的完善加大了对投资者利益的立法保护和执法力度，增加了公司高管获取收益的违约风险和法律风险，既有震慑作用也能平衡监督，从而影响高管的决策选择行为。因此，本书提出如下假设。

假设1.1：在其他条件不变的情况下，法律环境越完善，其对高管货币性收益的平衡作用越强，从而提升高管货币性收益的合理性水平。

假设1.2：在其他条件不变的情况下，法律环境越完善，其对高管非货币性收益的平衡作用越强，从而提升高管非货币性收益的合理性水平。

二　法律环境对监事会设置主动程度的作用

公司治理制度是置身于政治域中设计并执行的制度安排（Jensen，

---

① 数据来源：本书根据2014年、2015年和2016年的《中国法治建设年度报告》相关统计数据整理所得。

1993)。公司治理水平会存在差异，这很大程度上源于各个国家或地区立法中对作为代理人的公司高管应承担的法律义务和司法解释具有异质性，以及执法机关的执行力度也会产生差异（Shleifer and Vishny, 1997）。立法和执法制度的健全是公司治理演化的根本驱动因素（La Porta et al., 2000）。公司不会在其公司章程中或缔结的契约中订立完全超出正式规则（法律法规）的条款，因为交易对方接受困难将增加缔约过程的交易成本，也因为无法律明文可依而增加事后的执行成本。既然微观公司层级的决策受制于法制监管环境，那么完善的法律环境将降低公司的交易成本（Bergman and Nicolaievsky, 2007）。Klapper 和 Love（2004）实证研究发现国家或地区法律环境的改善将提高区域内公司治理水平，增强内部监督机制的监督效力（Doidge et al., 2007；裘宗舜和饶静，2007；戴德明等，2015）。监事会是我国"二元制"公司治理体系中内部监督机制的重要组成部分，同样受公司外部法律环境的影响。几经修订或更新的《公司法》、《证券法》、《企业会计准则》和《国家审计准则》及各级政府和监管机构所颁布的地方性法规文件，在改善法律环境的同时加大了对投资者及相关利益团体的保护力度。因此，作为微观层级公司内部参与人的监事会也将随之增强对投资者利益的保护，这是增强监事会监督效力的法律环境基础。

监事会为上市公司必设的法定监督机构，设立之初大部分公司的监事会形同虚设，理论界对于监事会或取消或加强存在争议[①]；也有学者从增强监事会独立性（Dahya et al., 2003）、提高监事会专业技术能力（刘银国，2004；Lee, 2012），以及通过国家间的立法比

[①] 关于取消监事会的研究参见 Dahya 等（2002）、李维安和张亚双（2002）、郑浩昊和罗丽娜（2003）、邵东亚（2003）、谢德仁（2006）；关于加强监事会的研究参见 Dahya 等（2003）、李克成（2004）、李维安和王世权（2005）、Wang 和 Liu（2006）、王世权和刘金岩（2007）。

第四章 法律环境与高管收益：基于监事会设置主动程度的中介效应

较提出以法律形式明确权责（李伯侨和凌永琴，2006）等方面对监事会进行理论研究。在对监事会作用的争议中，2005年我国修订的《公司法》对股份有限公司监事会的职责、职权等方面予以强化和修改，并明确了会议制度。Ding等（2010）的研究发现，2005年《公司法》修订后监事会的监督作用相比之前有所增强（李明辉，2009；Lee，2012；Ran et al.，2014）。也有学者从法学视角研究认为，我国《公司法》仍未对保证监事会独立性和成员专业化的积极任职资格予以明确规定，建议未来在立法中应进一步明确（Lee，2012；王敏，2012；周梅，2013；杨大可，2015；王彦明和赵大伟，2016；杨大可，2016a）。监事会制度立法的完善为监事会健康良好运行提供法律保障，而既定法律条款中未明确的细则又为公司监事会机制内生性创新提供空间。

依据比较制度分析理论的思想，监事会制度是组织域内自发形成并由外部法律制度固化而最终形成的内部监督制度，但是作为一项制度安排，监事会并非一成不变，而是从一个博弈均衡点动态调整至另一个博弈均衡点，表现为无限多重均衡博弈的螺旋式演进路径（青木昌彦，2001）。在立法和执法环境中对投资者保护的加强，以及对监事会履职方式、履职能力及履职结果等相关法律的实施及逐步修订，促进了法律环境的完善，客观推动了监事会作用及效力的提升。作为企业外部政治域内主要的外生博弈规则，法律环境的变化引发内部参与人（主要是投资者和公司高管）对主观博弈模型进行相应调整，并形成新的博弈均衡规则。比较制度分析理论认为投资者和公司高管等内部参与人不具备全部推断博弈规则的能力，也无法完美推断交易对方的决策和环境状态，但可以通过对博弈结构的主观洞察力加以预测、推断并进行决策。内部参与人能够预期既有的法律法规强制性要求发生的成本，如依据正式规则要求从而被动性设置监事会的成本、因监督无力可能发生的被惩罚成本等；

同时，也将预期主动性创新设置监事会而增加的成本、可能减少的被公司高管侵占的收益、减少的惩罚成本及其他可能的潜在收益。当在两者之间进行推断和权衡而且后者居于博弈主导地位时，具有创新性的公司将在既有法律框架内依据可选择的监事会设置规则进行重复"实验"，相机选择适合监事会设置的非正式规则。最终，已有的内生监事会设置博弈规则重新博弈产生新的均衡点，进而形成公司内生性且主动性调整监事会规模、独立性和技术能力设置水平的局面。王敏（2012）提出为实现监事会的监督权力以避免公司高管违规，公司主要应从以下几个方面对监事会设置进行创新：合理化设置外部监事构成比例；借鉴德国《股份公司法》，根据公司规模明晰监事会规模；聘任具有专业技术能力的监事，从而科学化监事的积极任职资格。在我国公司治理机制从满足强制性要求的"消极合规"运动到提高效率的"主动合规"的创新情境下（李维安，2007），杨大可（2016b）认为更应该借鉴德国经验设置董事会和监事会彼此审查对方行为独立性和完整性的机制，实现监事会独立性的自我创新机制设置。

综上分析，本书认为政治域中法律环境的正式和非正式规则的完善给予公司内部博弈参与者发挥私人治理机制作用的自由空间，使公司内部参与者，主要是投资者更有积极性推进监事会制度的自发性演进，创新监事会设置机制。因此，本书提出如下假设。

假设2.1：在其他条件不变的情况下，法律环境的完善将提升监事会规模设置主动程度。

假设2.2：在其他条件不变的情况下，法律环境的完善将提升监事会独立性设置主动程度。

假设2.3：在其他条件不变的情况下，法律环境的完善将提升监事会技术能力设置主动程度。

三 监事会设置主动程度对高管收益的作用

依据交易成本经济学理论，真实世界充斥着交易成本，以制度环境（法律法规等正式制度和习俗、惯例等非正式制度）（North, 1991）为位移轨迹的参数，其变化将导致交易成本（治理成本）的变化；只要交易成本能够被带来的收益所弥补，则基于效率考虑，交易成本的差异将引发配套的治理机制发生前进性位移并具有异质性（Williamson, 1996b）。治理机制的位移表现为创新性的公司实施目的性治理，目的性治理机制能够强化对管理层的监督（陈德球等，2009），减少公司对投资者利益的侵占行为（Klapper and Love, 2004），英国和美国一些公司主动治理的实践说明，公司实施的目的性治理更能够实现 Koh 等（2007）所诠释的公司治理承担保护投资者权益的受托责任，以及以此为基础的价值创造角色。而代理理论的观点表明，自利性的代理人在投资者的监督盲区可能损害投资者利益而为个人谋求不正当利益，从而与委托人利益相冲突（Fama and Jensen, 1983）。监事会与股东缔约，接受股东大会的委托，肩负监督职能，维护股东利益。交易成本经济学理论和代理理论各有侧重，交易成本经济学理论强调在存在公司高管谋求私利行为的前提下，公司通过完善监事会制度主动的目的性治理机制提升对高管不端行为的治理效能；而代理理论强调代理人会背离委托人的效用目标，则监事会设置就成为事前匹配和监督机制（孙烨和张晶，2018）。①

基于交易成本经济学理论和代理理论，本书认为监事会作为公司治理的重要构成组件，是为避免两权分离所引发的代理问题而设

---

① Williamson（1996a）认为研究公司治理的交易成本经济学理论和代理理论两个视角各有侧重，代理理论聚焦事前匹配，交易成本经济学理论关注事后治理。

置的内部监督制度。监事会以依法依约为基础，其自我实施的主动性设置既能够提升代理人行使业务监督和财务监督权力的效力，也能够防范公司内部代理冲突（钱先航和曹廷求，2012），从而平衡公司高管获取收益的合理性。本书承续前人关于监事会及"一元制"模式下董事会监督职能的研究，认为监事会设置主动程度对高管收益的监督和平衡作用主要表现如下。

更大规模的监事会设置更有利于平衡公司高管收益的合理性水平。一方面，监事会规模设置将影响监事会专业和经验整体储备水平，设置规模较大的监事会，其成员专业多元化和知识丰富性的概率增加（Karamanou and Vafeas，2005；Jia et al.，2009），从而有利于监事会在不同情境中应对各式业务监督和财务监督问题。另一方面，设置更大规模的监事会有利于更有效地发挥监督职能（高菲等，2009），更可能成功应对压力，进而坚决抵制不合规行为（Firth et al.，2007）。2005 年修订后的《公司法》赋予监事会列席董事会会议的权力，以及对决议提出质询和建议的权力，增加监事会对高管收益议案的合理性持有异议并最终由股东大会修正的概率（Xi，2006）。

监事会独立性设置影响高管获取收益合理性的概率。我国监事会虽然在组织架构安排中与董事会地位等同，但实质上由董事会领导（刘银国，2004）。《公司法》和《上市公司治理准则》等法律法规仅针对股东（内部）监事和职工监事及其比例设置予以规定，未提及外部监事的设置要求；内部监事或职工监事在履职过程中不免与公司高管发生利益冲突，其独立性的欠缺必然影响其对董事会和经理层的监督效能（Bassen et al.，2006；Lee，2012）。一些研究认为应当借鉴德日的经验增设外部监事，而外部监事的导入必然使得监事会在与董事会和经理层的监督博弈过程中处于主动地位，提高监督效率（李明辉，2009；王彦明和赵大伟，2016）。

监事会技术能力设置影响其对高管收益的决策或议案合理性的判断，从而影响监督权力的行使。《公司法》所明确的监事会财务监督和业务监督权力，实践过程需监事会成员深谙财务、审计或法律等相关专业技能（Schneider and Chan，2001；Wei and Geng，2008），否则监事会成员不具备足够的自我判断能力（Xiao et al.，2004；李明辉，2009）。我国《公司法》等相关法律法规并未对监事应具备的技术能力给予明确规定，监事会技术能力的不足导致其无法合格履职，仅仅作为"花瓶"而存在（王世权和宋海英，2011）；只有监事会配备具有技术能力的监事，才能保证对高管行为行使监督权力的实现（Ran et al.，2014；冉光圭等，2015）。

鉴于上述分析，本书提出如下假设。

假设3.1：在其他条件不变的情况下，监事会规模设置主动程度、监事会独立性设置主动程度和监事会技术能力设置主动程度越高，其对高管货币性收益合理性的平衡作用越强。

假设3.2：在其他条件不变的情况下，监事会规模设置主动程度、监事会独立性设置主动程度和监事会技术能力设置主动程度越高，其对高管非货币性收益合理性的平衡作用越强。

四 监事会设置主动程度在法律环境与高管收益之间的中介效应

综合前述针对政治域的法律环境、监事会设置主动程度和高管收益之间作用机理的分析，进一步探究发现，法律环境直接约束高管收益的获取行为并非法律环境发挥作用的唯一关键路径，还应考虑在外部法律环境对高管收益决策作用路径中，作为中间层级的内部监督机制监事会对两者之间作用路径的影响方式。

交易成本经济学理论中"制度环境—治理机制—个体参与者"的三层级框架思想表明，治理机制并非孤立运行，而是将企业外部环境作为位移参数，依照参数变化或差异及个体参与者的内生偏好而进行自我协调适应，并在各种备择模式中选择更为有效且交易成本最小的机制安排。相机构建治理机制既对公司内部参与者个人行为具有约束和制衡作用，同时也将外部环境的约束和激励作用传导给公司内部参与者（Williamson，1996a，1996b）。经济转型时期我国整体的法律环境逐渐完善及地区间的法律环境存在差异性（高雷和宋顺林，2007；王小鲁等，2017），它们成为监事会设置机制演进的位移参数。在投资者与高管的博弈互动中，积极调整适应法律环境的公司为获取既定制度下的现时和潜在收益将推进监事会设置机制的自我实施（青木昌彦，2001），进而实现法律环境的规则参数的良性发展，通过完善监事会设置机制提升高管决策选择的合规性，提升对高管收益合理性的监督效力。

鉴于上述分析，本书认为监事会向上包容对投资者保护的立法和执法更为完善的法律环境的影响，调整内部监事会规模、独立性和技术能力设置的主动程度，并经由自身转化向下将法律环境的约束和激励效应传导给公司高管。由此形成"法律环境—监事会设置主动程度—高管收益"的作用路径（见图4.1），而监事会在两者之间存在中介效应。因此，本书提出如下假设。

假设4.1：在其他条件不变的情况下，监事会设置主动程度在法律环境与高管货币性收益之间存在中介效应，即法律环境通过提高监事会设置主动程度来提升高管货币性收益的合理性水平。

假设4.2：在其他条件不变的情况下，监事会设置主动程度在法律环境与高管非货币性收益之间存在中介效应，即法律环境通过提高监事会设置主动程度来提升高管非货币性收益的合理性水平。

第四章 法律环境与高管收益：基于监事会设置主动程度的中介效应

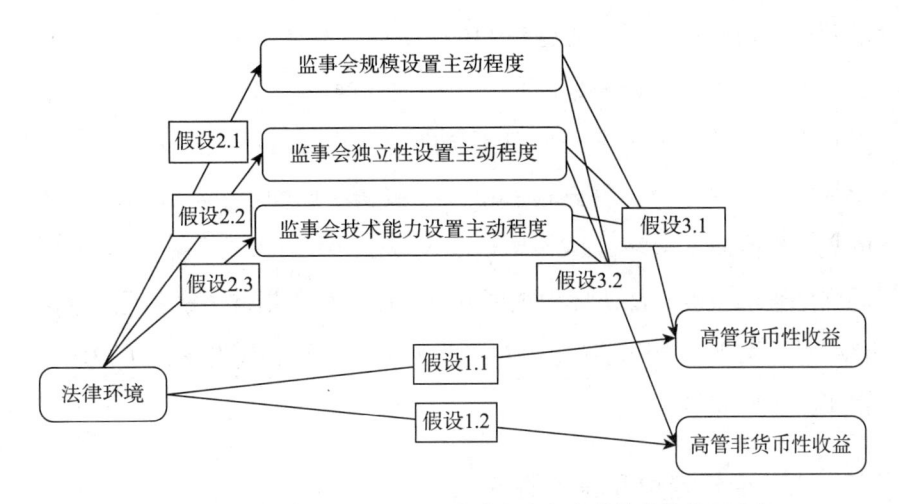

图 4.1 法律环境、监事会设置主动程度与高管收益的作用路径

第二节 法律环境、监事会设置主动程度与高管收益的研究设计

一 样本选择与数据来源

2006 年伊始，修订后的《公司法》开始实施，这给予公司在合规基础上更大的自律空间，公司治理步入创新阶段（李维安，2007），因此本书选取 2006~2016 年 A 股主板上市公司为初始研究样本。样本进一步筛选如下：①金融业上市公司所遵循的会计制度及资本结构具有差异性，因此剔除金融业样本公司；②为避免异常数据的影响，剔除 S、ST、*ST 及 SST 的样本公司；③为保持行业样本公司观测值的规模，剔除观测值小于 10 的样本公司；④剔除高管收益、法律环境、监事会设置主动程度、财务数据及其他所需数据缺失的样本公司；⑤对主要变量按照上下 1% 进行 Winsorize 处理以

— 101 —

消除极端值的影响。最终得到 11637 个样本观测值。[①]

本书上市公司财务数据和公司治理数据来自 CSMAR 数据库，数据缺失以及披露个人资料信息不全面的数据通过手工查询上市公司年报和新浪财经予以补充；上市公司所属区域的东部、中部和西部的划分以及所属区域"城镇单位在岗职工平均工资"通过国家统计局网站查阅获取；法律环境数据从《中国市场化指数——各地区市场化相对进程 2011 年报告》和《中国分省份市场化指数报告（2016）》中手工查阅获取。

二　变量选取及操作性定义

1. 被解释变量

高管收益是高管利用公共或组织资源从公司获取的物质利益或精神享受（Shleifer and Vishny，1993；Dyck and Zingales，2004；陈仕华等，2014）。本书遵循前人（Firth et al.，2006；权小锋等，2010；Luo et al.，2011）的测度方式将被解释变量分为货币性收益和非货币性收益两个维度，以下文具体指标分别考量高管货币性收益和非货币性收益的合理性。

高管货币性收益分别用高管薪酬（*PAY1*）和高管超额薪酬（*PAY2*）衡量。其中，高管薪酬（*PAY1*）以当期公司最高的前三位高管薪酬均值的自然对数衡量。高管超额薪酬（*PAY2*）以高管实际薪酬扣除高管预期正常薪酬的差额表示（Firth et al.，2006；Core et al.，2008；权小锋等，2010；吴联生等，2010；陈仕华等，2014）。它们均由模型 4.1 量化估计：

[①] 需要说明的是，本章以高管的货币性收益和非货币性收益分别作为被解释变量，并依据中介效应检验步骤分别构建回归模型。同时，依据前人研究选择不同的控制变量，各模型的变量缺失情况存在差异，因此所涉及的样本观测值可能发生变化。

第四章 法律环境与高管收益：基于监事会设置主动程度的中介效应

$$PAY1_{i,t} = \beta_0 + \beta_1 SIZE_{i,t} + \beta_2 ROA_{i,t} + \beta_3 ROA_{i,t-1} + \beta_4 Areawage_{i,t} +$$
$$\beta_5 Central_{i,t} + \beta_6 West_{i,t} + \sum IND + \sum YEAR + \varepsilon_{i,t} \quad （模型4.1）$$

模型 4.1 中 $PAY1_{i,t}$ 为第 i 家公司 t 年度最高的前三位高管薪酬均值的自然对数，$SIZE_{i,t}$ 为第 i 家公司 t 年度规模的自然对数，$ROA_{i,t}$ 为第 i 家公司 t 年度的绩效，$ROA_{i,t-1}$ 为第 i 家公司 $t-1$ 年度的公司绩效，$Areawage_{i,t}$ 为第 i 家公司 t 年度所属区域城镇单位在岗职工平均工资的自然对数，$Central_{i,t}$ 和 $West_{i,t}$ 分别为第 i 家公司 t 年度位于中部地区和西部地区的虚拟变量。将模型 4.1 采用 Firth 等 (2006)、Core 等 (2008) 和权小锋等 (2010) 的研究方法对本书样本公司分年度、分行业进行回归，回归残差即为高管超额薪酬的替代变量。

高管非货币性收益分别以高管在职消费（$PERK1$）和高管超额在职消费（$PERK2$）衡量。其中，高管在职消费（$PERK1$）为当年公司高管在职消费实际额，以管理费用扣减其中明显不归属于在职消费的明细项目所得金额[①]取自然对数衡量。高管超额在职消费（$PERK2$）以高管过度的在职消费衡量，即以高管实际在职消费扣除高管预期正常在职消费的差额表示（权小锋等，2010；Luo et al.，2011；王曾等，2014；褚剑和方军雄，2016；牟韶红等，2016；田妮和张宗益，2016；黄国良等，2017）。它们均由模型 4.2 量化估计：

$$\frac{PERK1_{i,t}}{Asset_{i,t-1}} = \beta_0 + \beta_1 \frac{1}{Asset_{i,t-1}} + \beta_2 \frac{\Delta Sale_{i,t}}{Asset_{i,t-1}} + \beta_3 \frac{PPE_{i,t}}{Asset_{i,t-1}} +$$
$$\beta_4 \frac{Inventory_{i,t}}{Asset_{i,t-1}} + \beta_5 Employee_{i,t} + \sum IND + \sum YEAR + \varepsilon_{i,t}$$

（模型 4.2）

---

① 本书遵循权小锋等（2010）、陈仕华等（2014）关于高管在职消费的计算标准，将管理费用中董事、监事及高管的薪酬，计提的坏账准备、存货跌价准备以及当年的无形资产摊销额等作为扣减项目；由于 2007 年会计准则不再将计提的坏账准备和存货跌价准备计入管理费用会计科目，因此本书参照王曾等（2014）的做法，2007~2016 年该数据计算不再扣减这两项。

模型 4.2 中，$PERK1_{i,t}$ 为第 i 家公司 t 年度高管在职消费实际额，以管理费用扣减其中明显不归属于在职消费的明细项目所得金额取自然对数计算；$Asset_{i,t-1}$ 为第 i 家公司 $t-1$ 年度的期末总资产；$\Delta Sale_{i,t}$ 为第 i 家公司 t 年度主营业务收入的变动额；$PPE_{i,t}$ 为第 i 家公司 t 年度固定资产的净值；$Inventory_{i,t}$ 为第 i 家公司 t 年度期末存货金额；$Employee_{i,t}$ 为第 i 家公司 t 年度员工总数的自然对数。遵循 Luo 等（2011）和陈仕华等（2014）的研究方法将模型 4.2 对样本公司分年度、分行业进行回归，通过回归计算所得残差即表示高管超额在职消费。

2. 解释变量

（1）法律环境（LAW）。本书借鉴陈信元等（2009）、戴德明等（2015）和邓路等（2016）的研究，选取市场化指数的分项指标"市场中介组织的发育和法律制度环境"（樊纲等，2011；王小鲁等，2017）的分值衡量，该分项指标反映了区域律师等中介组织的法律服务能力和地区执法的公正性。该指标越大，反映区域内法律环境发展水平越高。本书遵循陈冬华等（2010）的做法，首先将从樊纲等（2011）、王小鲁等（2017）的研究中分别获取 1997~2009 年和 2008~2014 年两组该项指标数据；其次采用年度平均增长率调整两组数据计算口径的差异，将 2006 年和 2007 年两年该指标数据调整，使之与 2008~2014 年该指标数据的口径一致；最后以年度平均增长率计算各省份 2015 年和 2016 年该指标数据。[①]

（2）监事会设置主动程度（SBAS）。监事会设置主动程度的量

[①] 陈冬华等（2010）提出两组市场化指数不直接可比源于计算口径的差异，并非法律环境发生剧烈波动；所采用的调整方法无法做到绝对精准，却是此类情况下较好的调整方法。

第四章 法律环境与高管收益：基于监事会设置主动程度的中介效应

化是研究的难点，本书借鉴 Anand 等（2006）的思想并结合钱先航（2010）、李慧聪等（2015）的做法，将上市公司共同遵守的强制性正式规则（法律法规等）及行业惯例等非正式规则视为基准水平，以公司监事会设置指标超过基准水平的差额衡量监事会设置主动程度。有关监事会监督作用的研究甚少（Ding et al.，2010），相对而言董事会监督作用的研究较为丰富（Jensen，1993），由此本书从监事会规模设置主动程度、监事会独立性设置主动程度和监事会技术能力设置主动程度三个方面延续前人的相关研究（Firth et al.，2007；Ding et al.，2010；Ran et al.，2014），并考量监事会设置主动程度的作用。

监事会规模设置主动程度（$SBSAS$）。修订后的《公司法》、《上市公司治理准则》和《上市公司章程指引》规定上市公司监事会成员至少3人，一些具有公司治理创新意识的上市公司则主动将监事会规模设置超过强制性标准以提升其监督效力；进一步考虑到公司的行业差异，故本书以 Firth 等（2007）、Ding 等（2010）和 Jia 等（2009）的研究方法为基础，以监事会规模法定最低标准和行业内公司监事会规模均值之间较高值为基准，以各个公司监事会规模与基准之间的差额衡量监事会规模设置主动程度。

监事会独立性设置主动程度（$EXTSAS$）。《公司法》并未对上市公司外部监事的设置予以明确的强制性规定，《上市公司治理准则》第26条、第64条和《上市公司章程指引》第56条分别提及监事及监事会的独立性问题，但均未明确界定外部监事等能公正客观履职的积极任职资格的具体执行细则，因此，上市公司监事会独立性设置没有正式规则的法律明晰标准。本书依据 Lee（2012）和 Ran 等（2014）的研究方法，进一步以监事会独立性设置主动程度，即以公司外部监事占监事总人数的比重扣减该公司所属行业外部监事占比均值的差额进行衡量。

监事会技术能力设置主动程度（*PROFAS*）。我国上市公司监事会财务、审计和法律等相关专业监事成员的设置问题只在《上市公司治理准则》第 64 条和《上市公司章程指引》第 56 条有所提及，但并未对监事技术能力的积极任职资格予以强制性规定。鉴于监事会整体技术能力对监事会监督效力的重要性（Xiao et al.，2004；Lee，2012；Ran et al.，2014），本书以公司聘任具有财务、审计和法律等相关专业能力监事的人数占监事总人数的比重扣减该公司所属行业具有相关专业能力的监事占比均值的差额予以衡量。

3. 控制变量

（1）公司规模（*SIZE*）。根据 Firth 等（2006）和 Jia 等（2009）的研究，公司规模为公司期末总资产（单位为亿元）的自然对数。

（2）财务杠杆（*LEV*）。根据徐细雄和刘星（2013）、王曾等（2014）的研究，财务杠杆为公司期末负债平均余额与总资产平均余额的比值。

（3）自由现金流（*CASH*）。根据 Rajan 和 Wulf（2006）、陈仕华等（2014）的研究，自由现金流为公司经营现金流与总资产的比值。

（4）两职兼任（*DUAL*）。根据 Chen 等（2006）和 Ding 等（2010）的研究，两职兼任为虚拟变量，公司的总经理兼任董事长为 1，否则为 0。

（5）独立董事比例（*INDD*）。根据 Firth 等（2007）和 Jia 等（2009）的研究，独立董事比例为公司董事会中独立董事的人数与总人数的比值。

（6）董事会规模（*BOARD*）。根据 Firth 等（2007）和 王曾等（2014）的研究，董事会规模取公司董事会总人数的自然对数。

（7）股权制衡度（*BALANCE*）。依据陈信元等（2009）和王清刚等（2011）的研究，股权制衡度为公司第二至第十大股东持股比

第四章　法律环境与高管收益：基于监事会设置主动程度的中介效应

例合计数。

（8）公司绩效（ROA）。根据 Firth 等（2007）和陈仕华等（2014）的研究，公司绩效为公司净利润与总资产的比值。

（9）公司成长性（GROWTH）。根据权小锋等（2010）和王曾等（2014）的研究，公司成长性以公司销售收入增长率衡量。

（10）管理层持股（MSHARE）。根据陈信元等（2009）和王曾等（2014）的研究，管理层持股为公司管理层持股数量占公司总股数的比值。

（11）产权性质（STATE）。根据 Clarke 和 Xu（2004）、Berg 等（2012）的研究，产权性质为虚拟变量，若公司为国有公司，则赋值为 1，否则为 0。

此外，本书将年度（YEAR）和行业（IND）作为回归模型的控制变量。本书数据选取 2006~2016 年，以此设置年度虚拟变量。行业以《上市公司行业分类指引》（2001 年）为标准，制造业进一步采用二级代码划分，设置虚拟变量。变量定义及说明见表 4.1。

表 4.1　变量定义及说明

	变量名称		代码	变量说明	文献依据
被解释变量	高管收益	货币性收益	PAY1	当期公司最高的前三位高管薪酬均值的自然对数	Core et al.，2008；陈仕华等，2014
			PAY2	高管实际薪酬扣除高管预期正常薪酬的差额，由模型 4.1 回归残差估计得到	
		非货币性收益	PERK1	以管理费用扣减其中明显不归属于在职消费的明细项目所得金额取自然对数计算	权小锋等，2010；Luo et al.，2011
			PERK2	高管实际在职消费扣除高管预期正常在职消费的差额，由模型 4.2 回归残差估计得到	

续表

	变量名称		代码	变量说明	文献依据
解释变量	法律环境		LAW	以市场化指数的分项指标"市场中介组织的发育和法律制度环境"的分值衡量	陈信元等,2009;戴德明等,2015
	监事会设置主动程度	监事会规模设置主动程度	SBSAS	公司监事会规模扣减基准的差额,其中,以监事会规模法定最低标准和行业内公司监事会规模均值之间较高值为基准	Firth et al.,2007;Jia et al.,2009
		监事会独立性设置主动程度	EXTSAS	公司外部监事占监事总人数的比重扣减该公司所属行业外部监事占比均值的差额	Lee,2012;Ran et al.,2014
		监事会技术能力设置主动程度	PROFAS	公司聘任具有财务、审计和法律等相关专业能力监事的人数占监事总人数的比重扣减该公司所属行业具有相关专业能力的监事占比均值的差额	Lee,2012;Ran et al.,2014
控制变量	公司规模		SIZE	公司期末总资产(单位为亿元)的自然对数	Firth et al.,2006;Jia et al.,2009
	财务杠杆		LEV	公司期末负债平均余额与总资产平均余额的比值	徐细雄和刘星,2013;王曾等,2014
	自由现金流		CASH	公司经营现金流与总资产的比值	Rajan and Wulf,2006;陈仕华等,2014
	两职兼任		DUAL	虚拟变量,公司的总经理兼任董事长为1,否则为0	Chen et al.,2006;Ding et al.,2010
	独立董事比例		INDD	公司董事会中独立董事的人数与总人数的比值	Firth et al.,2007;Jia et al.,2009
	董事会规模		BOARD	公司董事会总人数的自然对数	Firth et al.,2007;王曾等,2014
	股权制衡度		BALANCE	公司第二至第十大股东持股比例合计数	陈信元等,2009;王清刚等,2011
	公司绩效		ROA	公司净利润与总资产的比值	Firth et al.,2007;陈仕华等,2014
	公司成长性		GROWTH	公司销售收入增长率	权小锋等,2010;王曾等,2014
	管理层持股		MSHARE	公司管理层持股数量占公司总股数的比值	陈信元等,2009;王曾等,2014

续表

	变量名称	代码	变量说明	文献依据
控制变量	产权性质	STATE	虚拟变量，若公司为国有公司，则赋值为1，否则为0	Clarke and Xu，2004；Berg et al.，2012
	年度	YEAR	本书数据选取2006~2016年，以此设置年度虚拟变量	Luo et al.，2011；陈仕华等，2014
	行业	IND	以《上市公司行业分类指引》（2001年）为标准，制造业进一步采用二级代码划分，设置虚拟变量	Luo et al.，2011；陈仕华等，2014

三 计量模型构建

本书在前人研究（Firth et al.，2006；Firth et al.，2007；权小锋等，2010；Ding et al.，2010；Luo et al.，2011；陈仕华等，2014）的基础上，采用Baron和Kenny（1986）、温忠麟等（2004）推荐的中介效应检验的程序：第一步，分别检验法律环境对高管货币性收益及非货币性收益的制衡效应（见模型4.3和模型4.7）；第二步，分别检验法律环境对监事会设置主动程度的影响程度（见模型4.4和模型4.8）[①]；第三步，同时分析法律环境和监事会设置主动程度对高管货币性收益或非货币性收益的影响，借以检验监事会设置主动程度的中介效应是否存在（见模型4.6和模型4.10）。另外，为检验监事会设置主动程度对高管收益的作用程度，本书构建回归模型4.5和模型4.9。

为检验法律环境、监事会设置主动程度与高管货币性收益之间的关系，依次构建模型如下：

[①] 鉴于所考察的高管货币性收益和非货币性收益的样本公司不完全一致，且回归模型的控制变量不同，为连续分析监事会设置主动程度的中介效应及大小，本章于第二步分别构建模型。

$$PAY_{i,t} = \gamma_0 + \gamma_1 LAW_{i,t} + \gamma_2 SIZE_{i,t} + \gamma_3 DUAL_{i,t} + \gamma_4 INDD_{i,t} + \gamma_5 BOARD_{i,t} +$$
$$\gamma_6 BALANCE_{i,t} + \gamma_7 ROA_{i,t} + \gamma_8 GROWTH_{i,t} + \gamma_9 MSHARE_{i,t} +$$
$$\gamma_{10} STATE_{i,t} + \sum IND + \sum YEAR + \varepsilon_{i,t} \quad \text{(模型4.3)}$$

$$SBAS_{i,t} = \eta_0 + \eta_1 LAW_{i,t} + \eta_2 SIZE_{i,t} + \eta_3 DUAL_{i,t} + \eta_4 INDD_{i,t} + \eta_5 BOARD_{i,t} +$$
$$\eta_6 BALANCE_{i,t} + \eta_7 ROA_{i,t} + \eta_8 GROWTH_{i,t} + \eta_9 MSHARE_{i,t} +$$
$$\eta_{10} STATE_{i,t} + \sum IND + \sum YEAR + \varepsilon_{i,t} \quad \text{(模型4.4)}$$

$$PAY_{i,t} = \alpha_0 + \alpha_1 SBAS_{i,t} + \alpha_2 SIZE_{i,t} + \alpha_3 DUAL_{i,t} + \alpha_4 INDD_{i,t} + \alpha_5 BOARD_{i,t} +$$
$$\alpha_6 BALANCE_{i,t} + \alpha_7 ROA_{i,t} + \alpha_8 GROWTH_{i,t} + \alpha_9 MSHARE_{i,t} +$$
$$\alpha_{10} STATE_{i,t} + \sum IND + \sum YEAR + \varepsilon_{i,t} \quad \text{(模型4.5)}$$

$$PAY_{i,t} = \lambda_0 + \lambda_1 LAW_{i,t} + \lambda_2 SBAS_{i,t} + \lambda_3 SIZE_{i,t} + \lambda_4 DUAL_{i,t} + \lambda_5 INDD_{i,t} +$$
$$\lambda_6 BOARD_{i,t} + \lambda_7 BALANCE_{i,t} + \lambda_8 ROA_{i,t} + \lambda_9 GROWTH_{i,t} +$$
$$\lambda_{10} MSHARE_{i,t} + \lambda_{11} STATE_{i,t} + \sum IND + \sum YEAR + \varepsilon_{i,t} \quad \text{(模型4.6)}$$

其中，PAY为高管货币性收益，分别以替代指标$PAY1$和$PAY2$代入公式进行回归；LAW为法律环境；$SBAS$为监事会设置主动程度，将监事会规模设置主动程度（$SBSAS$）、监事会独立性设置主动程度（$EXTSAS$）和监事会技术能力设置主动程度（$PROFAS$）三个维度的替代变量分别代入模型4.4、模型4.5和模型4.6。$SIZE$（公司规模）、$DUAL$（两职兼任）、$INDD$（独立董事比例）、$BOARD$（董事会规模）、$BALANCE$（股权制衡度）、ROA（公司绩效）、$GROWTH$（公司成长性）、$MSHARE$（管理层持股）、$STATE$（产权性质）、$YEAR$（年度）和IND（行业）为模型4.3~模型4.6的控制变量。

为检验法律环境、监事会设置主动程度与高管非货币性收益之间的关系，依次构建模型如下：

$$PERK_{i,t} = \gamma_0 + \gamma_1 LAW_{i,t} + \gamma_2 SIZE_{i,t} + \gamma_3 PAY1_{i,t} + \gamma_4 GROWTH_{i,t} + \gamma_5 LEV_{i,t} +$$
$$\gamma_6 CASH_{i,t} + \gamma_7 BALANCE_{i,t} + \gamma_8 INDD_{i,t} + \gamma_9 MSHARE_{i,t} +$$
$$\gamma_{10} STATE_{i,t} + \sum IND + \sum YEAR + \varepsilon_{i,t} \quad \text{(模型4.7)}$$

第四章 法律环境与高管收益：基于监事会设置主动程度的中介效应

$$SBAS_{i,t} = \eta_0 + \eta_1 LAW_{i,t} + \eta_2 SIZE_{i,t} + \eta_3 PAY1_{i,t} + \eta_4 GROWTH_{i,t} + \eta_5 LEV_{i,t} +$$
$$\eta_6 CASH_{i,t} + \eta_7 BALANCE_{i,t} + \eta_8 INDD_{i,t} + \eta_9 MSHARE_{i,t} +$$
$$\eta_{10} STATE_{i,t} + \sum IND + \sum YEAR + \varepsilon_{i,t} \quad (模型 4.8)$$

$$PERK_{i,t} = \beta_0 + \beta_1 SBAS_{i,t} + \beta_2 SIZE_{i,t} + \beta_3 PAY1_{i,t} + \beta_4 GROWTH_{i,t} + \beta_5 LEV_{i,t} +$$
$$\beta_6 CASH_{i,t} + \beta_7 BALANCE_{i,t} + \beta_8 INDD_{i,t} + \beta_9 MSHARE_{i,t} +$$
$$\beta_{10} STATE_{i,t} + \sum IND + \sum YEAR + \varepsilon_{i,t} \quad (模型 4.9)$$

$$PERK_{i,t} = \lambda_0 + \lambda_1 LAW_{i,t} + \lambda_2 SBAS_{i,t} + \lambda_3 SIZE_{i,t} + \lambda_4 PAY1_{i,t} + \lambda_5 GROWTH_{i,t} +$$
$$\lambda_6 LEV_{i,t} + \lambda_7 CASH_{i,t} + \lambda_8 BALANCE_{i,t} + \lambda_9 INDD_{i,t} + \lambda_{10} MSHARE_{i,t} +$$
$$\lambda_{11} STATE_{i,t} + \sum IND + \sum YEAR + \varepsilon_{i,t} \quad (模型 4.10)$$

其中，$PERK$ 为高管非货币性收益，分别以替代指标 $PERK1$ 和 $PERK2$ 代入公式进行回归；LAW 为法律环境；$SBAS$ 为监事会设置主动程度，以监事会规模设置主动程度（$SBSAS$）、监事会独立性设置主动程度（$EXTSAS$）和监事会技术能力设置主动程度（$PROFAS$）三个维度的替代变量分别代入模型4.8、模型4.9和模型4.10。$SIZE$（公司规模）、$PAY1$（高管货币性收益）、$GROWTH$（公司成长性）、LEV（财务杠杆）、$CASH$（自由现金流）、$BALANCE$（股权制衡度）、$INDD$（独立董事比例）、$MSHARE$（管理层持股）、$STATE$（产权性质）、$YEAR$（年度）和 IND（行业）为模型4.7~模型4.10的控制变量。

中介效应检验的思想：模型4.3和模型4.7中回归系数 γ_1 分别显著是后续各自进行监事会设置主动程度中介效应检验的前提条件；模型4.4和模型4.8中回归系数 η_1 分别显著，并且模型4.6和模型4.10中回归系数 λ_2 分别显著，则监事会设置主动程度有存在部分中介效应的可能性；若回归系数 η_1 和 λ_2 中有一个不显著，则需另外通过 Sobel 检验法检验中介效应是否显著；在前述提及的回归系数 γ_1、η_1 和 λ_2 均显著的基础上，如果模型4.6和模型4.10的回归系

数 λ_1 均不显著,则监事会设置主动程度具有完全中介效应,如果回归系数 λ_1 均显著且小于 γ_1（见模型 4.3 或模型 4.7），则监事会设置主动程度具有部分中介效应（温忠麟等,2004;陈晓萍等,2012）。

第三节 法律环境、监事会设置主动程度与高管收益的实证结果分析

首先,对变量进行描述性统计分析,并分别以监事会设置主动程度和法律环境为标准划分样本组进行对比,分析获取的基本数据是否存在异质性;其次,通过变量间的相关性分析及方差膨胀因子分析,检验变量之间的相关关系以及是否存在严重的共线性问题;再次,对监事会设置主动程度与高管收益进行回归分析,随后将监事会设置主动程度对法律环境与高管收益的中介效应依次进行回归,从而验证前述假设;最后,进行稳健性检验。

一 描述性统计分析

表 4.2 列示高管货币性收益、非货币性收益、监事会设置主动程度、法律环境和控制变量的描述性统计特征。

高管收益（$PAY2$ 和 $PERK2$）的描述性统计特征表明,高管货币性收益的实际值（自然对数）超出其预期正常值的均值为 0.0076,标准差为 0.5580,最大值为 1.4330,最小值为 -1.4380;高管非货币性收益的均值为 -0.0008,标准差为 0.0288,最大值与最小值之间相差 0.1893。数据分析说明不同公司间高管获取的货币性收益与非货币性收益具有差异性,并且离散程度较大,其数据特征与已有文献中的数据研究结果相近（权小锋等,2010;Luo et al.,2011;陈仕华等,2014;褚剑和方军雄,2016）。法律环境（LAW）的描述

第四章 法律环境与高管收益:基于监事会设置主动程度的中介效应

性统计特征显示,2006~2016年我国法律环境指数均值为6.0280,中位数为5.6810,比均值低0.3470,表明该数据近似正态分布略偏向右;最大值为12.5000,最小值为0.6080,最大值与最小值之间相差11.8920,说明样本数据的离散程度较大,公司所属区域法律环境差异性较大。通过对监事会设置主动程度($SBAS$)的数据分析发现,上市公司能够在自律空间内一定程度地主动进行监事会设置,但是设置的主动程度状态各异。具体而言,第一,监事会规模设置主动程度($SBSAS$)的均值为0.0134,标准差为1.2120,最大值为3.8040,最小值为-1.8150,表明1.34%的样本公司能够主动进行监事会规模设置,且设置程度超过法定最低标准和行业均值,但样本公司之间监事会规模设置主动程度的差距较大,波动程度较大。第二,监事会独立性设置主动程度($EXTSAS$)的均值为-0.0026,标准差为0.2750,中位数为0.0089,说明样本公司中监事会独立性设置主动程度普遍较低,大多样本公司外部监事设置的水平低于行业均值;最大值为0.4190,最小值为-0.2270,说明在选取样本公司的时间范围内,监事会独立性设置主动程度最高相差64.60%,反映了样本公司监事会独立性设置主动程度的差异性较大。第三,监事会技术能力设置主动程度($PROFAS$)的均值为-0.0015,中位数为-0.0460,说明在样本公司中,多数公司监事会技术能力设置的水平低于行业均值,即监事会技术能力设置主动程度较低;最小值为-0.2860,最大值为0.3000,表明样本公司之间监事会技术能力设置主动程度具有很大差异性。

表4.2 变量的描述性统计

变量	样本量	均值	标准差	中位数	最小值	最大值
PAY2	11637	0.0076	0.5580	0.0019	-1.4380	1.4330
PERK2	11637	-0.0008	0.0288	-0.0029	-0.0743	0.1150

续表

变量	样本量	均值	标准差	中位数	最小值	最大值
SBSAS	11637	0.0134	1.2120	-0.6000	-1.8150	3.8040
EXTSAS	11637	-0.0026	0.2750	0.0089	-0.2270	0.4190
PROFAS	11637	-0.0015	0.2450	-0.0460	-0.2860	0.3000
LAW	11637	6.0280	2.5500	5.6810	0.6080	12.5000
SIZE	11637	3.8030	1.2620	3.6440	1.3050	7.5790
LEV	11637	0.5110	0.1950	0.5210	0.0822	0.9370
CASH	11637	0.0165	0.0818	0.0081	-0.2090	0.3380
DUAL	11637	0.1370	0.3440	0	0	1
INDD	11637	0.3670	0.0520	0.3330	0.2860	0.5710
BOARD	11637	2.1940	0.2050	2.1970	1.6090	2.7080
BALANCE	11637	0.1770	0.1220	0.1520	0.0149	0.5230
ROA	11637	0.0363	0.1030	0.0311	-1.3470	7.2490
GROWTH	11637	0.1740	0.4940	0.0968	-0.6440	3.3050
MSHARE	11637	0.0179	0.0736	0	0	0.4740
STATE	11637	0.6290	0.4830	1	0	1

本书以监事会设置主动程度是否高于法律法规的强制性标准和行业均值为依据,从监事会规模、独立性和技术能力设置主动程度三个维度将样本分别划分为两组,对各个维度的样本组间均值进行独立样本 T 检验和中位数 Wilcoxon 秩和检验。监事会设置主动程度的三组组间差异的主要描述性统计结果(见表4.3)表明,监事会设置主动程度不同的样本组间的高管收益存在显著差异:监事会规模设置主动程度(SBSAS)高的样本公司的高管货币性收益(PAY2)与非货币性收益(PERK2)显著低于监事会规模设置主动程度低的样本公司;与监事会独立性和技术能力设置主动程度(EXTSAS 和 PROFAS)低的样本组分别对比表明,监事会独立性设置主动程度高和监事会技术能力设置主动程度高的样本组中高管货币性收益和非

第四章 法律环境与高管收益：基于监事会设置主动程度的中介效应

货币性收益（PAY2 和 PERK2）都更低，而且均通过显著性检验。由此可见，监事会设置主动程度的各样本组间数据特征的差异性分析结果符合本书预期。

表 4.3 监事会设置主动程度样本分组检验

变量	均值	中位数	均值	中位数	T 检验	Wilcoxon 秩和检验
	规模设置主动程度高		规模设置主动程度低			
PAY2	-0.0114	-0.0133	0.0003	0.0036	-1.198	-2.060**
PERK2	-0.0017	-0.0037	0.0003	-0.0024	-3.897***	-3.015***
	独立性设置主动程度高		独立性设置主动程度低			
PAY2	-0.0350	-0.0211	0.0279	0.0233	-6.536***	-5.987***
PERK2	-0.0009	-0.0033	-0.0001	-0.0024	-1.913**	-1.384
	技术能力设置主动程度高		技术能力设置主动程度低			
PAY2	-0.0423	-0.0380	0.0438	0.0485	-8.889***	-9.680***
PERK2	-0.0017	-0.0040	0.0010	-0.0014	-5.159***	-5.932***

注：***、** 分别表示 1%、5% 的显著性水平。

本书还依据样本公司所属区域法律环境（LAW）的中位数（5.6810）将样本划分为法律环境高和法律环境低两组，并对样本组间的差异性进行了独立样本 T 检验和中位数 Wilcoxon 秩和检验（见表 4.4）。

表 4.4 法律环境样本分组检验

变量	法律环境高		法律环境低		T 检验	Wilcoxon 秩和检验
	均值	中位数	均值	中位数		
PAY2	-0.0218	-0.0036	0.0143	0.0026	-3.745***	-2.854**
PERK2	-0.0023	-0.0045	0.0015	-0.0011	-7.405***	-8.719***
SBSAS	-0.0638	-0.6667	0.0355	-0.5714	-4.925***	-2.940**
EXTSAS	0.0227	0.0280	-0.0214	-0.0180	9.553***	9.961***

— 115 —

续表

变量	法律环境高 均值	法律环境高 中位数	法律环境低 均值	法律环境低 中位数	T检验	Wilcoxon 秩和检验
PROFAS	0.0100	-0.0204	-0.0090	-0.0583	4.649***	5.649***
SIZE	3.9400	3.7783	3.4116	3.3004	24.443***	23.605***
LEV	0.5133	0.5132	0.5545	0.5498	-10.373***	-8.829***
CASH	0.0165	0.0080	0.0163	0.0066	-0.096	-0.085
DUAL	0.1504	0	0.1353	0	2.553**	2.552**
INDD	0.3686	0.3333	0.3652	0.3300	3.839***	3.416***
BOARD	2.1827	2.1972	2.1934	2.1972	-3.087***	-3.708***
BALANCE	0.1817	0.1538	0.1756	0.1549	3.017***	2.476**
ROA	0.0363	0.0327	0.0317	0.0268	1.297	7.678***
GROWTH	0.2139	0.0733	0.2422	0.1116	-2.020**	-7.571***
MSHARE	0.0243	0	0.0092	0	12.561***	11.545***
STATE	0.6110	1.0000	0.6216	1.0000	-2.300**	-1.300

注：***、**分别表示1%、5%的显著性水平。

本书对表4.4中样本分组数据的描述性统计特征分析发现，法律环境的高或低样本之间存在显著差异：法律环境高样本组的高管货币性收益（PAY2）和非货币性收益（PERK2）均明显低于法律环境低样本组，说明法律环境的差异性影响区域内公司高管超额货币性收益和非货币性收益。法律环境高样本组中的监事会规模设置主动程度（SBSAS）显著低于法律环境低样本组，而监事会独立性设置主动程度（EXTSAS）和监事会技术能力设置主动程度（PROFAS）显著高于法律环境低样本组，说明法律环境的高或低对监事会规模、独立性和技术能力设置的主动程度作用存在差异性，与本书预期部分相符。法律环境高样本组中公司规模（SIZE）、独立董事比例（INDD）、两职兼任（DUAL）、股权制衡度（BALANCE）和管理层持股（MSHARE）均显著高于法律环境低的样本组，而财务杠杆

(LEV)、董事会规模（$BOARD$）、公司成长性（$GROWTH$）和产权性质（$STATE$）均显著低于法律环境低的样本组。

二 相关性分析

表 4.5 主要为研究变量间相关性分析的系数矩阵。其中，Pearson 相关性检验数据列示于矩阵的下三角部分，Spearman 相关性检验数据则列示于矩阵的上三角部分。通过对矩阵中的相关系数分析发现：监事会规模设置主动程度（$SBSAS$）、监事会独立性设置主动程度（$EXTSAS$）和监事会技术能力设置主动程度（$PROFAS$）分别与高管货币性收益（$PAY2$）和非货币性收益（$PERK2$）存在显著负相关关系，则监事会设置的主动程度越高越能够提升对高管收益的约束作用。法律环境（LAW）与高管货币性收益（$PAY2$）和非货币性收益（$PERK2$）存在显著负相关关系，说明法律环境的完善对高管获取货币性收益与非货币性收益的合理性水平具有约束作用。法律环境（LAW）与监事会规模设置主动程度（$SBSAS$）存在显著负相关关系，与监事会独立性设置主动程度（$EXTSAS$）和监事会技术能力设置主动程度（$PROFAS$）均存在显著正相关关系，说明企业法律环境的提升给予上市公司在强制性基础上更多的自律空间，上市公司将根据地域法律环境调整监事会设置主动程度并构建与之适应的监督机制，以提升其监督效力。

此外，相关系数矩阵中其他变量之间的相关系数均低于 0.5，说明变量之间不存在严重的共线性问题；而且本书采用方差膨胀因子分析法对解释变量、控制变量进行共线性检验，方差膨胀因子的最大值为 1.81，均值为 1.19，也说明解释变量、控制变量之间不存在严重的共线性问题。

表 4.5　变量的相关性分析及方差膨胀因子分析

变量	VIF	1. PAY2	2. PERK2	3. SBSAS	4. EXTSAS	5. PROFAS	6. LAW	7. SIZE
1. PAY2		1						
2. PERK2	1.15	0.161***	1					
3. SBSAS	1.10	-0.003	-0.038***	1				
4. EXTSAS	1.06	-0.055***	-0.012**	0.052***	1			
5. PROFAS	1.20	-0.102***	-0.055***	0.028***	0.184***	1		
6. LAW	1.81	-0.029**	-0.077***	-0.047***	0.088***	0.055***	1	
7. SIZE	1.23	0.020**	0.129***	0.180***	0.030***	0.029***	0.210***	1
8. LEV	1.04	-0.058***	-0.119***	0.096***	0.037***	0.046***	-0.053***	0.333***
9. CASH	1.07	0.022**	0.057***	0.001	0.003	0.016*	0.011	0.004
10. DUAL	1.20	0.063***	0.044***	-0.092***	-0.120***	-0.072***	0.022**	-0.081***
11. INDD	1.37	-0.021**	-0.001	-0.072***	-0.051***	-0.041***	0.028***	0.091***
12. BOARD	1.11	0.065***	-0.030***	0.299***	0.033***	0.022**	-0.034***	0.216***
13. BALANCE	1.09	0.140***	0.047***	0.020**	-0.051***	-0.007	0.038***	0.087***
14. ROA	1.05	0.046***	0.056***	-0.011	-0.010	-0.003	0.015*	0.031***
15. GROWTH	1.15	0.007	0.048***	-0.019**	-0.006	0.019**	-0.022**	0.019**
16. MSHARE	1.23	0.028***	0.039***	-0.112***	-0.162***	-0.117***	0.105***	-0.046***
17. STATE		-0.045***	-0.002	0.208***	0.209***	0.092***	0.007	0.200***

续表

变量	8. LEV	9. CASH	10. DUAL	11. INDD	12. BOARD	13. BALANCE	14. ROA	15. GROWTH	16. MSHARE	17. STATE
1. PAY2	−0.062***	0.036***	0.065***	−0.003	0.056***	0.154***	0.164***	0.039***	0.108***	−0.048***
2. PERK2	−0.141***	0.045***	0.044***	−0.013	−0.040***	0.038***	0.150***	0.015	0.021	0.007*
3. SBSAS	0.080***	0.017*	−0.075***	−0.038***	0.233***	0.035***	−0.021**	−0.020**	−0.014	0.154***
4. EXTSAS	0.020**	−0.014	−0.111***	−0.041***	0.033***	−0.052***	−0.005	−0.033***	−0.132***	0.200***
5. PROFAS	0.025***	0.015	−0.073***	−0.047***	0.009	0.003	0.015	0.004	−0.055***	0.083***
6. LAW	−0.038***	0.011	0.012	0.019**	−0.038***	0.014	0.050***	−0.062***	0.087***	0.015
7. SIZE	0.351***	0.019**	−0.079***	0.079***	0.194***	0.057***	0.064***	0.059***	0.081***	0.176***
8. LEV	1	0.001	−0.041***	0.016*	0.091***	−0.020**	−0.353***	0.071***	−0.030***	0.090***
9. CASH	−0.012	1	−0.004	0.005	0.007	0.089***	0.180***	0.155***	0.042***	−0.017**
10. DUAL	−0.048***	0.003	1	0.041***	−0.131***	0.050***	−0.007	−0.016	0.094***	−0.178***
11. INDD	0.016*	0.008	0.054***	1	−0.322***	0.009	−0.049***	−0.009	−0.013	−0.049***
12. BOARD	0.084***	0.004	−0.132***	−0.378***	1	0.091***	0.035***	0.046***	−0.004	0.187***
13. BALANCE	−0.036***	0.087***	0.052***	−0.010	0.097***	1	0.139***	0.086***	0.107***	−0.139***
14. ROA	−0.201***	0.109***	0.017*	−0.012	0.021**	0.067***	1	0.310***	0.110***	−0.041***
15. GROWTH	0.051***	0.139***	−0.007	0.008	0.003	0.079***	0.119***	1	0.043***	−0.008
16. MSHARE	−0.110***	−0.007	0.151***	0.039***	−0.070***	0.251***	0.046***	0.025***	1	−0.238***
17. STATE	0.100***	−0.020**	−0.183***	−0.040***	0.194***	−0.142***	−0.020**	−0.040***	−0.295***	1

注：***、**和*分别表示1%、5%和10%的显著性水平。

三 回归结果分析

为避免监事会设置主动程度与各替代变量之间的共线性问题，本章采用岭回归方法进行实证分析。通过对非平衡面板数据进行豪斯曼检验（Hausman Test），本章回归模型选择固定效应模型，根据怀特异方差检验结果采用稳健标准误的估计方法予以修正。

（一）法律环境与高管收益的回归结果分析

法律环境对高管货币性收益影响的回归结果（采用模型4.3）见表4.6。通过对回归结果的分析发现，M2组中法律环境（LAW）的回归系数为负，但不显著；而M3组和M4组中法律环境的回归系数分别为 -0.0050 和 -0.0063，分别在5%和1%的水平下通过显著性检验。由此说明，公司所属区域立法及执法环境的提升，在强化投资者利益保护的同时，也更加规范了高管显性契约形成的货币性收益，并提升其合理性水平，由此对高管获取的货币性收益存在作用，假设1.1成立。

表4.6 法律环境与高管货币性收益的回归结果

变量	M1	M2	M3	M4
LAW		-0.00109 (-0.51)	-0.0050** (-2.42)	-0.0063*** (-2.71)
SIZE	0.0201*** (3.91)	0.2200*** (7.82)	0.0189*** (3.77)	0.0259*** (3.76)
DUAL	0.1070*** (6.30)	0.0238* (1.78)	0.1070*** (6.35)	0.0342** (2.40)
INDD	-0.1181* (-1.75)	0.2650** (2.57)	0.1111 (1.08)	0.0249 (0.22)
BOARD	0.2040*** (6.96)	0.1190*** (3.42)	0.2020*** (6.87)	0.0693* (1.83)
BALANCE	0.6370*** (13.99)	0.4060*** (8.52)	0.6370*** (13.99)	0.2300*** (4.35)

续表

变量	M1	M2	M3	M4
ROA	0.2111* (1.91)	0.0477*** (2.92)	0.2130* (1.90)	-0.0371 (-1.18)
GROWTH	-0.0100 (-1.15)	0.00643 (1.55)	-0.0105 (-1.20)	0.0082 (1.08)
MSHARE	-0.1190* (-1.89)	1.120*** (8.24)	-0.1070 (-1.33)	0.3600** (2.35)
STATE	0.0031** (2.51)	-0.0912*** (-5.52)	0.0896*** (13.33)	0.1031*** (3.48)
YEAR	控制	控制	控制	控制
IND	控制	控制	控制	控制
Constant	-0.5360*** (-5.96)	1.1110*** (4.19)	-0.4960*** (-5.40)	0.3700*** (-3.39)
N	11637	11637	11637	5889
R^2	0.031	0.541	0.031	0.015
F	9.487***	10.347***	9.425***	7.948***

注：①***、**和*分别表示1%、5%和10%的显著性水平，括号内为t值。②M1组为基准模型，回归的被解释变量为PAY2；M2组、M3组和M4组回归的被解释变量分别为PAY1、PAY2和PAY2>0。

根据模型4.7对法律环境与高管非货币性收益进行回归，回归结果见表4.7。通过对回归结果的分析发现，M2组中法律环境（LAW）的回归系数为正（0.0116），但不显著，而M3组和M4组中法律环境（LAW）与高管非货币性收益的回归系数均显著为负（-0.0084和-0.0074），说明法律环境的改善，能够完善对投资者的保护机制，增加高管进行非货币性收益分配决策的压力和交易成本，进而提升高管非货币性收益的合理性水平，由此支持假设1.2。

表4.7 法律环境与高管非货币性收益的回归结果

变量	M1	M2	M3	M4
LAW		0.0116 (0.88)	-0.0084*** (-3.89)	-0.0074** (-2.39)

续表

变量	M1	M2	M3	M4
SIZE	0.0059***	0.6920***	−0.0010	0.0047***
	(21.04)	(88.50)	(−1.15)	(3.45)
PAY1	0.0081***	0.1210***	0.0039***	−0.0014
	(19.77)	(14.05)	(2.87)	(−0.64)
GROWTH	0.0026***	0.0293***	0.0051**	0.0153***
	(3.25)	(7.40)	(2.38)	(4.39)
LEV	0.0089***	0.1200***	0.0036	0.0123
	(5.55)	(5.22)	(0.70)	(1.48)
CASH	0.0155***	0.0134	0.0132	0.0415**
	(4.28)	(0.35)	(1.03)	(2.34)
BALANCE	0.0066***	0.1130**	0.0448***	0.0413***
	(2.90)	(2.48)	(5.72)	(3.56)
INDD	−0.0048*	−0.2711***	−0.0052	−0.0115
	(−1.74)	(−2.98)	(−0.29)	(−0.45)
MSHARE	0.0107*	−0.0081	−0.0241	0.0717**
	(1.96)	(−0.06)	(−1.18)	(2.12)
STATE	0.0029***	0.0145	−0.0089***	−0.0042
	(4.89)	(0.93)	(−4.53)	(−1.45)
YEAR	控制	控制	控制	控制
IND	控制	控制	控制	控制
Constant	0.0043*	15.7400***	0.0003*	0.0322**
	(1.67)	(207.03)	(1.73)	(2.48)
N	11552	111552	11552	4440
R^2	0.071	0.672	0.011	0.135
F	23.220***	25.850***	9.822***	11.830***

注：①***、**和*分别表示1%、5%和10%的显著性水平，括号内为t值。②M1组为基准模型，回归的被解释变量为PERK2；M2组、M3组和M4组回归的被解释变量分别为PERK1、PERK2和PERK2>0。

综合而言，法律环境的提升能够降低信息不对称的程度，完善投资者保护机制，从而增加高管偏离行权决策的风险和交易成本，对高管获取收益的行为起到平衡和约束作用，以此提升了高管货币性收益和非货币性收益的合理性水平。研究结果支持假设1.1和假设 1.2，这与 Dyck 和 Zingales（2004）、陈信元等（2009）、Berg 等（2012）的研究结果相符。

（二）法律环境与监事会设置主动程度的回归结果分析

表 4.8 列示了法律环境对监事会设置主动程度的回归结果，分为高管货币性收益样本组（采用模型 4.4）和非货币性收益样本组（采用模型 4.8）。

表 4.8 法律环境与监事会设置主动程度的回归结果

变量	货币性收益 SBSAS	EXTSAS	PROFAS	变量	非货币性收益 SBSAS	EXTSAS	PROFAS
LAW	-0.0042*** (-5.69)	0.0063*** (5.98)	0.0092*** (8.87)	LAW	-0.0024*** (-6.03)	0.0054*** (10.39)	0.0061*** (11.37)
SIZE	0.0233*** (13.89)	0.0053** (2.20)	0.0311*** (14.87)	SIZE	0.0327*** (16.70)	0.0046* (1.84)	-0.0046* (-1.84)
DUAL	-0.0260*** (-5.08)	-0.0786*** (-10.37)	-0.0365*** (-4.71)	PAY1	-0.0104*** (-3.54)	-0.0107*** (-2.77)	0.0802*** (21.72)
INDD	0.0479 (1.26)	-0.2110*** (-3.95)	-0.1330*** (-2.63)	GROWTH	-0.0040 (-1.62)	0.0091** (2.30)	0.0054 (1.45)
BOARD	0.2630*** (26.11)	-0.0058 (-0.41)	-0.1030*** (-7.33)	LEV	0.0080 (0.83)	0.0222* (1.70)	0.0685*** (5.22)
BALANCE	0.0092 (0.57)	-0.0389* (-1.75)	0.0417* (1.94)	CASH	-0.0034 (-0.16)	0.0012 (0.04)	-0.0159 (-0.53)
ROA	-0.0178 (-1.55)	-0.0010 (-0.04)	-0.0433** (-2.20)	BALANCE	0.0839*** (5.09)	0.0230 (1.05)	-0.0155 (-0.74)
GROWTH	-0.0046* (-1.92)	0.0038 (0.91)	0.0064* (1.66)	INDD	-0.330*** (-9.35)	-0.1890*** (-3.96)	0.0429 (0.95)
MSHARE	-0.276*** (-13.02)	-0.594*** (-20.22)	-0.357*** (-9.39)	MSHARE	-0.186*** (-8.70)	-0.472*** (-16.41)	-0.384*** (-9.96)
STATE	0.0601*** (12.31)	0.0970*** (6.33)	0.0240*** (4.10)	STATE	0.0807*** (19.49)	0.1150*** (20.49)	0.0170*** (3.03)
YEAR	控制	控制	控制	YEAR	控制	控制	控制
IND	控制	控制	控制	IND	控制	控制	控制
Constant	-0.430*** (-12.88)	0.308*** (6.55)	0.475*** (11.48)	Constant	0.203*** (9.36)	0.245*** (11.43)	0.0393* (1.95)

续表

变量	货币性收益			变量	非货币性收益		
	SBSAS	EXTSAS	PROFAS		SBSAS	EXTSAS	PROFAS
N	11637	11637	11637	N	11552	11552	11552
R^2	0.149	0.067	0.040	R^2	0.128	0.077	0.087
F	41.43***	30.60***	35.94***	F	39.11***	37.40***	24.50***

注：***、**和*分别表示1%、5%和10%的显著性水平，括号内为t值。

首先，对高管货币性收益样本组的回归结果分析发现，解释变量法律环境（LAW）与监事会规模设置主动程度（SBSAS）的回归系数为-0.0042，并在1%的水平下通过显著性检验；而法律环境与监事会独立性设置主动程度（EXTSAS）的回归系数（0.0063）、法律环境与监事会技术能力设置主动程度（PROFAS）的回归系数（0.0092）均在1%的水平下显著为正。其次，在高管非货币性收益样本组中，法律环境（LAW）与监事会规模设置主动程度（SBSAS）的回归系数显著为负（-0.0024，p<1%），而与监事会独立性设置主动程度（EXTSAS）、监事会技术能力设置主动程度（PROFAS）的回归系数均为正，且都在1%的水平下通过显著性检验。由此表明，法律环境良好地区的上市公司更倾向于提高监事会独立性设置主动程度和监事会技术能力设置主动程度，由此验证了假设2.2和假设2.3。外部法律环境作为外生博弈规则，给予公司更大的自我实施的空间（李维安，2007），推动具有创新精神的投资者相机选择实践监事会设置规则，进而提升监事会独立性设置主动程度和监事会技术能力设置主动程度，增强监事会监督效力，进一步为公司在有效信息流通环境中扩展额外收益的空间（钱先航和曹廷求，2012）。但是，随着法律环境的提升，上市公司监事会规模设置主动程度反而降低，与假设2.1不符。这可能源于监事会规模设置主动程度的提升将导致交易成本（监事会运行成本）的直接增加，而且有学者认

为监事会规模与监督效力之间呈倒 U 形关系（Schneider and Chan，2001），则监事会规模超过一定临界值可能由于推诿而更缺乏效率，因而监事会规模设置的主动程度应适度，这与 Jensen（1993）和 Yermack（2006）的观点契合。

（三）监事会设置主动程度与高管收益的回归结果分析

根据模型 4.5 对监事会设置主动程度与高管货币性收益（*PAY*1 和 *PAY*2）分别进行回归，结果列示于表 4.9。通过 M1 组、M2 组和 M3 组的回归结果发现，监事会规模设置主动程度和监事会独立性设置主动程度（*SBSAS* 和 *EXTSAS*）对高管货币性收益（*PAY*1）存在显著负向作用（-0.0875，$p<5\%$；-0.0700，$p<1\%$），未发现监事会技术能力设置主动程度（*PROFAS*）对高管收益存在显著作用，说明监事会规模、独立性设置主动程度越高，其对高管收益合理性的平衡作用越强，从而初步部分验证假设 3.1。本书进一步在 M4 组、M5 组和 M6 组回归中分别引入监事会规模设置主动程度（*SBSAS*）、监事会独立性设置主动程度（*EXTSAS*）和监事会技术能力设置主动程度（*PROFAS*）进行回归，结果显示，监事会设置主动程度三个维度的替代变量与高管货币性收益（*PAY*2）的回归系数均在 5% 的水平下显著为负（-0.0270、-0.0271 和 -0.0953），由此说明监事会通过规模、独立性和技术能力三个方面设置主动程度的提升能够增强对高管货币性收益合理性的平衡作用，从而全面验证假设 3.1。

表 4.9 监事会设置主动程度与高管货币性收益的回归结果

变量	PAY1			PAY2		
	M1	M2	M3	M4	M5	M6
SBSAS	-0.0875** (-2.12)			-0.0270** (-2.45)		

续表

变量	PAY1			PAY2		
	M1	M2	M3	M4	M5	M6
EXTSAS		-0.0700*** (-3.39)			-0.0271** (-2.19)	
PROFAS			0.0275 (1.32)			-0.0953** (-2.53)
SIZE	0.2210*** (27.90)	0.2190*** (27.62)	0.2200*** (27.85)	-0.0184*** (-3.63)	-0.0190*** (-3.82)	-0.0211*** (-4.18)
DUAL	0.0236* (1.77)	0.0237* (1.78)	0.0242* (1.82)	0.1050*** (6.19)	0.1032*** (6.05)	0.1130*** (6.66)
INDD	0.2640** (2.55)	0.2610** (2.53)	0.2670*** (2.59)	0.1200 (1.17)	0.1091 (1.06)	0.1260 (1.23)
BOARD	0.134*** (3.78)	0.119*** (3.45)	0.119*** (3.43)	0.2190*** (7.29)	0.2050*** (7.00)	0.1983*** (6.74)
BALANCE	0.409*** (8.57)	0.415*** (8.70)	0.407*** (8.52)	0.6370*** (13.98)	0.6370*** (13.98)	0.6352*** (14.00)
ROA	0.0471*** (2.88)	0.0481*** (2.94)	0.0474*** (2.90)	0.2090* (1.90)	0.2121* (1.92)	0.2051* (1.88)
GROWTH	0.00638 (1.54)	0.00669 (1.62)	0.00633 (1.53)	-0.0100 (-1.18)	-0.0100 (-1.17)	-0.0151 (-1.33)
MSHARE	1.109*** (8.16)	1.112*** (8.19)	1.119*** (8.24)	-0.1380* (-1.71)	-0.1481* (-1.81)	-0.0590 (-0.73)
STATE	-0.0894*** (-5.41)	-0.0886*** (-5.36)	-0.0910*** (-5.51)	0.0030* (1.93)	0.0031** (2.38)	0.0027** (2.62)
YEAR	控制	控制	控制	控制	控制	控制
IND	控制	控制	控制	控制	控制	控制
Constant	11.08*** (94.48)	11.13*** (95.01)	11.10*** (94.87)	-0.5591*** (-6.17)	-0.5180*** (-5.72)	-0.5522*** (-6.14)
N	12928	12928	12928	11637	11637	11637
R^2	0.541	0.542	0.541	0.031	0.031	0.034
F	13.349***	13.353***	13.347***	9.368***	9.396***	10.230***

注：***、**和*分别表示1%、5%和10%的显著性水平，括号内为t值。

表4.10列示了监事会设置主动程度对高管非货币性收益

（*PERK*1 和 *PERK*2）的回归结果（采用模型4.9）。通过对 M1 组至 M3 组的回归结果分析发现，监事会独立性设置主动程度（*EXTSAS*）和监事会技术能力设置主动程度（*PROFAS*）与高管非货币性收益（*PERK*1）的回归系数分别在10%和1%的水平下显著为负，而监事会规模设置主动程度（*SBSAS*）的回归系数为正但不显著，说明监事会独立性设置主动程度和监事会技术能力设置主动程度越高，其对高管非货币性收益合理性的平衡作用越强，部分验证了假设3.2。而 M4 组、M5 组和 M6 组的回归结果显示，监事会规模设置主动程度（*SBSAS*）、监事会独立性设置主动程度（*EXTSAS*）和监事会技术能力设置主动程度（*PROFAS*）与高管非货币性收益（*PERK*2）的回归系数皆显著为负，说明监事会设置主动程度在这三个维度上的提升能够有效增强高管非货币性收益合理性的平衡作用，进一步验证了假设3.2。

表4.10　监事会设置主动程度与高管非货币性收益的回归结果

变量	*PERK*1			*PERK*2		
	M1	M2	M3	M4	M5	M6
SBSAS	0.2010 (1.26)			-0.0014** (-2.15)		
EXTSAS		-0.0375* (-1.92)			-0.0041** (-2.31)	
PROFAS			-0.0738*** (-3.74)			-0.0043*** (-3.90)
SIZE	0.6900*** (88.09)	0.6920*** (88.36)	0.6920*** (88.45)	-0.0058*** (-20.67)	-0.0055*** (-6.37)	-0.0058*** (-20.85)
*PAY*1	0.1210*** (14.11)	0.1200*** (13.97)	0.1210*** (14.10)	0.0081*** (19.74)	0.0039*** (5.41)	0.0079*** (18.99)
GROWTH	0.0296*** (7.50)	0.0295*** (7.45)	0.0297*** (7.51)	0.0025*** (3.24)	0.0028*** (3.85)	0.0025*** (3.19)
LEV	0.1190*** (5.18)	0.1200*** (5.20)	0.1200*** (5.21)	-0.0089*** (-5.54)	0.0039 (1.28)	-0.0092*** (-5.72)

续表

变量	PERK1			PERK2		
	M1	M2	M3	M4	M5	M6
CASH	0.0143 (0.37)	0.0135 (0.35)	0.0152 (0.40)	0.0156*** (4.28)	0.0098*** (3.50)	0.0154*** (4.25)
BALANCE	0.105** (2.30)	0.118** (2.57)	0.115** (2.51)	0.0068*** (2.95)	0.0105*** (2.60)	0.0065*** (2.85)
INDD	-0.232** (-2.55)	-0.274*** (-3.01)	-0.277*** (-3.05)	0.0043 (0.85)	-0.0157** (-2.31)	0.0055 (1.08)
MSHARE	0.0172 (0.13)	-0.00881 (-0.07)	-0.0106 (-0.08)	0.0104* (1.90)	0.0005 (0.03)	0.0123** (2.22)
STATE	0.0109 (0.70)	0.0162 (1.04)	0.0148 (0.95)	0.0030*** (5.03)	0.0011 (0.93)	0.0027*** (4.62)
YEAR	控制	控制	控制	控制	控制	控制
IND	控制	控制	控制	控制	控制	控制
Constant	15.72*** (213.61)	15.78*** (214.05)	15.77*** (215.34)	0.00456* (1.73)	0.0137*** (2.92)	0.0038 (1.46)
N	12910	12910	12910	11552	11552	11552
R^2	0.673	0.672	0.673	0.071	0.046	0.073
F	25.85***	28.72***	22.86***	22.66***	20.27***	23.00***

注：***、**和*分别表示1%、5%和10%的显著性水平，括号内为t值。

（四）监事会设置主动程度在法律环境与高管收益之间是否存在中介效应的回归结果分析

依照Baron和Kenny（1986）、温忠麟等（2004）关于中介效应检验的三个步骤，以模型4.3为基础引入监事会设置主动程度变量构建模型4.6，进一步检验监事会设置主动程度在法律环境与高管货币性收益之间是否存在中介效应，回归结果见表4.11。前文研究结果已经验证，模型4.3中法律环境与高管货币性收益（PAY2）的回归系数显著为负（见表4.6）；模型4.4中法律环境（LAW）与监事会规模设置主动程度（SBSAS）的回归系数亦显著为负，而与监事

第四章　法律环境与高管收益：基于监事会设置主动程度的中介效应

会独立性设置主动程度（EXTSAS）和监事会技术能力设置主动程度（PROFAS）的回归系数均显著为正（见表4.8）。在前两步完成的基础上，对表4.11的回归结果进一步分析发现，监事会规模设置主动程度（SBSAS）、监事会独立性设置主动程度（EXTSAS）和监事会技术能力设置主动程度（PROFAS）与高管货币性收益（PAY2）的回归系数分别为 -0.0700、-0.0839和 -0.2440，且均在1%的水平下通过显著性检验，与之前的分析基本一致，说明法律环境的改善提升了监事会设置主动程度对高管获取货币性收益的监督作用。而且法律环境与高管货币性收益（PAY2）的回归系数（-0.0043、-0.0035和 -0.0046）相比于模型4.3中相应回归系数（-0.0050）的绝对值略小，依据陈晓萍等（2012）的思想，本书认为监事会设置主动程度在法律环境与高管货币性收益之间存在部分中介效应，验证了假设4.1。

表4.11　法律环境、监事会设置主动程度与高管货币性收益的回归结果

变量	PAY2		
LAW	-0.0043 ** (-2.16)	-0.0035 * (-1.73)	-0.0046 ** (-2.22)
SBSAS	-0.0700 *** (-2.73)		
EXTSAS		-0.0839 *** (-4.37)	
PROFAS			-0.2440 *** (-11.72)
SIZE	-0.0161 *** (-3.60)	-0.0167 *** (-3.78)	-0.0205 *** (-4.12)
DUAL	0.1050 *** (6.21)	0.0996 *** (5.91)	0.1170 *** (6.93)
INDD	0.1261 (1.24)	0.1050 (1.03)	0.1631 (1.59)
BOARD	0.2111 *** (7.17)	0.1922 *** (6.76)	0.2090 *** (7.14)

续表

变量	PAY2		
BALANCE	0.6332*** (14.10)	0.6300*** (14.06)	0.6280*** (13.93)
ROA	0.2122* (1.93)	0.2121* (1.96)	0.2143* (1.96)
GROWTH	-0.0091 (-1.05)	-0.00813 (-0.94)	-0.0127 (-1.48)
MSHARE	-0.1200 (-1.51)	-0.1511* (-1.88)	-0.00965 (-0.12)
STATE	0.0079*** (4.01)	0.0082*** (4.06)	0.0100*** (5.01)
YEAR	控制	控制	控制
IND	控制	控制	控制
Constant	-0.521*** (-6.17)	-0.457*** (-5.48)	-0.558*** (-6.09)
N	11637	11637	11637
R^2	0.030	0.031	0.043
F	35.04***	36.84***	12.47***

注：***、**和*分别表示1%、5%和10%的显著性水平，括号内为t值。

由模型4.7和模型4.8的回归结果可知，它们已经完成了中介效应检验的第一步和第二步。第三步为模型4.10将同时引入法律环境（LAW）变量和监事会设置主动程度变量（SBSAS、EXTSAS 和 PROFAS），并分析它们对高管非货币性收益（PERK2）的影响。表4.12的数据显示，监事会设置主动程度（SBSAS、EXTSAS 和 PROFAS）对高管非货币性收益（PERK2）产生显著负向作用（-0.0121，p<1%；-0.0064，p<5%；-0.0073，p<5%），符合前述监事会设置主动程度的提升能够平衡高管非货币性收益合理性水平的研究结果；同时，通过数据对比分析发现，相比于模型4.7，模型4.10中法律环境（LAW）的回归系数均通过了显著性检验但系数绝对值略小（-0.0065、-0.0058 和 -0.0070 的绝对值小于 -0.0084 的绝

第四章　法律环境与高管收益：基于监事会设置主动程度的中介效应

对值），这说明监事会设置主动程度在法律环境与高管非货币性收益之间存在部分中介效应，本书假设4.2成立。

综合而言，政治域中法律环境是监事会设置机制构建和完善的重要外部博弈规则，立法的科学合理及执法效率的提升，完善了对投资者保护的机制。积极适应环境的公司将根据法律环境参数的位移内生性调整监事会设置机制，而监事会通过制度演进将企业外部法律环境的规则和约束更为有效地传递至高管层级，从而增强对高管货币性收益和非货币性收益的约束效力，即监事会规模、独立性和技术能力设置主动程度分别中介传导了法律环境与高管货币性收益和非货币性收益的关系，由此支持了假设4.1和假设4.2。

表4.12　法律环境、监事会设置主动程度与高管非货币性收益的回归结果

变量	PERK2		
LAW	-0.0065*** (-2.86)	-0.0058** (-2.57)	-0.0070*** (-3.27)
SBSAS	-0.0121*** (-2.99)		
EXTSAS		-0.0064** (-1.96)	
PROFAS			-0.0073** (-2.15)
SIZE	-0.0016* (-1.69)	-0.0020** (-2.13)	-0.0011 (-1.20)
PAY1	0.0062*** (4.23)	0.0062*** (4.25)	0.0045*** (3.23)
GROWTH	0.0048** (2.19)	0.0049** (2.23)	0.0052** (2.40)
LEV	0.0107** (1.97)	0.0107** (1.96)	0.0041 (0.80)

续表

变量	PERK2		
CASH	0.0152 (1.18)	0.0152 (1.18)	0.0131 (1.03)
BALANCE	0.0468*** (5.84)	0.0458*** (5.73)	0.0447*** (5.71)
INDD	-0.00618 (-0.34)	-0.00327 (-0.18)	-0.00491 (-0.27)
MSHARE	-0.0296 (-1.43)	-0.0301 (-1.45)	-0.0269 (-1.32)
STATE	-0.0094*** (-4.65)	-0.0097*** (-4.70)	-0.0088*** (-4.46)
YEAR	控制	控制	控制
IND	控制	控制	控制
Constant	0.0057* (1.66)	0.0044 (0.51)	0.00058 (0.07)
N	11552	11552	11552
R²	0.021	0.021	0.011
F	5.432***	5.478***	9.664***

注：***、**和*分别表示1%、5%和10%的显著性水平，括号内为t值。

此外，本书结合Freedman和Schatzkin（1992）的差异检验法，分析模型4.6相比于模型4.3及模型4.10相比于模型4.7中法律环境的回归系数绝对值是否分别显著降低，从而对监事会设置主动程度的中介效应做进一步检验。Freedman和Schatzkin（1992）的中介效应检验方法中T统计量计算公式为：

$$T_{N-2} = \frac{\gamma_1 - \lambda_1}{\sqrt{s_{\gamma_1}^2 + s_{\lambda_1}^2 - 2s_{\gamma_1}s_{\lambda_1}\sqrt{1-\rho_{XM}}}}$$

其中，s_{γ_1}和s_{λ_1}分别为系数$\hat{\gamma}_1$、$\hat{\lambda}_1$的标准误，ρ_{XM}为法律环境和监事会设置主动程度的相关系数。

表4.13中被解释变量为高管货币性收益（PAY2）的样本中T

第四章 法律环境与高管收益：基于监事会设置主动程度的中介效应

值分别为 -3.69、-18.00 和 -2.08，由此说明监事会规模设置主动程度、监事会独立性设置主动程度和监事会技术能力设置主动程度在法律环境与高管货币性收益之间存在部分中介效应，进一步支持了假设 4.1。同时，表 4.13 中被解释变量为高管非货币性收益（$PERK2$）的中介效应差异检验结果显示，模型 4.10 相比于模型 4.7，法律环境的回归系数的绝对值显著降低，T 值（-10.35、-13.80 和 -3.75）均显著为负。由此说明监事会设置主动程度的中介效应均具有统计上的显著性，表明监事会规模设置主动程度、监事会独立性设置主动程度和监事会技术能力设置主动程度在法律环境和高管非货币性收益之间存在部分中介效应，进一步佐证了假设 4.2。

表 4.13 法律环境、监事会设置主动程度与高管收益中介效应检验

		标准化回归方程	回归系数检验	T 值	
PAY2					
第一步		$PAY2 = (-0.0050) \times LAW$	$SE = 0.002$	$T = -2.42$	
第二步		$SBSAS = (-0.0042) \times LAW$	$SE = 0.001$	$T = -5.69$	
		$EXTSAS = 0.0063 \times LAW$	$SE = 0.001$	$T = 5.98$	
		$PROFAS = 0.0092 \times LAW$	$SE = 0.001$	$T = 8.87$	
第三步		$PAY2 = (-0.0043) \times LAW +$	$SE = 0.002$	$T = -2.16$	-3.69
		$(-0.0700) \times SBSAS$	$SE = 0.026$	$T = -2.73$	-18.00
		$PAY2 = (-0.0035) \times LAW +$	$SE = 0.002$	$T = -1.73$	-2.08
		$(-0.0839) \times EXTSAS$	$SE = 0.019$	$T = -4.37$	
		$PAY2 = (-0.0046) \times LAW +$	$SE = 0.002$	$T = -2.22$	
		$(-0.2440) \times PROFAS$	$SE = 0.021$	$T = -11.72$	
PERK2					
第一步		$PERK2 = (-0.0084) \times LAW$	$SE = 0.002$	$T = -3.89$	-3.75
第二步		$SBSAS = (-0.0024) \times LAW$	$SE = 0.004$	$T = -6.03$	-13.80
		$EXTSAS = 0.0054 \times LAW$	$SE = 0.005$	$T = 10.39$	-10.35
		$PROFAS = 0.0061 \times LAW$	$SE = 0.005$	$T = 11.37$	

续表

	标准化回归方程	回归系数检验	T值
第三步	$PERK2 = (-0.0065) \times LAW + $ $(-0.0121) \times SBSAS$	SE = 0.002 SE = 0.004	T = -2.86 T = -2.99
	$PERK2 = (-0.0058) \times LAW + $ $(-0.0064) \times EXTSAS$	SE = 0.002 SE = 0.003	T = -2.57 T = -1.96
	$PERK2 = (-0.0070) \times LAW + $ $(-0.0073) \times PROFAS$	SE = 0.002 SE = 0.003	T = -3.27 T = -2.15

第四节 法律环境、监事会设置主动程度与高管收益的稳健性检验

为检验本章实证分析结果的稳健性，本节将进行如下测试。

一 更换替代变量

更换高管货币性收益和非货币性收益的替代变量。其一，参照 Core 等（1999，2008）、陈仕华等（2014）的研究，以公司总经理薪酬数据替代公司最高的前三位高管薪酬均值，根据模型 4.1 重新回归计算得到高管货币性收益；其二，依据陈冬华等（2005）、王曾等（2014）的方法，以现金流量表年报附注中"支付其他与经营活动有关的现金流量"项目的八项费用[①]合计与前一期资产总额的比值替代在职消费，经由模型 4.2 重新回归计算得到高管非货币性收益。

更换监事会设置主动程度各个维度的替代变量。依据马连福和

---
① 具体费用明细可参见前文第二章中高管收益的形式。

第四章　法律环境与高管收益：基于监事会设置主动程度的中介效应

陈德球（2008a）、曹廷求和钱先航（2011）的研究思想，以公司监事会设置的各个维度指标超过法律法规的强制性标准的水平，即以超过强制性标准的监事会规模、外部监事比例和具有技术能力的监事比例替代监事会规模设置主动程度、监事会独立性设置主动程度和监事会技术能力设置主动程度。

本书同时将更换的替代变量分别引入模型 4.3 至模型 4.10，回归结果见表 4.14 和表 4.15。

法律环境、监事会设置主动程度与高管货币性收益之间关系的稳健性检验结果见表 4.14。通过对回归结果的分析发现：模型 4.3 中法律环境（LAW）的回归系数为 -0.0046，且在 5% 的水平下通过了显著性检验；模型 4.4（1）中法律环境（LAW）与监事会规模设置主动程度（$SBSAS$）的回归系数在 1% 的水平下显著为负，而模型 4.4（2）和模型 4.4（3）中法律环境（LAW）与监事会独立性设置主动程度（$EXTSAS$）和监事会技术能力设置主动程度（$PROFAS$）的回归系数均显著为正；模型 4.5（1）至模型 4.5（3）中监事会设置主动程度三个维度的变量（$SBSAS$、$EXTSAS$ 和 $PROFAS$）与高管货币性收益（$PAY2$）的回归系数均为负，且全部通过了显著性检验；模型 4.6（1）至模型 4.6（3）中监事会设置主动程度三个维度的变量（$SBSAS$、$EXTSAS$ 和 $PROFAS$）与高管货币性收益（$PAY2$）的回归系数均显著为负，法律环境（LAW）与高管货币性收益（$PAY2$）的回归系数亦全部显著为负，且它们的绝对值均小于模型 4.3 中法律环境的回归系数的绝对值。

表 4.15 对法律环境、监事会设置主动程度和高管非货币性收益之间关系的稳健性检验发现：模型 4.7 中法律环境（LAW）与高管非货币性收益（$PERK2$）的回归系数在 1% 的水平下显著为负；模型 4.8（1）中法律环境（LAW）的回归系数在 1% 的水平下显著为负，模型 4.8（2）和模型 4.8（3）中法律环境（LAW）的回归系数

分别在1%和10%的水平下显著为正；模型4.9的三个子模型中监事会设置主动程度变量（*SBSAS*、*EXTSAS*和*PROFAS*）与高管非货币性收益的回归系数均为负且通过了显著性检验；模型4.10（1）至模型4.10（3）中监事会设置主动程度变量（*SBSAS*、*EXTSAS*和*PROFAS*）与高管非货币性收益的回归系数均显著为负，三个子模型中法律环境（*LAW*）的回归系数同样均显著为负（-0.0010、-0.0009和-0.0010），且它们的绝对值全部小于模型4.7中法律环境的回归系数的绝对值。

综上，更换高管货币性收益和非货币性收益变量及更换监事会设置主动程度三个维度的变量后，法律环境对高管货币性收益和非货币性收益的合理性水平存在约束作用；法律环境的改善降低了监事会规模设置主动程度但提升了监事会独立性设置主动程度和监事会技术能力设置主动程度；监事会设置主动程度的提升增强了对高管货币性收益和非货币性收益的平衡作用；监事会设置主动程度（*SBSAS*、*EXTSAS*和*PROFAS*）在法律环境与高管货币性收益和非货币性收益之间均存在部分中介效应。由此可见，通过更换替代变量方法进行稳健性检验后，前述实证分析结果并未发生实质性改变。

二 内生性问题

为避免自变量与因变量同时为共同因素所影响的问题，本书选择自变量滞后一期的方式引入模型进行回归，且规避变量之间的内生性问题（徐细雄和刘星，2013）。本书将模型4.3、模型4.4、模型4.5、模型4.7、模型4.8和模型4.9中的自变量进行滞后一期处理，再分别引入模型，回归结果如表4.16和表4.17所示。结果表明，以自变量滞后一期的方式分别引入模型进行回归后实证检验结果未发生实质性改变。

第四章 法律环境与高管收益：基于监事会设置主动程度的中介效应

表 4.14 法律环境、监事会设置主动程度与高管货币性收益的回归结果（更换替代变量）

变量	模型 4.3 PAY2	模型 4.4 (1) SBSAS	模型 4.4 (2) EXTSAS	模型 4.4 (3) PROFAS	模型 4.5 (1) PAY2	模型 4.5 (2) PAY2	模型 4.5 (3) PAY2	模型 4.6 (1) PAY2	模型 4.6 (2) PAY2	模型 4.6 (3) PAY2
LAW	-0.0046** (-2.18)	-0.0238*** (-5.72)	0.0061*** (5.97)	0.0028*** (2.73)				-0.0040** (-2.30)	-0.0041* (-1.96)	-0.0043** (-2.06)
SBSAS					-0.0108** (-2.38)			-0.0114** (-2.49)		
EXTSAS						-0.0764*** (-3.78)			-0.0743*** (-3.67)	
PROFAS							-0.2633*** (-3.27)			-0.2622*** (-3.21)
SIZE	0.0038 (0.75)	0.1170*** (11.62)	-0.0019 (-0.78)	0.0052 (1.26)	0.0044 (0.86)	0.0031 (0.61)	0.0062 (1.37)	0.0052 (1.00)	0.0037 (0.72)	0.0029 (0.57)
DUAL	0.0986*** (5.74)	-0.0769*** (-2.63)	-0.0619*** (-8.29)	-0.0223*** (-3.50)	0.0970*** (5.64)	0.0932*** (5.41)	0.1050*** (6.16)	0.0978*** (5.69)	0.0940*** (5.46)	0.1080*** (6.28)
INDD	0.1170 (1.11)	0.4461** (1.96)	-0.2260*** (-4.32)	-0.1171** (-2.39)	0.1290 (1.22)	0.1060 (1.00)	0.1760* (1.69)	0.1222 (1.16)	0.0998 (0.95)	0.1741* (1.66)
BOARD	0.2090*** (6.92)	1.5433*** (24.45)	-0.0351** (-2.47)	-0.0393** (-2.41)	0.2280*** (7.30)	0.2080*** (6.90)	0.2121*** (7.29)	0.2261*** (7.25)	0.2060*** (6.83)	0.2182*** (7.26)
BALANCE	0.6261*** (13.50)	0.2900*** (3.01)	0.0125 (0.57)	0.0424* (1.86)	0.6300*** (13.57)	0.6281*** (13.54)	0.6311*** (13.94)	0.6300*** (13.57)	0.6271*** (13.54)	0.6132*** (13.33)

续表 4.6

变量	模型 4.3 PAY2	模型 4.4 (1) SBSAS	模型 4.4 (2) EXTSAS	模型 4.4 (3) PROFAS	模型 4.5 (1) PAY2	模型 4.5 (2) PAY2	模型 4.5 (3) PAY2	模型 4.6 (1) PAY2	模型 4.6 (2) PAY2	模型 4.6 (3) PAY2
ROA	0.1840* (1.82)	-0.0693 (-1.10)	0.0060 (0.31)	-0.0121 (-0.73)	0.1810* (1.81)	0.1830* (1.84)	0.1800* (1.93)	0.1830* (1.81)	0.1852* (1.83)	0.1841* (1.89)
GROWTH	-0.0146 (-1.21)	-0.0414** (-2.13)	0.0026 (0.49)	0.0034 (1.05)	-0.0144 (-1.19)	-0.0138 (-1.15)	-0.0176 (-1.50)	-0.0151 (-1.25)	-0.0144 (-1.20)	-0.0179 (-1.50)
MSHARE	-0.1411* (-1.70)	-0.9160*** (-7.83)	-0.4111*** (-14.06)	0.0058 (0.09)	-0.1630** (-1.97)	-0.1833** (-2.20)	-0.0341 (-0.41)	-0.1520* (-1.82)	-0.1722** (-2.06)	-0.0550 (-0.66)
STATE	-0.0184 (-1.44)	0.3590*** (15.27)	0.1080*** (18.59)	0.0020 (0.00)	-0.0146 (-1.13)	-0.0102 (-0.78)	-0.0245* (-1.96)	-0.0143 (-1.11)	-0.0104 (-0.80)	-0.0278** (-2.17)
YEAR	控制	控制	控制	控制	控制	控制	控制	控制	控制	控制
IND	控制	控制	控制	控制	控制	控制	控制	控制	控制	控制
Constant	-0.5900*** (-6.16)	-3.9761*** (-19.80)	0.0494 (1.07)	0.1260** (2.20)	-0.6722*** (-7.00)	-0.6191*** (-6.60)	-0.7361*** (-8.89)	-0.6352*** (-6.49)	-0.5862*** (-6.12)	-0.6241*** (-6.53)
N	11630	11630	11630	11631	11630	11630	11630	11630	11630	11630
R²	0.035	0.139	0.069	0.019	0.035	0.036	0.043	0.035	0.036	0.047
F	11.69***	51.47***	29.29***	4.913***	11.60***	11.96***	30.21***	11.53***	11.83***	14.94***

注：***、**和*分别表示1%、5%和10%的显著性水平，括号内为t值。

第四章 法律环境与高管收益：基于监事会设置主动程度的中介效应

表 4.15 法律环境、监事会设置主动程度与高管非货币性收益的回归结果（更换替代变量）

变量	模型 4.7 PERK2	模型 4.8 (1) SBSAS	模型 4.8 (2) EXTSAS	模型 4.8 (3) PROFAS	模型 4.9 (1) PERK2	模型 4.9 (2) PERK2	模型 4.9 (3) PERK2	模型 4.10 (1) PERK2	模型 4.10 (2) PERK2	模型 4.10 (3) PERK2
LAW	-0.0013*** (-3.52)	-0.0250*** (-5.86)	0.0064*** (6.29)	0.0017* (1.76)				-0.0010*** (-2.63)	-0.0009** (-2.40)	-0.0010** (-2.55)
SBSAS										
EXTSAS					-0.0016** (-2.36)			-0.0017** (-2.51)		
PROFAS						-0.0080** (-2.44)			-0.0075** (-2.29)	
SIZE	-0.0011 (-1.25)	0.200*** (16.53)	-0.0005 (-0.19)	-0.0126*** (-5.22)	-0.0021** (-2.17)	-0.0024** (-2.53)	-0.0051* (-1.78)	-0.0019** (-2.05)		-0.0053* (-1.72)
PAY1	0.0033*** (2.58)	-0.0656*** (-3.91)	-0.0075* (-1.88)	0.0420*** (12.00)	0.0054*** (3.88)	0.0055*** (3.92)	-0.0024*** (-2.60)	0.0058*** (4.09)	-0.0023** (-2.44)	-0.0024** (-2.50)
GROWTH	0.0051** (1.98)	-0.0475** (-2.34)	0.0035 (0.65)	0.0109** (2.27)	0.0045* (1.72)	0.0046* (1.76)	0.0058*** (4.08)	0.0058*** (4.12)	0.0058*** (4.12)	0.0061*** (4.29)
LEV	0.0041 (0.80)	0.0601 (0.99)	0.0154 (1.06)	0.0568*** (4.24)	0.0140*** (2.58)	0.0139*** (2.57)	0.0047* (1.77)	0.0044* (1.68)	0.0045* (1.72)	0.0046* (1.73)
CASH	0.0141 (1.11)	0.00921 (0.08)	0.0061 (0.20)	0.0178 (0.63)	0.0168 (1.32)	0.0167 (1.31)	0.0141*** (2.60)	0.0129** (2.38)	0.0129** (2.38)	0.0131** (2.41)
							0.0169 (1.32)	0.0165 (1.30)	0.0165 (1.29)	0.0166 (1.30)

— 139 —

续表

变量	模型4.7 PERK2	模型4.8(1) SBSAS	模型4.8(2) EXTSAS	模型4.8(3) PROFAS	模型4.9(1) PERK2	模型4.9(2) PERK2	模型4.9(3) PERK2	模型4.10(1) PERK2	模型4.10(2) PERK2	模型4.10(3) PERK2
BALANCE	0.0460*** (5.97)	0.576*** (5.83)	0.0103 (0.47)	0.0220 (1.13)	0.0483*** (6.15)	0.0474*** (6.06)	0.0475*** (6.07)	0.0479*** (6.09)	0.0470*** (5.99)	0.0470*** (6.00)
INDD	-0.0016 (-0.09)	-1.8050*** (-8.62)	-0.1990*** (-4.14)	-0.1620*** (-3.76)	-0.0013 (-0.07)	-0.0004 (-0.00)	0.0006 (0.03)	-0.0023 (-0.13)	-0.0007 (-0.04)	-0.0002 (-0.01)
MSHARE	-0.0239 (-1.20)	-0.9820*** (-8.40)	-0.4361*** (-15.21)	-0.3530*** (-9.70)	-0.0313 (-1.55)	-0.0329 (-1.63)	-0.0313 (-1.55)	-0.0289 (-1.43)	-0.0303 (-1.49)	-0.0288 (-1.42)
STATE	-0.0094*** (-4.85)	0.4260*** (18.09)	0.1111*** (19.46)	0.0379*** (7.27)	-0.0100*** (-5.05)	-0.0098*** (-4.85)	-0.0105*** (-5.25)	-0.0100*** (-5.03)	-0.0099*** (-4.88)	-0.0105*** (-5.25)
YEAR	控制	控制	控制	控制	控制	控制	控制	控制	控制	控制
IND	控制	控制	控制	控制	控制	控制	控制	控制	控制	控制
Constant	-0.0038** (-2.40)	-0.0605** (-2.49)	-0.0473** (-2.21)	-0.0046** (-2.17)	-0.0070* (-1.88)	-0.0067* (-1.84)	-0.0067* (-1.84)	0.0002 (2.02)	-0.0008** (-2.01)	0.0003 (0.04)
N	11552	11836	11836	11836	11552	11552	11552	11552	11552	11552
R^2	0.010	0.089	0.063	0.033	0.020	0.020	0.020	0.020	0.021	0.020
F	9.797***	33.52***	27.77***	10.23***	5.439***	5.690***	5.489***	5.569***	5.751***	5.587***

注：***、** 和 * 分别表示1%、5%和10%的显著性水平，括号内为t值。

第四章 法律环境与高管收益：基于监事会设置主动程度的中介效应

表 4.16 法律环境、监事会设置主动程度与高管货币性收益的回归结果（自变量滞后一期）

变量	模型 4.3 PAY2	模型 4.4 (1) SBSAS	模型 4.4 (2) EXTSAS	模型 4.4 (3) PROFAS	模型 4.5 (1) PAY2	模型 4.5 (2) PAY2	模型 4.5 (3) PAY2
LAW_{t-1}	-0.0042* (-1.78)	-0.0290*** (-5.87)	0.0088*** (7.37)	0.0004** (2.33)			
$SBSAS_{t-1}$					-0.0067* (-1.74)		
$EXTSAS_{t-1}$						-0.0632*** (-3.06)	
$PROFAS_{t-1}$							-0.2420*** (-10.84)
SIZE	-0.0162*** (-3.46)	0.122*** (11.68)	-0.0025 (-1.00)	0.0033 (1.58)	-0.0168*** (-3.60)	-0.0175*** (-3.76)	-0.0182*** (-3.93)
DUAL	0.1030*** (5.85)	-0.0870*** (-2.89)	-0.0641*** (-8.18)	-0.0360*** (-4.79)	0.1021*** (5.77)	0.0989*** (5.59)	0.1090*** (6.17)
INDD	0.1270 (1.21)	0.5780** (2.43)	-0.2120*** (-3.89)	-0.2280*** (-4.66)	0.1400 (1.32)	0.1211 (1.15)	0.1771* (1.68)
BOARD	0.2050*** (6.80)	1.5361*** (23.13)	-0.0380** (-2.53)	-0.0390*** (-2.77)	0.2191*** (7.08)	0.2060*** (6.88)	0.2150*** (7.19)
BALANCE	0.6131*** (12.87)	0.3591*** (3.53)	0.0144 (0.63)	0.0447** (2.11)	0.6130*** (12.88)	0.6111*** (12.85)	0.5990*** (12.71)
ROA	0.2030* (1.80)	-0.0911 (-1.56)	0.0100 (0.52)	-0.0104 (-0.50)	0.2020* (1.81)	0.2030* (1.82)	0.2000* (1.86)
GROWTH	-0.0087 (-0.70)	-0.0389* (-1.90)	-0.0028 (-0.51)	0.0093* (1.78)	-0.0084 (-0.68)	-0.0076 (-0.62)	-0.0112 (-0.92)
MSHARE	-0.0978 (-1.08)	-0.9670*** (-7.56)	-0.4150*** (-12.63)	-0.3010*** (-7.17)	-0.1170 (-1.29)	-0.1340 (-1.48)	-0.0365 (-0.40)
STATE	-0.0308** (-2.39)	0.3451*** (14.03)	0.1090*** (17.95)	0.0324*** (5.74)	-0.0283** (-2.19)	-0.0243* (-1.85)	-0.0392*** (-3.04)
YEAR	控制	控制	控制	控制	控制	控制	控制
IND	控制	控制	控制	控制	控制	控制	控制
Constant	-0.4950*** (-5.65)	-3.9871*** (-18.89)	0.0273 (0.55)	0.1341*** (3.28)	-0.5581*** (-6.41)	-0.5242*** (-6.19)	-0.5511*** (-6.52)

续表

变量	模型 4.3	模型 4.4 (1)	模型 4.4 (2)	模型 4.4 (3)	模型 4.5 (1)	模型 4.5 (2)	模型 4.5 (3)
	PAY2	SBSAS	EXTSAS	PROFAS	PAY2	PAY2	PAY2
N	10457	10457	10457	10457	10457	10457	10457
R^2	0.030	0.140	0.071	0.019	0.03	0.031	0.041
F	31.43***	37.14***	26.67***	19.22***	31.10***	32.20***	42.09***

注：***、**和*分别表示1％、5％和10％的显著性水平，括号内为 t 值。

表4.17 法律环境、监事会设置主动程度与高管非货币性收益的回归结果（自变量滞后一期）

变量	模型 4.7	模型 4.8 (1)	模型 4.8 (2)	模型 4.8 (3)	模型 4.9 (1)	模型 4.9 (2)	模型 4.9 (3)
	PERK2	SBSAS	EXTSAS	PROFAS	PERK2	PERK2	PERK2
LAW_{t-1}	-0.0016*** (-3.43)	-0.0423*** (-7.81)	0.0152*** (12.20)	0.0047*** (4.29)			
$SBSAS_{t-1}$					-0.0018** (-2.50)		
$EXTSAS_{t-1}$						-0.0094*** (-2.76)	
$PROFAS_{t-1}$							-0.0076** (-1.97)
SIZE	-0.0014 (-1.47)	0.203*** (16.44)	-0.0009 (-0.30)	-0.0149*** (-6.16)	-0.0004 (-0.34)	-0.0007 (-0.70)	-0.0007 (-0.75)
PAY1	0.0043*** (2.87)	-0.0470*** (-2.61)	-0.0152*** (-3.53)	0.0396*** (10.69)	0.0032** (2.33)	0.0034** (2.44)	0.0036*** (2.60)
GROWTH	0.0057** (2.47)	-0.0248 (-1.59)	0.0010 (0.25)	0.0060 (1.61)	0.0069*** (3.32)	0.0070*** (3.39)	0.0070*** (3.38)
LEV	0.0026 (0.48)	0.0388 (0.67)	0.0141 (0.98)	0.0590*** (4.56)	0.0016 (0.34)	0.0015 (0.32)	0.0017 (0.37)
CASH	0.0159 (1.18)	0.0141 (0.11)	-0.0103 (-0.32)	0.0160 (0.54)	0.0069 (0.52)	0.0066 (0.50)	0.0070 (0.53)
BALANCE	0.0411*** (4.98)	0.596*** (5.72)	0.0260 (1.13)	0.0155 (0.74)	0.0368*** (4.53)	0.0359*** (4.43)	0.0361*** (4.45)
INDD	0.0028 (0.15)	-1.691*** (-7.76)	-0.167*** (-3.38)	-0.171*** (-3.84)	-0.0017 (-0.09)	-0.0011 (-0.06)	-0.0004 (-0.02)

第四章　法律环境与高管收益：基于监事会设置主动程度的中介效应

续表

变量	模型4.7	模型4.8(1)	模型4.8(2)	模型4.8(3)	模型4.9(1)	模型4.9(2)	模型4.9(3)
	PERK2	SBSAS	EXTSAS	PROFAS	PERK2	PERK2	PERK2
MSHARE	-0.0213 (-1.00)	-1.066*** (-8.20)	-0.454*** (-13.72)	-0.349*** (-8.28)	-0.0211 (-0.99)	-0.0232 (-1.08)	-0.0217 (-1.02)
STATE	-0.0084*** (-4.04)	0.424*** (17.11)	0.108*** (18.11)	0.0373*** (6.79)	-0.0084*** (-4.16)	-0.0082*** (-3.99)	-0.0088*** (-4.32)
YEAR	控制	控制	控制	控制	控制	控制	控制
IND	控制	控制	控制	控制	控制	控制	控制
Constant	-0.0070 (-0.86)	-0.130 (-1.02)	-0.0674** (-2.21)	-0.0622*** (-3.21)	-0.0151* (-1.94)	-0.0144* (-1.86)	-0.0149* (-1.92)
N	10450	10590	10590	10590	11505	11505	11505
R^2	0.010	0.092	0.073	0.032	0.01	0.01	0.01
F	8.017***	31.52***	27.49***	35.16***	6.97***	7.75***	7.29***

注：***、**和*分别表示1%、5%和10%的显著性水平，括号内为t值。

三　Sobel中介效应检验

本书采用MacKinnon等（1998）的中介效应检验方法计算Z统计量（见表4.18），从而进一步检验监事会设置主动程度在法律环境与高管收益之间是否存在中介效应。通过对表4.18中的Z值分析发现，依据法律环境和监事会设置主动程度的回归系数和标准误计算的各个Z值均大于0.97或者小于-0.97，进一步验证了监事会设置主动程度分别在法律环境与高管货币性收益和非货币性收益之间存在部分中介效应。

表4.18　Sobel中介效应检验

样本组	PAY2	PAY2>0	PERK2	PERK2>0
变量	LAW	LAW	LAW	LAW
SBSAS	2.46	1.856	1.59	3.21

续表

样本组	PAY2	PAY2 > 0	PERK2	PERK2 > 0
变量	LAW	LAW	LAW	LAW
EXTSAS	-3.53	-1.80	-1.92	-1.69
PROFAS	-7.08	-2.06	-1.91	-1.64

第五节 本章小结

已有文献多基于代理理论和公司治理理论分别研究法律环境对高管收益的影响，以及既有监事会设置机制对高管收益的影响。探讨法律环境对监事会制度作用的研究多是基于法学视角的规范性研究，以新制度经济学视角探究法律环境的变化或差异对监事会制度演进以及对高管收益决策选择行为作用的实证研究较少，也较少有研究监事会设置形成新的均衡点的非正式规则与高管不良行为的关系，更少有研究将三者纳入同一框架进行讨论。鉴于我国处于经济转型时期，立法和执法的综合法律环境逐渐科学完善，而且地区发展程度不均衡，进而为本书以比较制度分析理论、交易成本经济学理论并结合代理理论视域研究法律环境、监事会设置主动程度和高管收益的因果关系提供了背景环境。因此，本章以2006~2016年A股主板上市公司为研究样本，以外部环境的博弈规则变化或差异引发的监事会设置的自我实施机制为中间层级的研究主体，依次检验法律环境、监事会设置主动程度和高管收益之间的约束作用，以及监事会设置主动程度的中介效应。本章研究结果如下。

法律环境作为正式规则对高管以内生偏好进行决策选择的行为具有约束效力。立法和执法体系更趋于科学合理，从而可以改善法律环境，降低信息不对称程度，加大对投资者保护的力度；通过增

第四章　法律环境与高管收益：基于监事会设置主动程度的中介效应

加高管偏好决策选择行为潜在的法律风险、交易成本以及增强震慑作用，进而平衡高管的货币性收益和非货币性收益的合理性。

基于比较制度分析理论的研究发现，法律环境参数趋于合理完善的位移轨迹更有利于公司博弈参与人基于主观博弈模型预测和判断，从而推进监事会设置机制的自我实施。通过对高管货币性收益和非货币性收益分别检验均发现，法律环境的良性发展能够给予公司更大的自律空间，具有创新精神的投资者在既定制度框架内将相机选择行动决策，从而提升监事会独立性和技术能力设置的主动程度，增强监事会监督效力，进一步为公司在有效信息流通环境中扩展额外收益的空间；出于减少交易成本并最大化收益考虑，高管会倾向于降低监事会规模设置主动程度。

综合运用代理理论和交易成本经济学理论分析发现，若仅依据代理理论遵从既有正式规则的强制性要求而被动设置监事会，则监事会既无法充分履职也只能增加监督成本，但监事会设置机制在制度规则范围内可选择性地自我实施，能够提升监督效力，降低公司高管因偏离行为而产生的剩余损失，并获取制度演进的潜在利润。本书通过监事会设置主动程度（高或低）样本组间差异检验初步确定监事会设置机制演进的价值，实证结果也表明，监事会规模设置主动程度、监事会独立性设置主动程度和监事会技术能力设置主动程度的提升能提高高管收益的合理性水平。

依据交易成本经济学理论运行的层次框架，作为中间层级治理主体的监事会以法律环境的变化和差异作为外生博弈规则的参数，相机选择性积极地调整监事会设置，进而增强对高管获取收益行为的监督效力，以此自上而下的作用机理将会降低交易成本，扩展既定制度框架下主动创新的利润空间。在考察法律环境对高管收益作用的基础上，本书纳入中间层级监事会设置主动程度的影响，研究结果显示，监事会规模设置主动程度、监事会独立性设置主动程度和监事会技术能力设置主动程度在法律环境与高管货币性收益和非货币性收益之间均存在部分中介效应。

　　总而言之，立法的完善和执法质量的提升可以提高信息透明度和加强对投资者的法律保护，完善的法律环境向监事会和高管传递了正式规则的约束效应，监事会为适应法律环境的变化在自律空间范围内相机自我实施监事会制度，积极提升监事会设置主动程度，增强对高管行为的约束力，从而降低信息不对称程度并增强对投资者利益的保护。此外，根据比较制度分析理论的思想，孤立的组织域内监事会设置机制的演进并不一定是帕累托最优，必须关联其他域外生博弈规则的连锁反应，才能提升监事会对高管收益决策选择及货币性收益和非货币性收益合理性水平的监督效能，从而实现帕累托改进。因此，后文将继续讨论经济交换域主流博弈规则对监事会设置机制演进和高管收益的影响，以及监事会设置主动程度作为中间介质所发挥的作用。

第五章
产品市场竞争环境与高管收益：基于监事会设置主动程度的中介效应

本章在对已有文献梳理和总结的基础上，以本书所阐释的理论为基石，探索性构建"产品市场竞争环境—监事会设置主动程度—高管收益"跨层级的因果关系运行框架。本章基于交易成本经济学理论，探讨经济交换域中产品市场竞争环境对组织域内高管个体层级收益决策选择行为的软约束作用，并进行经验验证；基于比较制度分析理论，考察产品市场竞争环境作为组织域的主要外生博弈规则的变化或差异对监事会设置的制度演进的影响，并进行实证检验；基于交易成本经济学理论运行的层级框架，分析作为位移参数的外部宏观环境博弈规则的变化和差异如何导致微观公司层级监事会设置机制自我实施程度的变化，又进一步对个体层级高管行为的自上而下的作用路径进行分析，以此进行中介效应检验。

第一节　产品市场竞争环境、监事会设置主动程度与高管收益的作用机理分析

本章对产品市场竞争环境、监事会设置主动程度和高管收益之

间的作用机理分别进行理论分析，并提出相应的假设。

一 产品市场竞争环境对高管收益的作用

依据交易成本经济学理论的思想，产品市场竞争环境作为微观层级必须考虑的正式规则与非正式规则的"背景条件"（Williamson，1993），约束参与人的可选择行为，有效的外部产品市场竞争环境参数能够促使公司高管努力工作，提升高管决策选择行为的合理性（Shleifer and Vishny, 1997; Aidt, 2003）。激烈的产品市场竞争环境中，信息更为透明，传播更快，公司与供应商、客户、分销商及其他与公司相关的价值链上下游的公司间长期的战略伙伴关系变得十分重要，如果公司高管发生偏离行为可能将被认为根植于领导者行为的公司也是不诚信的。如果公司想要挽回负面影响则可能将高管免职，因此公司高管为避免风险而自律行为（Luo, 2002）。可见，产品市场竞争充分的环境中，公司高管行为因此受到软约束，此为产品市场竞争环境约束公司高管收益决策选择行为的作用路径之一，产品市场竞争环境的另一作用路径在于产品市场竞争中价格是最鲜明的指示器，如果高管不努力工作，则价格便成为高管不作为损害投资者利益的验证机制，从而由高管自身承担法律成本、剩余损失以及声誉等潜在损失（Dyck and Zingales, 2004）。因此，产品市场竞争环境是对公司内部高管获取收益行为的自然约束（Shleifer and Vishny, 1993）。在经济转型时期的中国，产品市场竞争环境也是一项强有力的公司治理机制（蒋荣和陈丽蓉，2007），公司外部产品市场竞争压力的存在使得高管获取收益的行动决策选择更为理性和谨慎，从而具有软约束效用（王曾等，2014；卢馨等，2015）。

综上，本书认为，产品市场竞争环境是内部公司治理机制的有效补充机制，激烈的产品市场竞争将增加高管不端行为实施的风险和交易成本，因而，促使公司高管努力履行契约，进而提升个人收

第五章 产品市场竞争环境与高管收益：基于监事会设置主动程度的中介效应

益的合理性水平。因此，本书提出如下假设。

假设1.1：在其他条件不变的情况下，产品市场竞争环境越激烈，高管货币性收益的合理性水平越高。

假设1.2：在其他条件不变的情况下，产品市场竞争环境越激烈，高管非货币性收益的合理性水平越高。

二　产品市场竞争环境对监事会设置主动程度的作用

产品市场竞争环境是公司治理的外生博弈规则，对公司治理结构和运行具有隐性的软约束，影响公司治理机制的水平，且能够有效解决公司治理代理问题（Shleifer and Vishny，1997）。一是激烈的产品市场竞争环境能够提高公司信息透明度（Hart，1983），从而降低公司内外的信息不对称程度，公司外部利益主体能够更多地获悉内部公司治理效率、管理效率以及监督机制的监督效率的相关信息。为能够传达良好的公司治理状态，公司内部人在努力工作提高经营效率的同时也会完善公司治理机制，并提高监督机制的监督效率，进而通过产品市场向投资者、潜在投资者及其他利益主体传递其利益受到保护且能够提高收益的信息。二是激烈的产品市场竞争环境也势必导致行业内公司的优胜劣汰（Bai et al.，2004）。公司为避免处于劣势而被淘汰，或者行业领军公司为避免被赶超，行业竞争激烈的公司为生存或为战略都会努力提升公司经营效率，内部治理机制更加积极有效运行，并且内部监督机制的监督效率也将提升。Beasley等（2000）发现产品市场竞争环境激烈的高技术企业，内部监督机制对抑制财务欺诈更有效。Grosfeld和Tressel（2002）、Chhaochharia和Laeven（2009）验证产品市场竞争环境激烈对公司治理存在正向影响。辛清泉和谭伟强（2009）发现垄断行业放松管制后，产品市场竞争环境激烈将促使公司治理结构进行动态调整，提升公司治理水平（戴德明等，2015；卢馨等，2015）。

公司内部治理制度是外部产品市场竞争机制的衍生制度安排（林毅夫等，1997）。依据比较制度分析理论的思想，作为公司的外部环境，产品市场竞争的变化和差异使监事会所属组织域的外生博弈规则发生变化；产品市场竞争的变化会改变公司内外信息不对称程度和企业破产清算的压力。外部环境参数位移的压力为应对该压力的公司提供了更为广阔的选择空间，或被动接受或主动采取策略应对（斯科特，2010）。被动接受的公司在应对产品市场竞争环境的压力或变化时，固守成规而被动接受强制性的正式规则和非正式规则；主动采取策略应对的公司内部参与人（主要是投资者和公司高管）则需要根据产品市场竞争环境外生参数的变化预测或调整内生博弈规则；在既定监事会制度框架内进行可选择行动的尝试，相机选择与外生参数规则（产品市场竞争环境）相互依存且能够实现帕累托次优安排的监事会设置机制，降低交易成本，获取利润并扩展利润空间等，从而实现既定监事会设置机制的现有博弈均衡点动态演进至新的博弈均衡点（青木昌彦，2001）。具有竞争性的产品市场环境是公司治理机制自我选择性实施的基础，更有利于公司利益主体做出创新性治理的相机选择（马连福和陈德球，2008b）。姜付秀等（2009）发现产品市场竞争环境存在差异，监事会规模所发挥的监督作用也随之发生动态变化。马洪娟（2010）分析发现产品市场竞争环境激烈，公司将减小监事会规模，以提升监事会治理水平。也有学者认为，基于监事会制度创新的角度思考，公司应在强制性正式规则的基础上主动提升监事会规模设置主动程度（Dahya et al.，2002；王世权和刘金岩，2007；王清刚等，2011）、监事会独立性设置主动程度（Bassen et al.，2006；赵大伟，2017a）和监事会技术能力设置主动程度（Ran et al.，2014；杨大可，2016b）。

综上分析，本书认为在激烈的产品市场竞争环境中，积极应对的公司将根据外生参数的变化在正式规则合规的基础上推进既有监

第五章　产品市场竞争环境与高管收益：基于监事会设置主动程度的中介效应

事会设置的自我实施机制，调整监事会监督机制的博弈规则，从而提升监事会设置主动程度。因此，本书提出如下假设。

假设2.1：在其他条件不变的情况下，产品市场竞争环境越激烈，监事会规模设置主动程度越高。

假设2.2：在其他条件不变的情况下，产品市场竞争环境越激烈，监事会独立性设置主动程度越高。

假设2.3：在其他条件不变的情况下，产品市场竞争环境越激烈，监事会技术能力设置主动程度越高。

三　监事会设置主动程度在产品市场竞争环境与高管收益之间的中介效应

依据上述分析，积极应对环境的组织将视经济交换域中产品市场竞争环境压力选择性实施监事会机制，即产品市场竞争环境对监事会设置主动程度存在作用；而且，产品市场竞争环境也影响公司高管收益的合理性水平。同时，由本书第四章的理论推导可知，公司监事会规模设置主动程度、监事会独立性设置主动程度和监事会技术能力设置主动程度的提升均能提升对高管货币性收益和非货币性收益合理性水平的监督和制约效应（具体参见第四章第一节假设3.1和假设3.2的推理过程）。由此可见，除直接作用的路径外，产品市场竞争环境对公司高管收益还存在公司内部其他因素的关联作用，即在产品市场竞争环境对高管收益的作用路径之间可能存在中介因素。

依据交易成本经济学理论的层级框架思想，监事会制度是介于企业外部环境和个体层级的中间层级（威廉姆森，2016），监事会监督机制的设置也需要依据特定时间、特定地点，思索如何迅速适应环境变化的问题（Hayek，1945）。在监事会设置的各个备择模式之间，监督效力的差异取决于外部域博弈规则参数的位移轨迹变化，

— 151 —

也涵盖交易参与者个人特性的变化（Williamson，1996b）。经济交换域中产品市场竞争环境的参数规则发生变化，无法避免地导致宏观环境的设计与微观治理机制现实之间的"差距"和"不匹配"问题，如同将在德国和日本能够有效行使监督权力的监事会引入我国，却因预期效应和实际效力的差异而饱受争议（Dahya et al.，2002；Firth et al.，2007；杨大可，2016a；王彦明和赵大伟，2016）。而积极应对经济交换域中产品市场竞争环境的公司，其内部博弈参与者为降低代理冲突的剩余损失，并获取制度演进的潜在利润或者降低交易成本（Davis and North，1971），则将考虑推进监事会制度的演进。由此，通过在既定制度背景下，借由实验在可选择行动集合中确定最大化监督效力且最小化监督成本的监事会设置机制，使监事会设置机制从现有博弈均衡点动态调整至新的博弈均衡点（青木昌彦，2001）。产品市场竞争环境激烈，监事会受市场环境变化压力，并通过自发的协调适应创新监事会设置机制，进而将产品市场竞争环境的压力与约束传导至公司高管，以提升高管收益的合理性水平。由此，监事会设置主动程度即为产品市场竞争环境对高管收益决策选择行为作用路径之间的中介因素，形成"产品市场竞争环境—监事会设置主动程度—高管收益"自上而下作用的因果链。

综上，本书认为，置于中间层级的监事会设置主动程度在产品市场竞争环境与高管货币性收益和非货币性收益之间存在中介效应。因此，本书提出如下假设。

假设3.1：在其他条件不变的情况下，监事会设置主动程度在产品市场竞争环境与高管货币性收益之间存在中介效应，即产品市场竞争环境通过影响监事会设置主动程度来影响高管货币性收益的合理性水平。

假设3.2：在其他条件不变的情况下，监事会设置主动程度在产品市场竞争环境与高管非货币性收益之间存在中介效应，即产品市

第五章　产品市场竞争环境与高管收益：基于监事会设置主动程度的中介效应

场竞争环境通过影响监事会设置主动程度来影响高管非货币性收益合理性水平。

产品市场竞争环境、监事会设置主动程度与高管收益的作用路径如图 5.1 所示。

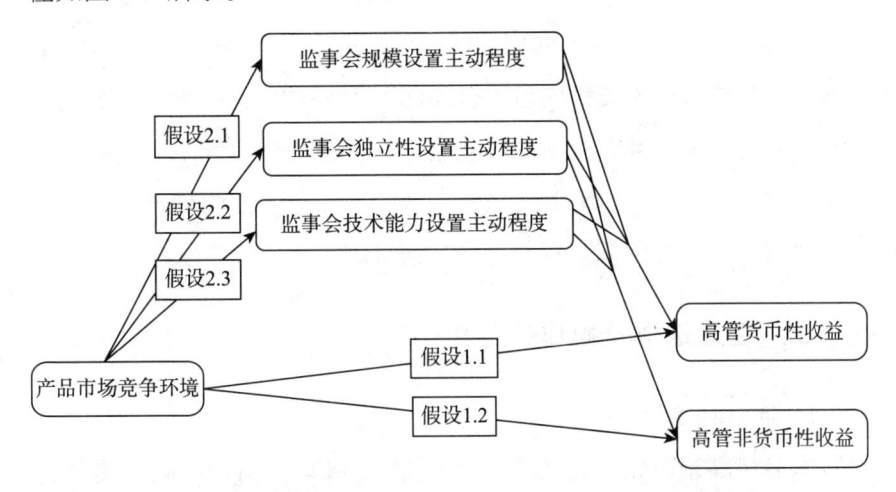

图 5.1　产品市场竞争环境、监事会设置主动程度与高管收益的作用路径

第二节　产品市场竞争环境、监事会设置主动程度与高管收益的研究设计

一　样本选择与数据来源

2006 年伊始，修订后的《公司法》开始实施，这给予公司在合规基础上更大的自律空间，公司治理步入创新阶段（李维安，2007），因此本书选取 2006～2016 年 A 股主板上市公司为初始研究样本。样本进一步筛选如下：①金融业上市公司所遵循的会计制度及资本结构具有差异性，因此剔除金融业样本公司；②为避免个别异常数据的影响，剔除 S、ST、*ST 及 SST 的样本公司；③为保持行

业样本公司观测值的规模，剔除观测值小于 10 的样本公司；④剔除高管收益、产品市场竞争环境、监事会设置主动程度、财务数据及其他所需数据缺失的样本公司；⑤对主要变量按照上下 1% 进行 Winsorize 处理以消除极端值的影响。最终得到 11476 个样本观测值。[①]

本书上市公司财务数据和公司治理数据来自 CSMAR 数据库，数据缺失以及披露个人资料信息不全面的数据通过手工查询上市公司年报和新浪财经予以补充；短期贷款利率、中长期贷款利率通过新浪财经手工收集；上市公司所属区域的东部、中部和西部的划分以及所属区域"城镇单位在岗职工平均工资"通过国家统计局网站查阅获取。

二 变量选取及操作性定义

1. 被解释变量

本书将高管收益分为高管货币性收益和非货币性收益，变量定义详见第四章第二节。

2. 解释变量

（1）产品市场竞争环境（PMC）。本书借鉴 Nickell（1996）、李青原等（2007）、韩忠雪和周婷婷（2011）的研究方法，选择代表公司在行业内垄断势力的垄断租金来衡量公司所置身的产品市场竞争环境的水平，该指标越大表明公司在行业内的垄断地位越高，公司产品市场竞争程度越低。垄断租金 = [税前利润 + 当年折旧额 + 财务费用 −（权益资本 + 短期债务 + 长期债务）× 加权平均资本成本] ÷ 销售额。其中，加权平均资本成本 = 权益资本成本率 × 权益资本/资本总额 + 短期债务成本率 × 短期债务/资本总额 + 长期债务成本率 ×

[①] 需要说明的是，本章分别以高管的货币性收益和非货币性收益作为被解释变量，并依据中介效应检验步骤分别构建回归模型，同时，依据前人研究选择不同的控制变量，各模型的变量缺失情况存在差异，因此所涉及的样本观测值可能发生变化。

第五章 产品市场竞争环境与高管收益：基于监事会设置主动程度的中介效应

长期债务/资本总额；短期债务成本率为 1 年期银行贷款利率；长期债务成本率为 3～5 年中长期银行贷款利率；采用资本资产定价模型（$CAPM$）估计权益资本成本率，权益资本成本率 = 无风险收益率 + β × 市场组合风险溢价[①]。

（2）监事会设置主动程度（$SBAS$）。监事会设置主动程度变量及其涵盖的三个维度变量，即监事会规模设置主动程度（$SBSAS$）、监事会独立性设置主动程度（$EXTSAS$）和监事会技术能力设置主动程度（$PROFAS$）的定义详见第四章第二节。

3. 控制变量

（1）公司规模（$SIZE$）。根据 Firth 等（2006）和 Jia 等（2009）的研究，公司规模为公司期末总资产（单位为亿元）的自然对数。

（2）财务杠杆（LEV）。根据徐细雄和刘星（2013）、王曾等（2014）的研究，财务杠杆为公司期末负债平均余额与总资产平均余额的比值。

（3）自由现金流（$CASH$）。根据 Rajan 和 Wulf（2006）、陈仕华等（2014）的研究，自由现金流为公司经营现金流与总资产的比值。

（4）两职兼任（$DUAL$）。根据 Chen 等（2006）和 Ding 等（2010）的研究，两职兼任为虚拟变量，公司的总经理兼任董事长为 1，否则为 0。

（5）独立董事比例（$INDD$）。根据 Firth 等（2007）和 Jia 等（2009）的研究，独立董事比例为公司董事会中独立董事的人数与总人数的比值。

（6）董事会规模（$BOARD$）。根据 Firth 等（2007）和 王曾等（2014）的研究，董事会规模取公司董事会总人数的自然对数。

[①] 本书依据李青原等（2007）的研究以 1 年期银行定期存款利率代表无风险收益率，并且将市场组合风险溢价设定为 4%。

(7) 股权制衡度（BALANCE）。依据陈信元等（2009）和王清刚等（2011）的研究，股权制衡度为公司第二至第十大股东持股比例合计数。

(8) 公司绩效（ROA）。根据 Firth 等（2007）和陈仕华等（2014）的研究，公司绩效为公司净利润与总资产的比值。

(9) 公司成长性（GROWTH）。根据权小锋等（2010）和王曾等（2014）的研究，公司成长性以公司销售收入增长率衡量。

(10) 管理层持股（MSHARE）。根据陈信元等（2009）和王曾等（2014）的研究，管理层持股为公司管理层持股数量占公司总股数的比值。

(11) 产权性质（STATE）。根据 Clarke 和 Xu（2004）、Berg 等（2012）的研究，产权性质为虚拟变量，若公司为国有公司，则赋值为 1，否则为 0。

此外，本书将年度（YEAR）和行业（IND）作为回归模型的控制变量。本书数据选取 2006~2016 年，以此设置年度虚拟变量。行业以《上市公司行业分类指引》（2001 年）为标准，制造业进一步采用二级代码划分，设置虚拟变量。变量定义及说明见表 5.1。

表 5.1 变量定义及说明

变量名称			代码	变量说明	文献依据
被解释变量	高管收益	货币性收益	PAY1	当期公司最高的前三位高管薪酬均值的自然对数	Core et al., 2008；陈仕华等, 2014
			PAY2	高管实际薪酬扣除高管预期正常薪酬的差额, 由模型 4.1 回归残差估计得到	
		非货币性收益	PERK1	以管理费用扣减其中明显不归属于在职消费的明细项目所得金额取自然对数计算	权小锋等, 2010；Luo et al., 2011
			PERK2	高管实际在职消费扣除高管预期正常在职消费的差额, 由模型 4.2 回归残差估计得到	

第五章　产品市场竞争环境与高管收益：基于监事会设置主动程度的中介效应

续表

	变量名称		代码	变量说明	文献依据
解释变量	产品市场竞争环境		PMC	垄断租金 =［税前利润 + 当年折旧额 + 财务费用 -（权益资本 + 短期债务 + 长期债务）×加权平均资本成本］÷销售额	Nickell，1996；李青原等，2007；韩忠雪和周婷婷（2011）
	监事会设置主动程度	监事会规模设置主动程度	SBSAS	公司监事会规模扣减基准的差额，其中，以监事会规模法定最低标准和行业内公司监事会规模均值之间较高值为基准	Firth et al.，2007；Jia et al.，2009
		监事会独立性设置主动程度	EXTSAS	公司外部监事占监事总人数的比重扣减该公司所属行业外部监事占比均值的差额	Lee，2012；Ran et al.，2014
		监事会技术能力设置主动程度	PROFAS	公司聘任具有财务、审计和法律等相关专业能力监事的人数占监事总人数的比重扣减该公司所属行业具有相关专业能力的监事占比均值的差额	Lee，2012；Ran et al.，2014
控制变量	公司规模		SIZE	公司期末总资产（单位为亿元）的自然对数	Firth et al.，2006；Jia et al.，2009
	财务杠杆		LEV	公司期末负债平均余额与总资产平均余额的比值	徐细雄和刘星，2013；王曾等，2014
	自由现金流		CASH	公司经营现金流与总资产的比值	Rajan and Wulf，2006；陈仕华等，2014
	两职兼任		DUAL	虚拟变量，公司的总经理兼任董事长为1，否则为0	Chen et al.，2006；Ding et al.，2010
	独立董事比例		INDD	公司董事会中独立董事的人数与总人数的比值	Firth et al.，2007；Jia et al.，2009
	董事会规模		BOARD	公司董事会总人数的自然对数	Firth et al.，2007；王曾等，2014
	股权制衡度		BALANCE	公司第二至第十大股东持股比例合计数	陈信元等，2009；王清刚等，2011
	公司绩效		ROA	公司净利润与总资产的比值	Firth et al.，2007；陈仕华等，2014
	公司成长性		GROWTH	公司销售收入增长率	权小锋等，2010；王曾等，2014
	管理层持股		MSHARE	公司管理层持股数量占公司总股数的比值	陈信元等，2009；王曾等，2014

续表

	变量名称	代码	变量说明	文献依据
控制变量	产权性质	STATE	虚拟变量,若公司为国有公司,则赋值为1,否则为0	Clarke and Xu,2004;Berg et al.,2012
	年度	YEAR	本书数据选取2006~2016年,以此设置年度虚拟变量	Luo et al.,2011;陈仕华等,2014
	行业	IND	以《上市公司行业分类指引》(2001年)为标准,制造业进一步采用二级代码划分,设置虚拟变量	Luo et al.,2011;陈仕华等,2014

三 计量模型构建

本书在前人研究（Firth et al., 2006；Firth et al., 2007；权小锋等,2010；Ding et al., 2010；Luo et al.；2011，陈仕华等,2014）的基础上,采用Baron和Kenny（1986）、温忠麟等（2004）推荐的中介效应检验的程序：第一步,分别检验产品市场竞争环境对高管货币性收益及非货币性收益的软约束效应（见模型5.1和模型5.4）；第二步,分别检验产品市场竞争环境对监事会设置主动程度的影响（见模型5.2和模型5.5）[①]；第三步,同时分析产品市场竞争环境和监事会设置主动程度对高管货币性收益或非货币性收益的影响,借以检验监事会设置主动程度的中介效应是否存在（见模型5.3和模型5.6）。

为检验产品市场竞争环境、监事会设置主动程度与高管货币性收益之间的关系,依次构建模型如下：

$$PAY_{i,t} = \gamma_0 + \gamma_1 PMC_{i,t} + \gamma_2 SIZE_{i,t} + \gamma_3 DUAL_{i,t} + \gamma_4 INDD_{i,t} + \gamma_5 BOARD_{i,t} + \gamma_6 BALANCE_{i,t} + \gamma_7 ROA_{i,t} + \gamma_8 GROWTH_{i,t} + \gamma_9 MSHARE_{i,t} + \gamma_{10} STATE_{i,t} + \sum IND + \sum YEAR + \varepsilon_{i,t}$$

（模型5.1）

[①] 鉴于所考察的高管货币性收益和非货币性收益的样本公司不完全一致,且回归模型的控制变量不同,为连续分析监事会设置主动程度的中介效应及大小,本章于第二步分别构建模型。

第五章 产品市场竞争环境与高管收益：基于监事会设置主动程度的中介效应

$$SBAS_{i,t} = \eta_0 + \eta_1 PMC_{i,t} + \eta_2 SIZE_{i,t} + \eta_3 DUAL_{i,t} + \eta_4 INDD_{i,t} + \eta_5 BOARD_{i,t} +$$
$$\eta_6 BALANCE_{i,t} + \eta_7 ROA_{i,t} + \eta_8 GROWTH_{i,t} + \eta_9 MSHARE_{i,t} + \eta_{10} STATE_{i,t} +$$
$$\sum IND + \sum YEAR + \varepsilon_{i,t} \quad （模型5.2）$$

$$PAY_{i,t} = \lambda_0 + \lambda_1 PMC_{i,t} + \lambda_2 SBAS + \lambda_3 SIZE_{i,t} + \lambda_4 DUAL_{i,t} + \lambda_5 INDD_{i,t} +$$
$$\lambda_6 BOARD_{i,t} + \lambda_7 BALANCE_{i,t} + \lambda_8 ROA_{i,t} + \lambda_9 GROWTH_{i,t} +$$
$$\lambda_{10} MSHARE_{i,t} + \lambda_{11} STATE_{i,t} + \sum IND + \sum YEAR + \varepsilon_{i,t} \quad （模型5.3）$$

其中，PAY 为高管货币性收益，分别将替代指标 $PAY1$ 和 $PAY2$ 代入公式进行回归；PMC 为产品市场竞争环境；$SBAS$ 为监事会设置主动程度，将监事会规模设置主动程度（$SBSAS$）、监事会独立性设置主动程度（$EXTSAS$）和监事会技术能力设置主动程度（$PROFAS$）三个维度的替代变量分别代入模型5.2和模型5.3。$SIZE$（公司规模）、$DUAL$（两职兼任）、$INDD$（独立董事比例）、$BOARD$（董事会规模）、$BALANCE$（股权制衡度）、ROA（公司绩效）、$GROWTH$（公司成长性）、$MSHARE$（管理层持股）、$STATE$（产权性质）、$YEAR$（年度）和 IND（行业）为模型5.1至模型5.3的控制变量。

为检验产品市场竞争环境、监事会设置主动程度与高管非货币性收益之间的关系，依次构建模型如下：

$$PERK_{i,t} = \gamma_0 + \gamma_1 PMC_{i,t} + \gamma_2 SIZE_{i,t} + \gamma_3 LEV_{i,t} + \gamma_4 CASH_{i,t} + \gamma_5 DUAL_{i,t} +$$
$$\gamma_6 INDD_{i,t} + \gamma_7 BOARD_{i,t} + \gamma_8 BALANCE_{i,t} + \gamma_9 ROA_{i,t} + \gamma_{10} GROWTH_{i,t} +$$
$$\gamma_{11} MSHARE_{i,t} + \gamma_{12} STATE_{i,t} + \sum IND + \sum YEAR + \varepsilon_{i,t} \quad （模型5.4）$$

$$SBAS_{i,t} = \eta_0 + \eta_1 PMC_{i,t} + \eta_2 SIZE_{i,t} + \eta_3 LEV_{i,t} + \eta_4 CASH_{i,t} + \eta_5 DUAL_{i,t} +$$
$$\eta_6 INDD_{i,t} + \eta_7 BOARD_{i,t} + \eta_8 BALANCE_{i,t} + \eta_9 ROA_{i,t} + \eta_{10} GROWTH_{i,t} +$$
$$\eta_{11} MSHARE_{i,t} + \eta_{12} STATE_{i,t} + \sum IND + \sum YEAR + \varepsilon_{i,t} \quad （模型5.5）$$

$$PERK_{i,t} = \lambda_0 + \lambda_1 PMC_{i,t} + \lambda_2 SBAS_{i,t} + \lambda_3 SIZE_{i,t} + \lambda_4 LEV_{i,t} + \lambda_5 CASH_{i,t} +$$
$$\lambda_6 DUAL_{i,t} + \lambda_7 INDD_{i,t} + \lambda_8 BOARD_{i,t} + \lambda_9 BALANCE_{i,t} + \lambda_{10} ROA_{i,t} +$$
$$\lambda_{11} GROWTH_{i,t} + \lambda_{12} MSHARE_{i,t} + \lambda_{13} STATE_{i,t} + \sum IND +$$

$$\sum YEAR + \varepsilon_{i,t} \qquad (模型5.6)$$

其中，PERK 为高管非货币性收益，分别以替代指标 PERK1 和 PERK2 代入公式进行回归；PMC 为产品市场竞争环境；SBAS 为监事会设置主动程度，以监事会规模设置主动程度（SBSAS）、监事会独立性设置主动程度（EXTSAS）和监事会技术能力设置主动程度（PROFAS）三个维度的替代变量分别代入模型5.5和模型5.6。SIZE（公司规模）、LEV（财务杠杆）、CASH（自由现金流）、DUAL（两职兼任）、INDD（独立董事比例）、BOARD（董事会规模）、BALANCE（股权制衡度）、ROA（公司绩效）、GROWTH（公司成长性）、MSHARE（管理层持股）、STATE（产权性质）、YEAR（年度）和 IND（行业）为模型5.4至模型5.6的控制变量。

第三节 产品市场竞争环境、监事会设置主动程度与高管收益的实证结果分析

首先，对变量进行描述性统计分析，并以产品市场竞争环境水平为标准进行样本组间的变量差异性描述性统计分析；其次，通过对变量间的相关性分析及方差膨胀因子分析，检验变量之间的相关关系以及是否存在严重的共线性问题；再次，对"产品市场竞争环境—监事会设置主动程度—高管收益"之间的跨层级因果关系进行回归分析，以验证前文假设；最后，进行稳健性检验。

一 描述性统计分析

表5.2为高管收益、监事会设置主动程度和产品市场竞争环境等变量描述性统计的结果。通过对各变量描述性统计的数据特征分

第五章 产品市场竞争环境与高管收益：基于监事会设置主动程度的中介效应

析发现：高管货币性收益（PAY2）的最大值与最小值之间相差 2.8710，而高管非货币性收益（PERK2）的最大值和最小值的差额为 0.1893，说明我国上市公司之间高管获取的货币性收益和非货币性收益的水平存在差异性，与 Luo 等（2011）和陈仕华等（2014）的研究结果基本相符。产品市场竞争环境（PMC）的均值为 0.0475，标准差为 0.0596，最大值与最小值分别为 0.2240 和 -0.1630，说明产品市场竞争环境的平均水平普遍不高，且因为经济转型时期区域间发展不平衡（辛清泉和谭伟强，2009），地区间产品市场竞争环境的差异也较大，这与李青原等（2007）的数据结果相符。监事会设置主动程度各维度变量的描述性特征具有差异性，公司监事会规模设置主动程度（SBSAS）多表现为高于法律的强制性规定和行业平均水平，但只有较少的上市公司的监事会独立性设置主动程度（EXTSAS）和监事会技术能力设置主动程度（PROFAS）高于行业平均水平。通过三个变量的最大值与最小值的对比发现，公司之间监事会设置主动程度表现为不同水平的差异性。其他控制变量中，公司规模（SIZE）的均值为 3.8030，标准差为 1.2620，最大值与最小值的差额为 6.2740，说明样本公司期末总资产的自然对数之间差距较大。财务杠杆（LEV）的均值为 0.5110，标准差为 0.1950，最大值为 0.9370，最小值为 0.0822，说明样本公司中负债占总资产比例平均水平在 50% 以上，但公司间对财务杠杆的利用程度差异性较大。自由现金流（CASH）的均值为 0.0165，中位数为 0.0081，最小值为 -0.2090，最大值为 0.3380，说明样本公司经营现金流占总资产比重偏低，且公司间自由现金流不平衡。董事会规模（BOARD）自然对数的均值与中位数相近，标准差为 0.2050，最大值与最小值相差 1.0990，说明样本公司董事会规模具有差异性。独立董事比例（INDD）的均值为 0.3670，平均比例超过相关法律法规要求的最低标准，最大值为 0.5710，最小值为 0.2860，可见公司之间独立董事比例设置具有差异性。股权制衡度（BALANCE）的均值为 0.1770，标准差为 0.1220，最大值为 0.5230，最小值为 0.0149，说明我国股权多集中于大股东，公司间股权分散程度不一。公司绩效（ROA）的均值为 0.0363，标准差为 0.1030，最大值与最小值之间相差 8.5960，表明公司投资者回报率之间差异较大。公司成长性（GROWTH）的均值为 0.1740，标准差为 0.4940，最大值为 3.3050，最小值为 -0.6440，表明样本公司销售收入增长率的差异较大。产权性质（STATE）变量表明有 62.90% 的样本公司为国有性质或国有控股上市公司。

表 5.2　变量的描述性统计

变量	样本量	均值	标准差	中位数	最小值	最大值
PAY2	11476	0.0076	0.5580	0.0019	-1.4380	1.4330
PERK2	11476	-0.0008	0.0288	-0.0029	-0.0743	0.1150
PMC	11476	0.0475	0.0596	0.0431	-0.1630	0.2240
SBSAS	11476	0.0134	1.2120	-0.6000	-1.8150	3.8040
EXTSAS	11476	-0.0026	0.2750	0.0089	-0.2270	0.4190
PROFAS	11476	-0.0015	0.2450	-0.0460	-0.2860	0.3000
SIZE	11476	3.8030	1.2620	3.6440	1.3050	7.5790
LEV	11476	0.5110	0.1950	0.5210	0.0822	0.9370
CASH	11476	0.0165	0.0818	0.0081	-0.2090	0.3380
DUAL	11476	0.1370	0.3440	0	0	1
INDD	11476	0.3670	0.0520	0.3330	0.2860	0.5710
BOARD	11476	2.1940	0.2050	2.1970	1.6090	2.7080
BALANCE	11476	0.1770	0.1220	0.1520	0.0149	0.5230
ROA	11476	0.0363	0.1030	0.0311	-1.3470	7.2490
GROWTH	11476	0.1740	0.4940	0.0968	-0.6440	3.3050
MSHARE	11476	0.0179	0.0736	0	0	0.4740
STATE	11476	0.6290	0.4830	1	0	1

本书以产品市场竞争环境变量的中位数（0.0431）为依据，将

第五章 产品市场竞争环境与高管收益：基于监事会设置主动程度的中介效应

样本划分为产品市场竞争环境高和产品市场竞争环境低（是指竞争程度的高与低）两组，对两组样本中变量的均值和中位数分别进行T检验和Wilcoxon秩和检验，以考察两个样本组间高管货币性收益和非货币性收益及监事会设置主动程度各个维度变量等是否存在显著差异（见表5.3）。产品市场竞争环境不同的样本组间存在显著差异：相比于产品市场竞争环境低的样本组，产品市场竞争环境高的样本组中公司高管货币性收益（*PAY2*）和非货币性收益（*PERK2*）均在1%的水平下显著降低，说明公司外部激烈的产品市场竞争环境有利于提高高管收益的合理性水平，与前文假设相符。产品市场竞争环境高的样本组中，公司监事会设置主动程度（*SBSAS*、*EXTSAS*和*PROFAS*）三个变量的均值均显著高于产品市场竞争环境低的样本组，说明产品市场竞争环境激烈能推动公司在既有制度框架内进行监事会设置机制的创新，符合前文预期。产品市场竞争环境高的样本组中，公司的财务杠杆（*LEV*）和独立董事比例（*INDD*）均在1%的水平下显著高于产品市场竞争环境低的样本组；两职兼任（*DUAL*）和产权性质（*STATE*）的样本组间的差异性未通过显著性检验；产品市场竞争环境高的样本组中，公司规模（*SIZE*）、自由现金流（*CASH*）、董事会规模（*BOARD*）、股权制衡度（*BA-LANCE*）、公司绩效（*ROA*）、公司成长性（*GROWTH*）和管理层持股（*MSHARE*）均显著低于产品市场竞争环境低的样本组。

表5.3 产品市场竞争环境样本分组检验

变量	产品市场竞争环境高 均值	产品市场竞争环境高 中位数	产品市场竞争环境低 均值	产品市场竞争环境低 中位数	T检验	Wilcoxon秩和检验
PAY2	-0.0436	-0.0375	0.0574	0.0454	-10.1946***	-9.8070***
PERK2	-0.0036	-0.0044	0.0021	-0.0010	-11.0553***	-9.6680***
SBSAS	0.0323	-0.5970	-0.0064	-0.6020	1.8018*	2.0090**

续表

变量	产品市场竞争环境高 均值	产品市场竞争环境高 中位数	产品市场竞争环境低 均值	产品市场竞争环境低 中位数	T检验	Wilcoxon 秩和检验
EXTSAS	-0.0023	0.0089	-0.0029	0.0083	2.0114**	1.7190*
PROFAS	0.0036	-0.0381	-0.0064	-0.0488	2.2958**	2.4090**
SIZE	3.6930	3.5050	3.9090	3.7750	-9.6602***	-11.4060***
LEV	0.5570	0.5800	0.4680	0.4740	6.5333***	6.4940***
CASH	0.0077	0.0027	0.0250	0.0139	-11.9380***	-13.4250***
DUAL	0.1370	0	0.1370	0	0.0231	0.0230
INDD	0.3700	0.3330	0.3640	0.3330	6.6644***	6.7640***
BOARD	2.1760	2.1970	2.2110	2.1970	-9.8015***	-8.8700***
BALANCE	0.1620	0.1340	0.1910	0.1680	-13.7421***	-14.1320***
ROA	-0.0004	0.0125	0.0712	0.0591	-11.9706***	-9.5700***
GROWTH	0.1040	0.0434	0.2410	0.1390	-5.7744***	-5.0530***
MSHARE	0.0124	0	0.0232	0.0001	-8.1139***	-9.0160***
STATE	0.6270	1	0.6300	1	-0.3910	-0.3910

注：***、**和*分别表示1%、5%和10%的显著性水平。

二 相关性分析

表5.4的上三角列示Spearman相关性检验结果，下三角列示Pearson相关性检验结果以及变量间方差膨胀因子（VIF）。以相关系数结果而言，产品市场竞争环境（PMC）与高管货币性收益（PAY2）和非货币性收益（PERK2）存在显著正相关关系，说明产品市场竞争环境激烈能够提升高管货币性和非货币性收益的合理性，初步符合前文产品市场竞争环境对高管收益作用的预期。产品市场竞争环境（PMC）与监事会规模设置主动程度（SBSAS）、监事会独立性设置主动程度（EXTSAS）和监事会技术能力设置主动程度（PROFAS）均存在显著负相关关系，说明产品市场竞争环境激烈有利于提升监事会规模、独立性和技术能力设置主动程度，初步支持外部产品市场竞争环境参数

第五章 产品市场竞争环境与高管收益：基于监事会设置主动程度的中介效应

的变化或差异所形成的位移轨迹，将引发公司内部监事会设置机制的相机选择性自我实施，形成监事会规模、独立性和技术能力设置更为适宜的新的均衡点。监事会规模设置主动程度（$SBSAS$）与高管货币性收益（$PAY2$）存在显著负相关关系（仅 Spearman 检验结果），监事会独立性设置主动程度（$EXTSAS$）和监事会技术能力设置主动程度（$PROFAS$）均与高管货币性收益（$PAY2$）显著负相关，说明监事会设置主动程度的提升能增强对高管货币性收益的监督作用；监事会设置主动程度（$SBSAS$、$EXTSAS$ 和 $PROFAS$）与非货币性收益（$PERK2$）均存在显著负相关关系，可见监事会规模、独立性和技术能力设置主动程度的提高有利于降低高管非货币性收益的不合理性，符合前文关于监事会设置机制演进价值的预期。

此外，表 5.4 中列示的本章所使用的所有变量之间的相关系数均低于 0.5，说明变量之间不存在严重的共线性问题；而且本书采用方差膨胀因子分析法对解释变量、控制变量之间是否存在共线性问题进行了检验，结果表明，方差膨胀因子的均值为 1.67，最大值为 4.88，未超过 10，由此进一步说明解释变量、控制变量之间不存在严重的共线性问题。

三 回归结果分析

本章采用岭回归方法进行实证分析，通过对非平衡面板数据进行豪斯曼检验（Hausman Test），选择固定效应模型进行回归，根据怀特异方差检验结果采用稳健标准误的估计方法予以修正。本章以高管货币性收益和非货币性收益为被解释变量，依据前述模型分别进行回归。

（一）产品市场竞争环境与高管收益的回归结果分析

产品市场竞争环境与高管货币性收益的回归结果列示于表 5.5。由全样本回归数据分析发现，M1 组和 M2 组产品市场竞争环境（PMC

表 5.4 变量的相关性分析及方差膨胀因子分析

变量	VIF	1. PAY2	2. PERK2	3. SBSAS	4. EXTSAS	5. PROFAS	6. PMC	7. SIZE	8. LEV
1. PAY2		1	0.1710***	-0.0185**	-0.0472***	-0.1090***	0.1090***	0.0394***	-0.0624***
2. PERK2		0.1610***	1	-0.0349***	-0.0083***	-0.0583***	0.0984***	0.1441***	-0.1410***
3. SBSAS	1.14	-0.0030	-0.0380***	1	0.0576***	0.0412***	-0.0069***	0.1872***	0.0804***
4. EXTSAS	1.09	-0.0550***	-0.0120***	0.0520***	1	0.1840***	-0.0128**	0.0417***	0.0200***
5. PROFAS	1.05	-0.1020***	-0.0550***	0.0280***	0.1840***	1	-0.0086***	0.0124***	0.0253***
6. PMC	4.88	0.0910***	0.1010***	-0.0320***	-0.0040***	-0.0070***	1	0.1581***	-0.2760***
7. SIZE	1.41	0.0200**	0.1290***	0.1800***	0.0300***	0.0290***	0.1551***	1	0.3511***
8. LEV	1.4	-0.0580***	-0.1190***	0.0960***	0.0370***	0.0460***	-0.2910***	0.3333***	1
9. CASH	1.05	0.0220**	0.0570***	0.0010	0.0030	0.0160*	0.1600***	0.0040	-0.0120
10. DUAL	1.06	0.0630***	0.0440***	-0.0920***	-0.1200***	-0.0720***	-0.0250***	-0.0810***	-0.0481***
11. INDD	1.21	-0.0210**	-0.0010	-0.0720***	-0.0510***	-0.0410***	-0.0590***	0.0911***	0.0160*
12. BOARD	1.37	0.0650***	-0.0300***	0.2990***	0.0330***	0.0220***	0.1060***	0.2160***	0.0840***
13. BALANCE	1.11	0.1400***	0.0470***	0.0200**	-0.0510***	-0.0070	0.1040***	0.0870***	-0.0361***
14. ROA	4.79	0.0460***	0.0560***	-0.0110	-0.0100	-0.0030	0.0822***	0.0311***	-0.2010***
15. GROWTH	1.09	0.0070	0.0480***	-0.0190***	-0.0060	0.0190***	0.2151***	0.0190***	0.0510***
16. MSHARE	1.15	0.0280***	0.0390***	-0.1120***	-0.1620***	-0.1170***	0.0553***	-0.0460***	-0.1100***
17. STATE	1.23	-0.0450***	-0.0020	0.2080***	0.2090***	0.0920***	0.0260***	0.2000***	0.1000***

第五章 产品市场竞争环境与高管收益：基于监事会设置主动程度的中介效应

续表

变量	9. CASH	10. DUAL	11. INDD	12. BOARD	13. BALANCE	14. ROA	15. GROWTH	16. MSHARE	17. STATE
1. PAY2	0.0356***	0.0645***	−0.0033	0.0561***	0.1540***	0.1640***	0.0386***	0.1080***	−0.0482***
2. PERK2	0.0445***	0.0440***	−0.0125	−0.0396***	0.0378***	0.1500***	0.0146	0.0211**	0.0068
3. SBSAS	0.0174*	−0.0752***	−0.0378***	0.2330***	0.0352***	−0.0206	−0.0198**	−0.014	0.1540
4. EXTSAS	−0.0138	−0.1110***	−0.0411***	0.0327***	−0.0515***	−0.0047	−0.0329***	−0.1320***	0.2000
5. PROFAS	0.0154	−0.0725***	−0.0473***	0.0088	0.0033	0.0152	0.0040	−0.0547***	0.0829
6. PMC	0.1560***	−0.0274***	−0.0791***	0.1080***	0.1270***	0.0860***	0.2870***	0.0919***	0.0312***
7. SIZE	0.0189**	−0.0789***	0.0791***	0.1940***	0.0565***	0.0640***	0.0585***	0.0808***	0.1760
8. LEV	0.0011	−0.0411***	0.0161*	0.0908***	−0.0204**	−0.3530***	0.0705***	−0.0302***	0.0897
9. CASH	1	−0.0039	0.0053	0.0067	0.0893***	0.1800***	0.1550***	0.0421***	−0.0170
10. DUAL	0.0030	1	0.0412***	−0.1310***	0.0497***	−0.0073	−0.0155*	0.0944***	−0.1780
11. INDD	0.0080	0.0540***	1	−0.3220***	0.0089	−0.0492***	−0.0087	−0.0126	−0.0485
12. BOARD	0.0040	−0.1320***	−0.3780***	1	0.0908***	0.0348***	0.0462***	−0.0043	0.1870
13. BALANCE	0.0870***	0.0520***	−0.0100	0.0970***	1	0.1390***	0.0860***	0.1070***	−0.1390
14. ROA	0.1090***	0.0170*	−0.0120	0.0210**	0.0670***	1	0.3100	0.1100	−0.0413
15. GROWTH	0.1390***	−0.0070	0.0080	0.0030	0.0790***	0.1190***	1	0.0429***	−0.0084
16. MSHARE	−0.0070	0.1510***	0.0390***	−0.0700***	0.2510***	0.0460***	0.0250***	1	−0.2380
17. STATE	−0.0200**	−0.1830***	−0.0400***	0.1940***	−0.1420***	−0.0200***	−0.0400***	−0.2950***	1

注：***、**和*分别表示1%、5%和10%的显著性水平。

与高管货币性收益（PAY1 和 PAY2）的回归系数均在1%的水平下显著为正（1.4361 和 0.6970），PMC 数值越小，表示公司外部产品市场竞争环境越激烈，对高管获取货币性收益决策选择行为的软约束作用越强，与 Dyck 等（2004）和戴德明等（2015）的研究基本相符，从而假设1.1得到验证。再以正向高管货币性收益（PAY2 > 0）为被解释变量引入模型5.1进行回归，由 M3 组回归结果可见，产品市场竞争环境（PMC）的回归系数亦显著为正（0.1400，p < 5%），说明产品市场竞争环境激烈能够显著提升高管货币性收益的合理性水平。因此，这进一步支持了假设1.1。

表5.5 产品市场竞争环境与高管货币性收益的回归结果

变量	M1	M2	M3
PMC	1.4361*** (13.25)	0.6970*** (7.33)	0.1400** (1.99)
SIZE	0.2050*** (5.19)	-0.0221*** (-4.52)	0.0130*** (3.25)
DUAL	0.0296 (1.34)	0.1070*** (6.59)	0.0910*** (6.86)
INDD	0.2852** (2.03)	0.2290** (2.30)	-0.1652* (-1.88)
BOARD	0.0843 (1.53)	0.2211*** (7.77)	0.0680*** (2.79)
BALANCE	0.3570*** (4.45)	0.6470*** (14.78)	0.3343*** (8.90)
ROA	-0.0650*** (-2.62)	-0.0800** (-2.44)	-0.0065 (-0.77)
GROWTH	-0.0193*** (-3.18)	-0.0180** (-2.35)	0.0092 (1.37)
MSHARE	0.8020*** (2.97)	-0.1970** (-2.40)	-0.2181*** (-3.22)
STATE	-0.0968*** (-3.77)	-0.0391*** (-3.23)	-0.0942*** (-9.68)

第五章　产品市场竞争环境与高管收益：基于监事会设置主动程度的中介效应

续表

变量	M1	M2	M3
YEAR	控制	控制	控制
IND	控制	控制	控制
Constant	0.1150*** (65.13)	-0.6020*** (-6.98)	0.2833*** (4.05)
N	11475	11475	5815
R^2	0.559	0.038	0.049
F	12.09***	12.67***	28.78***

注：① ***、** 和 * 分别表示 1%、5% 和 10% 的显著性水平，括号内为 t 值。② M1 组、M2 组和 M3 组回归的被解释变量分别为 PAY1、PAY2 和 PAY2>0。

表 5.6 为产品市场竞争环境与高管非货币性收益的回归结果。对 M1 组和 M2 组回归的数据分析发现，产品市场竞争环境（PMC）与高管非货币性收益（PERK1 和 PERK2）的回归系数均显著为正（0.3510，p<5%；0.0440，p<1%），PMC 数值下降，表示产品市场竞争环境激烈，说明越激烈的产品市场竞争环境中信息透明度越高，则价格机制越有效，高管为自身利益而越自律行为，从而导致高管非货币性收益的合理性水平随之提升，与辛清泉和谭伟强（2009）的研究一致，支持了假设 1.2。依据模型 5.4 对正向高管非货币性收益（PERK2>0）进一步回归，M3 组回归中产品市场竞争环境（PMC）的回归系数依然显著为正（0.0400，p<1%），说明产品市场竞争环境激烈使得高管非货币性收益水平更加合理，进一步支持了假设 1.2。

表 5.6　产品市场竞争环境与高管非货币性收益的回归结果

变量	M1	M2	M3
PMC	0.3510** (2.43)	0.0440*** (6.02)	0.0400*** (5.30)
SIZE	0.7080*** (31.60)	-0.0041*** (-14.98)	-0.0040*** (-12.16)

续表

变量	M1	M2	M3
LEV	0.112 * (1.65)	-0.0040 ** (-2.49)	0.0060 *** (3.27)
CASH	-0.0157 (-0.39)	0.0142 *** (3.62)	0.0120 *** (2.63)
DUAL	0.0180 (0.88)	0.0040 *** (4.32)	0.0030 ** (2.29)
INDD	-0.107 (-0.79)	0.0050 (0.91)	0.0172 ** (2.34)
BOARD	0.137 ** (2.43)	0.0020 (0.96)	0.0050 ** (2.33)
BALANCE	0.140 * (1.67)	0.0141 *** (5.57)	0.0173 *** (5.16)
ROA	-0.124 (-1.37)	-0.0090 * (-1.95)	-0.0060 (-1.53)
GROWTH	0.0294 *** (4.62)	0.0010 ** (2.10)	0.0040 *** (5.64)
MSHARE	0.0936 (0.34)	0.0122 ** (2.05)	0.0311 *** (3.94)
STATE	0.00452 (0.15)	0.0030 *** (4.12)	-0.0010 (-0.63)
YEAR	控制	控制	控制
IND	控制	控制	控制
Constant	15.54 *** (80.69)	0.0040 (0.86)	0.0100 (1.57)
N	11219	11219	4947
R^2	0.668	0.041	0.073
F	10.06 ***	10.74 ***	23.20 ***

注：① ***、** 和 * 分别表示1%、5%和10%的显著性水平，括号内为t值。②M1组、M2组和M3组回归的被解释变量分别为PERK1、PERK2和PERK2 >0。

综上，企业外部经济交换域中产品市场竞争环境激烈，增加了高管进行权力不合理收益决策选择行为的风险和交易成本，进而对高管行为产生压力，最终提升了高管货币性收益和非货币性收益的

第五章　产品市场竞争环境与高管收益：基于监事会设置主动程度的中介效应

合理性水平，从而验证了假设 1.1 和假设 1.2。

（二）产品市场竞争环境与监事会设置主动程度的回归结果分析

表 5.7 为依据模型 5.2 和模型 5.5 分别进行回归的结果。通过对表 5.7 中高管货币性收益样本组回归数据分析发现，产品市场竞争环境（PMC）与监事会规模设置主动程度（SBSAS）的回归系数在 10% 的水平下显著为负，与监事会独立性设置主动程度（EXTSAS）的回归系数在 5% 的水平下显著为负，与监事会技术能力设置主动程度（PROFAS）的回归系数在 1% 的水平下显著为负。同时，在高管非货币性收益样本组中，产品市场竞争环境与监事会设置主动程度（SBSAS、EXTSAS 和 PROFAS）的回归系数亦均为负（-0.2270、-0.0612 和 -0.0790），并分别在 5%、10% 和 5% 的水平下通过了显著性检验。这表明 PMC 的数值下降时，产品市场竞争环境激烈，能够提升监事会规模、独立性和技术能力设置的主动程度；同时说明激烈的产品市场竞争环境，通过信息传递和优胜劣汰给公司带来压力和机遇，进而对监事会设置机制演进产生正向作用。由此，假设 2.1、假设 2.2 和假设 2.3 得以验证。

表 5.7　产品市场竞争环境与监事会设置主动程度的回归结果

变量	货币性收益			变量	非货币性收益		
	SBSAS	EXTSAS	PROFAS		SBSAS	EXTSAS	PROFAS
PMC	-0.1800* (-1.76)	-0.0670** (-2.02)	-0.1000*** (-2.66)	PMC	-0.2270** (-2.16)	-0.0612* (-1.79)	-0.0790** (-2.00)
SIZE	0.0520*** (4.55)	-0.0030 (-1.22)	0.0010 (0.71)	SIZE	0.0788*** (9.64)	-0.0033 (-1.26)	0.0002 (0.08)
DUAL	-0.0240 (-1.26)	0.0024 (0.39)	-0.0350*** (-5.25)	LEV	0.0255 (0.68)	0.00417 (0.35)	0.0399*** (3.66)
INDD	0.0081 (0.06)	-0.0460 (-0.98)	-0.1940*** (-4.36)	CASH	0.0259 (0.46)	-0.0154 (-0.84)	0.0430 (1.60)

续表

变量	货币性收益			变量	非货币性收益		
	SBSAS	EXTSAS	PROFAS		SBSAS	EXTSAS	PROFAS
BOARD	1.0600*** (21.86)	0.0041 (0.26)	-0.0249** (-1.99)	DUAL	-0.0238 (-1.26)	0.0023 (0.38)	-0.0338*** (-5.15)
BALANCE	0.0406 (0.61)	0.0990*** (4.63)	0.0704*** (3.74)	INDD	-0.0585 (-0.40)	-0.0460 (-0.98)	-0.1900*** (-4.31)
ROA	-0.0405 (-1.16)	0.0057 (0.50)	0.0318** (2.16)	BOARD	1.0130*** (20.93)	0.0040 (0.25)	-0.0323*** (-2.63)
GROWTH	-0.0126** (-2.03)	0.0024 (1.19)	0.0094*** (3.26)	BALANCE	0.0438 (0.66)	0.1020*** (4.71)	0.0698*** (3.76)
MSHARE	-0.2880 (-1.51)	-0.0983 (-1.58)	-0.3480*** (-9.68)	ROA	-0.0357 (-1.01)	0.0061 (0.53)	0.0374** (2.24)
STATE	0.0944*** (4.07)	0.0275*** (3.66)	0.0346*** (6.83)	GROWTH	-0.0139** (-2.22)	0.0025 (1.21)	0.0076*** (2.62)
				MSHARE	-0.3720* (-1.93)	-0.0970 (-1.56)	-0.3191*** (-8.92)
				STATE	0.0828*** (3.57)	0.0274*** (3.64)	0.0316*** (6.35)
YEAR	控制	控制	控制	YEAR	控制	控制	控制
IND	控制	控制	控制	IND	控制	控制	控制
Constant	-2.7111*** (-16.48)	-0.0134 (-0.30)	0.0976** (2.46)	Constant	-2.5470*** (-18.15)	-0.0152 (-0.33)	0.0973*** (-2.78)
N	11475	11475	11475	N	11476	11476	11476
R^2	0.081	0.004	0.023	R^2	0.054	0.004	0.022
F	24.40***	4.41***	7.31***	F	23.38***	3.744***	22.78***

注：***、**和*分别表示1%、5%和10%的显著性水平，括号内为t值。

（三）监事会设置主动程度在产品市场竞争环境与高管收益之间是否存在中介效应的回归结果分析

遵循Baron和Kenny（1986）、温忠麟等（2004）关于中介效应检验的思想，前文由模型5.1已经验证产品市场竞争环境（PMC）与高管货币性收益（PAY2）的回归系数显著为正（0.6970，见表

第五章 产品市场竞争环境与高管收益：基于监事会设置主动程度的中介效应

5.5）；而且模型 5.2 的回归结果中产品市场竞争环境（*PMC*）与监事会设置主动程度（*SBSAS*、*EXTSAS* 和 *PROFAS*）的回归系数均显著为负（见表 5.7），实现了中介效应检验的前两步。第三步将产品市场竞争环境和监事会设置主动程度同时引入模型 5.3 对高管货币性收益进行回归，检验监事会设置主动程度的中介效应。通过对表 5.8 中的回归数据分析发现，监事会规模、独立性和技术能力设置主动程度（*SBSAS*、*EXTSAS* 和 *PROFAS*）的回归系数均显著为负（-0.0004，$p<10\%$；-0.0017，$p<10\%$；-0.0069，$p<1\%$），说明监事会设置主动程度的提升能够提高高管货币性收益的合理性水平。产品市场竞争环境（*PMC*）与高管货币性收益（*PAY2*）的回归系数（0.0509、0.0509 和 0.0515）均显著为正，且小于模型 5.1 中对应的回归系数（0.6970）。这说明，以经济交换域中产品市场竞争环境的外生博弈规则为位移参数，积极应对的公司依据参数变化的耦合效应调整并推动监事会设置机制的历时性演进，通过正式制度和非正式制度的制约集合直接或间接监督高管货币性收益水平，即监事会设置主动程度在产品市场竞争环境与高管货币性收益中具有部分中介效应，从而支持了假设 3.1。

表 5.8 产品市场竞争环境、监事会设置主动程度与高管货币性收益的回归结果

变量	PAY2		
PMC	0.0509 *** (7.20)	0.0509 *** (7.21)	0.0515 *** (7.23)
SBSAS	-0.0004 * (-1.69)		
EXTSAS		-0.0017 * (-1.67)	
PROFAS			-0.0069 *** (-6.13)
SIZE	-0.0044 *** (-17.12)	-0.0044 *** (-17.42)	-0.0044 *** (-17.41)

续表

变量	PAY2		
DUAL	0.0036*** (4.25)	0.0035*** (4.17)	0.0039*** (4.59)
INDD	0.0058 (1.03)	0.0052 (0.93)	0.0070 (1.24)
BOARD	0.0020 (1.19)	0.0014 (0.83)	0.0016 (0.97)
BALANCE	0.0143*** (5.90)	0.0142*** (5.87)	0.0136*** (5.64)
ROA	-0.0083* (-1.95)	-0.0083* (-1.94)	-0.0085* (-1.96)
GROWTH	0.0012** (2.13)	0.0012** (2.17)	0.0011** (2.03)
MSHARE	0.0120** (1.98)	0.0117* (1.93)	0.0147** (2.44)
STATE	0.0027*** (4.29)	0.0027*** (4.29)	0.0023*** (3.70)
YEAR	控制	控制	控制
IND	控制	控制	控制
Constant	0.0009 (0.19)	0.0027 (0.56)	0.0019 (0.38)
N	11475	11475	11475
R^2	0.039	0.039	0.042
F	10.27***	10.38***	10.62***

注：***、**和*分别表示1％、5％和10％的显著性水平，括号内为t值。

由模型 5.4 和模型 5.5 的回归结果可知，产品市场竞争环境与高管非货币性收益（PERK2）的回归系数显著为正，与监事会设置主动程度（SBSAS、EXTSAS 和 PROFAS）的回归系数均显著为负，遵照 Baron 和 Kenny（1986）、陈晓萍等（2012）的思想可知前文已经完成中介效应检验的前两步。随之将产品市场竞争环境、监事会设置主动程度和高管非货币性收益同时引入模型 5.6，考察监事会设置主动程度是否具有中介效应，回归结果见表 5.9。通过对回归数据

第五章 产品市场竞争环境与高管收益：基于监事会设置主动程度的中介效应

分析发现，监事会规模设置主动程度（SBSAS）和监事会技术能力设置主动程度（PROFAS）的回归系数分别为 -0.0004 和 -0.0070，并分别在 10% 和 1% 的水平下通过了显著性检验，而监事会独立性设置主动程度（EXTSAS）的回归系数为负但未通过显著性检验（-0.0014，p>10%）；产品市场竞争环境（PMC）的回归系数分别为 0.0364、0.0365 和 0.0370，均在 1% 的水平下通过了显著性检验，且小于模型 5.4 中对应的回归系数（0.0440，见表 5.6）。可见，监事会规模设置主动程度（SBSAS）和监事会技术能力设置主动程度（PROFAS）部分中介传导产品市场竞争环境（PMC）和高管非货币性收益（PERK2）之间的关系；而监事会独立性设置主动程度（EXTSAS）的中介效应需要经 Sobel 检验法进一步验证，经计算得到 Z 值为 1.103[①]，而且大于临界值 0.97，在 5% 的水平下通过了显著性检验（MacKinnon et al.，1998），则监事会独立性设置主动程度在产品市场竞争环境（PMC）与高管非货币性收益（PERK2）之间存在部分中介效应。由此，假设 3.2 成立，说明为应对产品市场竞争环境，采取措施积极应对的公司通过选择性创新提升监事会规模、独立性和技术能力设置主动程度，提升监督效力并将外部产品市场竞争环境的软约束传递给个体层级的公司高管，从而影响高管非货币性收益的合理性水平。

表 5.9　产品市场竞争环境、监事会设置主动程度与高管非货币性收益的回归结果

变量	PERK2		
PMC	0.0364 *** (5.60)	0.0365 *** (5.61)	0.0370 *** (5.63)
SBSAS	-0.0004 * (-1.87)		

---

① $Z = \hat{\eta}_1 \hat{\lambda}_2 / \sqrt{\hat{\eta}_1^2 s_{\lambda_2}^2 + \hat{\lambda}_2^2 s_{\eta_1}^2} = \dfrac{(-0.0612) \times (-0.0014)}{\sqrt{(-0.0612)^2 \times 0.0010^2 + (-0.0014)^2 \times 0.0342^2}}$

续表

变量	PERK2		
EXTSAS		-0.0014 (-1.44)	
PROFAS			-0.0070*** (-6.17)
SIZE	-0.0032*** (-13.13)	-0.0032*** (-13.38)	-0.0032*** (-13.38)
LEV	-0.0042*** (-2.64)	-0.0043*** (-2.66)	-0.0046*** (-2.86)
CASH	0.0135*** (3.64)	0.0135*** (3.63)	0.0131*** (3.54)
DUAL	0.0036*** (4.29)	0.0036*** (4.22)	0.0039*** (4.63)
INDD	0.0065 (1.16)	0.0060 (1.06)	0.0076 (1.36)
BOARD	0.0004 (0.23)	-0.0003 (-0.20)	-0.0002 (-0.02)
BALANCE	0.0133*** (5.56)	0.0132*** (5.53)	0.0127*** (5.30)
ROA	-0.0079** (-2.12)	-0.0080** (-2.11)	-0.0082** (-2.13)
GROWTH	0.0013** (2.38)	0.0013** (2.42)	0.0013** (2.31)
MSHARE	0.0127** (2.12)	0.0125** (2.09)	0.0152** (2.55)
STATE	0.0024*** (3.92)	0.0024*** (3.88)	0.0020*** (3.35)
YEAR	控制	控制	控制
IND	控制	控制	控制
Constant	0.0042 (-0.92)	0.0061 (-1.35)	0.0052 (-1.16)
N	11219	11219	11219
R^2	0.034	0.034	0.037
F	28.19***	28.39***	29.68***

注：***、**和*分别表示1%、5%和10%的显著性水平，括号内为t值。

第五章 产品市场竞争环境与高管收益：基于监事会设置主动程度的中介效应

为进一步验证前述监事会设置主动程度分别在产品市场竞争环境与高管货币性收益和非货币性收益之间的中介效应的显著性，本书选择另一主流中介效应检验方法，即 Freedman 和 Schatzkin（1992）的差异检验法，依据前文实证数据进一步验证监事会规模、独立性和技术能力设置主动程度分别的部分中介效应。T 统计量[①]计算结果见表 5.10。首先，通过对表 5.10 中高管货币性收益样本分析发现，以高管货币性收益（$PAY2$）为被解释变量的全样本中，T 值分别为 7.345、7.344 和 7.343，均通过了显著性检验。这说明模型 5.1 和模型 5.3 中，产品市场竞争环境（PMC）相应的回归系数之差显著异于零，进一步验证了监事会设置主动程度部分中介传导了产品市场竞争环境与高管货币性收益之间的作用。其次，表 5.10 中高管非货币性收益的中介效应的差异检验结果表明，T 值（9.106、9.394 和 9.467）均显著为正，说明模型 5.6 中产品市场竞争环境的回归系数显著小于模型 5.4 中相应的回归系数，再次佐证了监事会设置主动程度在产品市场竞争环境与高管非货币性收益之间存在部分中介效应。由此，采用 Freedman 和 Schatzkin（1992）的差异检验法进行中介效应检验后，依然支持监事会规模、独立性和技术能力设置主动程度在产品市场竞争与高管收益之间存在部分中介效应的研究结果。

表 5.10　产品市场竞争环境、监事会设置主动程度与高管收益中介效应检验

	标准化回归方程	回归系数检验	T 值
PAY2			
第一步	$PAY2 = 0.6970 \times PMC$	SE = 0.095	T = 7.33

[①] Freedman 和 Schatzkin（1992）的差异检验法中 T 统计量表示为：$T_{N-2} = \dfrac{\gamma_1 - \lambda_1}{\sqrt{s_{\gamma_1}^2 + s_{\lambda_1}^2 - 2 s_{\gamma_1} s_{\lambda_1} \sqrt{1-\rho_{XM}}}}$，其中，$s_{\gamma_1}$ 和 s_{λ_1} 分别为系数 $\hat{\gamma}_1$、$\hat{\lambda}_1$ 的标准误，ρ_{XM} 为产品市场竞争环境和监事会设置主动程度的相关系数。

续表

	标准化回归方程	回归系数检验	T值	
第二步	$SBSAS = (-0.1800) \times PMC$	SE = 0.102	T = -1.76	
	$EXTSAS = (-0.0670) \times PMC$	SE = 0.033	T = -2.02	
	$PROFAS = (-0.1000) \times PMC$	SE = 0.038	T = -2.66	
第三步	$PAY2 = 0.0509 \times PMC +$ $(-0.0004) \times SBSAS$	SE = 0.007 SE = 0.000	T = 7.20 T = -1.69	7.345 7.344 7.343
	$PAY2 = 0.0509 \times PMC +$ $(-0.0017) \times EXTSAS$	SE = 0.007 SE = 0.001	T = 7.21 T = -1.67	
	$PAY2 = 0.0515 \times PMC +$ $(-0.0069) \times PROFAS$	SE = 0.007 SE = 0.001	T = 7.23 T = -6.13	
PERK2				
第一步	$PERK2 = 0.0440 \times PMC$	SE = 0.007	T = 6.02	
第二步	$SBSAS = (-0.2270) \times PMC$	SE = 0.105	T = -2.16	
	$EXTSAS = (-0.0612) \times PMC$	SE = 0.034	T = -1.79	
	$PROFAS = (-0.0790) \times PMC$	SE = 0.040	T = -2.00	
第三步	$PERK2 = 0.0364 \times PMC +$ $(-0.0004) \times SBSAS$	SE = 0.007 SE = 0.000	T = 5.60 T = -1.87	9.106 9.394 9.467
	$PERK2 = 0.0365 \times PMC +$ $(-0.0014) \times EXTSAS$	SE = 0.007 SE = 0.001	T = 5.61 T = -1.44	
	$PERK2 = 0.0370 \times PMC +$ $(-0.0070) \times PROFAS$	SE = 0.007 SE = 0.001	T = 5.63 T = -6.17	

第四节 产品市场竞争环境、监事会设置主动程度与高管收益的稳健性检验

为检验本章前文实证分析结果的稳健性，除前文已经对选用 Freedman 和 Schatzkin（1992）的差异检验法做进一步中介效应检验外，还将进行如下测试。

第五章　产品市场竞争环境与高管收益：基于监事会设置主动程度的中介效应

一　更换替代变量

更换高管货币性收益和非货币性收益的替代变量。参照 Core 等（1999，2008）、陈仕华等（2014）的研究，以公司总经理薪酬数据替代公司最高的前三位高管薪酬均值，根据模型4.1重新回归计算得到高管货币性收益；依据陈冬华等（2005）、王曾等（2014）的方法，以现金流量表年报附注中"支付其他与经营活动有关的现金流量"项目的八项费用[①]合计与前一期资产总额的比值替代在职消费，经由模型4.2重新回归计算得到高管非货币性收益。

更换监事会设置主动程度各个维度替代变量。依据马连福和陈德球（2008a）、曹廷求和钱先航（2011）的研究思想，以公司监事会设置各个维度指标超过法律法规的强制性标准的水平，即以超过强制性标准的监事会规模、外部监事比例和具有技术能力的监事比例替代监事会规模设置主动程度、监事会独立性设置主动程度和监事会技术能力设置主动程度。

表5.11为更换高管货币性收益和监事会设置主动程度的替代变量后对产品市场竞争环境、监事会设置主动程度和高管货币性收益之间因果关系的稳健性回归结果。通过对回归结果的分析发现：模型5.1中产品市场竞争环境（PMC）与高管货币性收益（PAY2）的回归系数显著为正，PMC数值的降低表示产品市场竞争环境激烈，能够强化对高管货币性收益合理性的软约束。模型5.2（1）～模型5.2（3）中产品市场竞争环境（PMC）与监事会规模设置主动程度（SBSAS）的回归系数在5%的水平下显著为负，与监事会独立性设置主动程度（EXTSAS）和监事会技术能力设置主动程度（PROFAS）的回归系数均在1%的水平下显著为负，说明外部产品市场竞争环

[①]　具体费用明细可参见前文第二章中高管收益的形式。

激烈，公司更有动力推进监事会的自我实施机制，提高监事会规模、独立性和技术能力设置的主动程度，创新公司内部监督机制。模型5.3（1）~模型5.3（3）中监事会设置主动程度（SBSAS、EXTSAS和PROFAS）对高管货币性收益（PAY2）的回归系数均在1%的水平下显著为负，说明监事会设置主动程度提高能够提升高管货币性收益的合理性水平；而且，模型5.3（1）~模型5.3（3）中产品市场竞争环境（PMC）的回归系数（0.1141、0.1100和0.1110）均小于模型5.1中对应的回归系数（0.1481），且均显著为正。这说明监事会规模设置主动程度、监事会独立性设置主动程度和监事会技术能力设置主动程度在产品市场竞争环境对高管货币性收益的影响中发挥部分中介效应。可见，通过更换被解释变量和中介变量的方法进行稳健性检验后，前述关于高管货币性收益的实证分析结果并未发生实质性改变。

表5.12为将产品市场竞争环境、更换替代变量后的监事会设置主动程度和高管非货币性收益引入模型5.4、模型5.5和模型5.6，并分别进行回归。通过对回归结果的分析发现，模型5.4中产品市场竞争环境（PMC）与高管非货币性收益（PERK2）的回归系数显著为正（0.0122，$p<10\%$），说明外部产品市场竞争环境激烈使高管行为更加自律，从而降低高管非货币性收益的不合理性。模型5.5（1）~模型5.5（3）中，产品市场竞争环境（PMC）与监事会设置主动程度（SBSAS、EXTSAS和PROFAS）的回归系数（-0.0186、-0.0416和-0.0572）依次在10%、5%和1%的水平下显著为负，进一步说明激烈的产品市场竞争环境对监事会设置机制的演进具有促进作用。模型5.6（1）和模型5.6（3）中监事会规模设置主动程度和监事会技术能力设置主动程度的回归系数均显著为负（-0.00274，$p<10\%$；-0.0085，$p<1\%$），而且各自模型中产品市场竞争环境（PMC）的回归系数均在10%的水平下显著为正，并

第五章 产品市场竞争环境与高管收益：基于监事会设置主动程度的中介效应

表5.11 产品市场竞争环境、监事会设置主动程度与高管货币性收益的回归结果（更换替代变量）

变量	模型5.1 PAY2	模型5.2(1) SBSAS	模型5.2(2) EXTSAS	模型5.2(3) PROFAS	模型5.3(1) PAY2	模型5.3(2) PAY2	模型5.3(3) PAY2
PMC	0.1481* (1.84)	−0.0204** (−1.98)	−0.0488*** (−2.76)	−0.0620*** (−3.45)	0.1141* (1.83)	0.1100* (1.84)	0.1110* (1.82)
SBSAS					−0.0766*** (−2.87)		
EXTSAS						−0.0571*** (−2.88)	
PROFAS							−0.226*** (−11.51)
SIZE	0.00431 (0.86)	0.0185*** (11.66)	−0.00402* (−1.80)	0.0010 (0.50)	0.0098** (2.23)	0.0088** (2.00)	0.0010 (0.23)
DUAL	0.1020*** (6.04)	−0.0198*** (−4.08)	−0.0596*** (−8.16)	−0.0347*** (−5.20)	0.0965*** (5.75)	0.0945*** (5.62)	0.1050*** (6.25)
INDD	0.208** (2.05)	0.0517 (1.45)	−0.234*** (−4.75)	−0.155*** (−3.60)	0.209** (2.07)	0.192* (1.90)	0.226** (2.25)
BOARD	0.220*** (7.39)	0.245*** (25.16)	−0.0265* (−1.93)	−0.0211* (−1.68)	0.232*** (7.73)	0.210*** (7.26)	0.234*** (8.09)
BALANCE	0.648*** (14.35)	0.0352** (2.31)	0.0265 (1.26)	0.0724*** (3.85)	0.670*** (15.01)	0.670*** (15.02)	0.656*** (14.78)

— 181 —

续表

变量	模型5.1 PAY2	模型5.2(1) SBSAS	模型5.2(2) EXTSAS	模型5.2(3) PROFAS	模型5.3(1) PAY2	模型5.3(2) PAY2	模型5.3(3) PAY2
ROA	-0.0611 (-1.31)	-0.00196 (-0.38)	0.0244** (2.29)	0.0343*** (2.95)	-0.0560 (-1.18)	-0.0541 (-1.13)	-0.0663 (-1.41)
GROWTH	0.0001*** (2.83)	-0.0001*** (-6.67)	-0.0001 (-0.22)	-0.0002*** (-9.88)	0.0001** (2.35)	0.0001** (2.45)	0.0001*** (2.99)
MSHARE	-0.140* (-1.83)	-0.154*** (-8.12)	-0.388*** (-14.91)	-0.318*** (-9.79)	-0.106 (-1.39)	-0.115 (-1.51)	-0.0361 (-0.47)
STATE	-0.0291** (-2.28)	0.0682*** (17.41)	0.108*** (19.29)	0.0360*** (7.06)	-0.0201 (-1.58)	-0.0195 (-1.52)	-0.0285** (-2.27)
YEAR	控制	控制	控制	控制	控制	控制	控制
IND	控制	控制	控制	控制	控制	控制	控制
Constant	-0.704*** (-7.76)	-0.462*** (-14.98)	0.358*** (8.25)	0.203*** (5.14)	-0.808*** (-9.74)	-0.744*** (-9.11)	-0.882*** (-10.78)
N	12671	12672	12672	12672	12671	12671	12671
R^2	0.036	0.164	0.089	0.233	0.031	0.031	0.041
F	13.37***	39.45***	41.33***	33.9***	36.57***	36.94***	47.67***

注：***、**和*分别表示1%、5%和10%的显著性水平，括号内为t值。

第五章 产品市场竞争环境与高管收益：基于监事会设置主动程度的中介效应

表 5.12 产品市场竞争环境、监事会设置主动程度与高管非货币性收益的回归结果（更换替代变量）

变量	模型 5.4 PERK2	模型 5.5 (1) SBSAS	模型 5.5 (2) EXTSAS	模型 5.5 (3) PROFAS	模型 5.6 (1) PERK2	模型 5.6 (2) PERK2	模型 5.6 (3) PERK2
PMC	0.0122* (1.69)	-0.0186* (-1.76)	-0.0416** (-2.36)	-0.0572*** (-3.36)	0.0103* (1.68)	0.0102* (1.68)	0.0116* (1.75)
SBSAS					-0.00274* (-1.81)		
EXTSAS						-0.0011 (-1.24)	
PROFAS							-0.0085*** (6.82)
SIZE	-0.0041*** (-13.21)	0.0185*** (11.64)	-0.0042* (-1.89)	0.00083 (0.42)	-0.0033*** (-12.23)	-0.0033*** (-12.45)	-0.0036*** (-13.23)
LEV	0.0002 (0.34)	0.0016 (0.92)	0.0074** (2.12)	0.0054 (1.03)	0.0002 (0.32)	0.0002 (0.33)	0.0001 (0.28)
CASH	0.0165*** (3.54)	-0.0083 (-0.51)	0.0148 (0.60)	0.0260 (1.08)	0.0158*** (3.46)	0.0159*** (3.47)	0.0157*** (3.44)
DUAL	0.0040*** (3.69)	-0.0198*** (-4.09)	-0.0596*** (-8.17)	-0.0347*** (-5.21)	0.0040*** (3.65)	0.0039*** (3.60)	0.0043*** (3.96)
INDD	0.0017 (0.27)	0.0517 (1.45)	-0.2350*** (-4.76)	-0.156*** (-3.61)	0.0030 (0.50)	0.0027 (0.44)	0.0037 (0.60)
BOARD	0.0013 (0.70)	0.2450*** (25.12)	-0.0271** (-1.98)	-0.0215* (-1.71)	0.0005 (0.28)	-0.0002 (-0.12)	0.0007 (0.36)

— 183 —

续表

变量	模型 5.4 PERK2	模型 5.5 (1) SBSAS	模型 5.5 (2) EXTSAS	模型 5.5 (3) PROFAS	模型 5.6 (1) PERK2	模型 5.6 (2) PERK2	模型 5.6 (3) PERK2
BALANCE	0.0188*** (5.84)	0.0356** (2.32)	0.0248 (1.17)	0.0701*** (3.72)	0.0187*** (5.84)	0.0186*** (5.84)	0.0181*** (5.67)
ROA	-0.0036 (-0.75)	0.0031 (0.35)	0.0457*** (3.03)	0.0492** (2.29)	-0.0034 (-0.72)	-0.0034 (-0.71)	-0.0039 (-0.82)
GROWTH	-0.0001 (-0.73)	-0.0001*** (-6.63)	-0.0001 (-0.33)	-0.0001*** (-10.06)	-0.0001 (-0.72)	-0.0001 (-0.71)	-0.0001 (-0.64)
MSHARE	0.0166** (2.24)	-0.1550*** (-8.14)	-0.387*** (-14.88)	-0.317*** (-9.74)	0.0176** (2.35)	0.0176** (2.36)	0.0204*** (2.74)
STATE	0.0029*** (3.93)	0.0683*** (17.42)	0.1080*** (19.35)	0.0364*** (7.13)	0.0028*** (4.00)	0.0028*** (3.82)	0.0026*** (3.60)
YEAR	控制	控制	控制	控制	控制	控制	控制
IND	控制	控制	控制	控制	控制	控制	控制
Constant	0.0036 (0.68)	-0.4630*** (-15.00)	0.3561*** (8.19)	0.2020*** (5.09)	0.0040 (0.79)	0.0059 (1.17)	0.0011 (0.23)
N	12411	12672	12672	12672	12411	12411	12411
R^2	0.026	0.164	0.089	0.234	0.023	0.023	0.027
F	6.950***	35.43***	39.67***	36.30***	16.83***	17.09***	18.82***

注：***、** 和 * 分别表示 1%、5% 和 10% 的显著性水平，括号内为 t 值。

且小于模型 5.4 中对应的回归系数（0.0122），说明监事会规模设置主动程度和监事会技术能力设置主动程度（*SBSAS* 和 *PROFAS*）在产品市场竞争环境与高管非货币性收益之间存在部分中介效应。虽然在模型 5.6（2）中产品市场竞争环境（*PMC*）的回归系数亦显著为正，但监事会独立性设置主动程度（*EXTSAS*）的回归系数为负且未通过显著性检验。监事会独立性设置主动程度的中介效应需要以 Sobel 检验法予以验证。经计算得到 Z 值为 1.097，大于临界值（0.97），通过了显著性检验（MacKinnon et al.，1998），由此验证监事会独立性设置主动程度在产品市场竞争环境与高管非货币性收益之间存在部分中介效应。综上，更换高管非货币性收益和监事会设置主动程度的变量进行稳健性检验后，回归结果基本与前述实证分析结果保持一致。

二 内生性问题

为避免自变量与因变量同时为共同因素所影响的问题，本书选择自变量滞后一期的方式引入模型进行回归，且规避变量之间的内生性问题（徐细雄和刘星，2013）。本书将模型 5.1、模型 5.2、模型 5.4 和模型 5.5 中的自变量进行滞后一期处理，再分别引入模型，回归结果如表 5.13 所示。结果表明，实证检验结果未发生实质性改变。

第五节 本章小结

目前学者主要从产品市场竞争环境作为公司治理机制的外部机制视角研究其对公司高管行为的约束，较少有研究探求产品市场竞争环境作为公司经济交换域的外生博弈规则对高管收益的作用路径

表 5.13 产品市场竞争环境、监事会设置主动与高管收益的回归结果(自变量滞后一期)

变量	模型 5.1 PAY2	模型 5.2 (1) SBSAS	模型 5.2 (2) EXTSAS	模型 5.2 (3) PROFAS	变量	模型 5.4 PERK2	模型 5.5 (1) SBSAS	模型 5.5 (2) EXTSAS	模型 5.5 (3) PROFAS
PMC_{t-1}	0.679*** (5.11)	-0.231* (-1.82)	-0.190*** (-3.53)	-0.091* (-1.86)	PMC_{t-1}	0.0709*** (11.01)	-0.216* (-1.80)	-0.200*** (-3.69)	-0.090* (-1.87)
SIZE	-0.0253*** (-5.36)	0.0757*** (3.27)	0.00136 (0.21)	0.00400* (1.92)	SIZE	-0.00455*** (-15.85)	0.0743*** (3.21)	0.00208 (0.32)	0.00636 (1.02)
DUAL	0.112*** (6.23)	0.00931 (0.28)	-0.00271 (-0.27)	-0.0388*** (-5.06)	LEV	-0.00779*** (-4.51)	0.0321 (0.39)	-0.0250 (-0.87)	-0.0143 (-0.50)
INDD	0.226** (2.15)	0.0882 (0.31)	-0.00284 (-0.04)	-0.236*** (-4.79)	CASH	0.0139*** (3.66)	-0.0268 (-0.48)	-0.0349* (-1.69)	0.000279 (0.02)
BOARD	0.209*** (6.94)	0.981*** (6.93)	0.00360 (0.13)	-0.0401*** (-2.83)	DUAL	0.00257*** (2.98)	0.00923 (0.28)	-0.00279 (-0.27)	-0.0166 (-1.54)
BALANCE	0.605*** (12.63)	0.106 (0.89)	0.0862** (2.40)	0.0566*** (2.64)	INDD	0.00598 (1.04)	0.0892 (0.32)	-0.00474 (-0.07)	-0.121 (-1.62)
ROA	0.184 (1.43)	-0.138** (-2.25)	0.0114 (0.59)	0.00175 (0.05)	BOARD	0.00143 (0.85)	0.980*** (6.93)	0.00404 (0.15)	-0.0495* (-1.76)
GROWTH	-0.00528 (-0.41)	-0.0109 (-0.79)	-0.0121*** (-3.13)	0.00768 (1.41)	BALANCE	0.0100*** (4.11)	0.117 (0.94)	0.0864** (2.39)	0.0472 (1.32)
MSHARE	-0.133 (-1.38)	-0.529 (-1.57)	-0.0934 (-0.77)	-0.307*** (-6.84)	ROA	0.00205 (0.72)	-0.133** (-2.29)	0.00943 (0.45)	-0.0154 (-0.87)

第五章 产品市场竞争环境与高管收益：基于监事会设置主动程度的中介效应

续表

变量	模型5.1 PAY2	模型5.2(1) SBSAS	模型5.2(2) EXTSAS	模型5.2(3) PROFAS	变量	模型5.4 PERK2	模型5.5(1) SBSAS	模型5.5(2) EXTSAS	模型5.5(3) PROFAS
STATE	-0.0325** (-2.51)	0.00962 (0.22)	0.0355*** (2.88)	0.0311*** (5.45)	GROWTH	0.00287*** (3.46)	-0.0109 (-0.80)	-0.0110*** (-2.84)	-0.00225 (0.61)
					MSHARE	0.0126** (2.08)	-0.525 (-1.57)	-0.1000 (-0.83)	-0.0314 (-0.21)
					STATE	0.00274*** (4.23)	0.00933 (0.21)	0.0356*** (2.90)	-0.00124 (-0.10)
YEAR	控制	控制	控制	控制	YEAR	控制	控制	控制	控制
IND	控制	控制	控制	控制	IND	控制	控制	控制	控制
Constant	-0.564*** (-6.65)	-2.459*** (-6.43)	-0.0405 (-0.52)	0.142*** (3.56)	Constant	0.00552 (1.08)	-2.470*** (-6.43)	-0.0298 (-0.38)	0.132 (1.58)
N	10206	10206	10206	10206	N	10195	10206	10206	10206
R^2	0.037	0.048	0.007	0.019	R^2	0.061	0.048	0.007	0.003
F	38.25***	7.385***	3.051***	8.86***	F	15.46***	6.254***	2.736***	2.928***

注：***、**和*分别表示1%、5%和10%的显著性水平，括号内为t值。

是否借助企业内部治理机制进行传导；也鲜有研究分析产品市场竞争环境的博弈规则对监事会甚至是监事会设置机制演进的作用；更鲜有研究将产品市场竞争环境、监事会设置机制演进和高管收益纳入同一研究框架中加以分析，尤其在三者间的作用路径中监事会设置所扮演的角色。本章综合比较制度分析理论和交易成本经济学理论，形成"产品市场竞争环境—监事会设置主动程度—高管收益"的因果作用链，对因果关系及监事会设置主动程度是否存在中介效应进行系统分析和实证检验。

依据交易成本经济学理论的思想，产品市场竞争环境作为微观公司层级必须考虑的正式规则与非正式规则所形成的"背景条件"，有效的外部产品市场竞争环境参数能促进信息的有效传递、价格机制的及时反馈及竞争结果的优胜劣汰，从而增加公司高管进行收益决策选择行为的风险和交易成本，使得高管攫取收益的行动决策选择更为谨慎，增强自身行为的自律性，从而对高管收益具有约束作用。本书据此检验产品市场竞争环境对高管货币性收益和非货币性收益的影响。结果表明，企业外部经济交换域中，产品市场竞争环境激烈能够提升高管货币性收益和非货币性收益的合理性水平。

依据比较制度分析理论的思想，经济交换域的产品市场竞争环境属于公司外生博弈规则，其博弈规则的变化和差异形成监事会机制演进的位移参数。产品市场竞争环境变化可以改变公司内外信息不对称程度，并给予公司发展的机遇和破产的压力，外部产品市场竞争环境位移带来的机遇和压力为公司组织提供了更广阔的选择空间，采取积极策略应对的公司将根据产品市场竞争环境外生参数位移轨迹相机进行监事会机制的自发性演进，从而积极提升监事会设置主动程度。研究结果显示，产品市场竞争环境激烈，强化了外部环境的信息传递和优胜劣汰效应，因此能够提升监事会规模、独立性和技术能力设置的主动程度。

第五章　产品市场竞争环境与高管收益：基于监事会设置主动程度的中介效应

依据交易成本经济学理论的思想，作为介于公司外部环境和个体的中间层级，监事会机制应思索如何迅速适应环境的变化而相机设置的问题。经济交换域中产品市场竞争环境激烈或者产生差异性的位移变化，积极适应的公司应根据外生产品市场博弈规则参数的变化，相应调整并推动监事会从现有博弈均衡点向新的博弈均衡点运动，获取制度演进的潜在利润，降低交易成本和剩余损失，进而将产品市场竞争环境的压力与约束传导至公司高管，进而影响高管收益的合理性水平。由此，通过公司内外部的正式制度和非正式制度的制约而直接或间接监督并约束高管货币性收益和非货币性收益。本书对上述分析加以检验，结果显示：产品市场竞争环境通过影响监事会设置主动程度，进而强化对高管货币性收益和非货币性收益的约束效力，即监事会设置主动程度对产品市场竞争环境与高管收益的关系具有部分中介效应。

第六章
研究结论及政策建议

本章对前文的研究内容进行归纳和凝练，从而形成本书的主要结论，并结合中国特色的制度背景，对高管收益的治理、监事会设置机制的创新及企业外部环境的完善提出相应的政策建议，最后阐明本书的研究局限及未来可以深入拓展的方向。

第一节　主要结论

本书以我国经济转型时期高管收益的一系列现象为关注焦点，通过对国内外学者的研究进行全面和详尽的梳理，发现高管收益决策选择的行为受公司外部政治域、经济交换域和社会交换域等宏观环境和微观公司结构等内外部因素的联结作用。而内部监督机制是监督高管权力实施的重要约束机制，监事会是公司内部的重要监督机制，但前人文献和监事会制度的实践运行表明，监事会的监督能力存在差异和遭到质疑。本书以"监事会监督—高管收益"为逻辑线索，对监事会相关文献和高管收益相关文献进一步梳理和整合，追溯与探索外部宏观层级发生作用的外生博弈规则，厘清公司外部环境哪些正式规则和非正式规则能够既影响高管收益，也影响监事

第六章　研究结论及政策建议

会设置机制演进，还能够因施加作用于监事会制度的自我实施而约束高管收益决策选择的行为。另外，以比较制度分析理论、交易成本经济学理论和代理理论为基石，本书通过构建"企业外部环境—监事会设置机制演进—高管收益"的研究框架，分别从法律环境和产品市场竞争环境两个维度对外部环境的博弈规则进行分析和实证检验。最终，本书获得一些有价值的研究结论。

（一）企业外部环境的良性发展可以强化对高管收益的约束作用

法律环境的完善更有利于提高高管收益的合理性水平。为回应前文关于外部法律环境对高管收益的作用路径的问题，本书将高管权力运用于收益决策选择的行为视为"交易"，通过分析法律环境参数的位移所引发的高管超额收益及其风险和交易成本的变化，厘清其作用机理，检验了法律环境对高管收益的影响。检验结果符合研究假设，即法律环境的改善能够增强对高管货币性收益和非货币性收益合理程度的平衡作用。这说明法律环境随着立法和执法水平的提升而更加合理完善，信息不对称程度随之降低，以此加大对投资者的保护力度；通过增加高管偏好决策选择行为潜在的法律风险、交易成本以及增强震慑作用，进而提升高管的货币性收益和非货币性收益合理程度。

激烈的产品市场竞争环境有利于提升高管收益的合理性程度。为解答外部产品市场竞争环境对高管获取收益的直接作用路径问题，本书从交易成本经济学理论视域阐释产品市场竞争环境对高管运用权力进行收益决策选择行为的作用机理，检验产品市场竞争环境对高管收益的影响。研究结果表明，企业外部经济交换域中，产品市场竞争环境激烈能够提高高管货币性收益和非货币性收益的合理性水平。由此可见，产品市场竞争作为微观公司层级重要的正式规则与非正式规则所形成的背景环境，外部激烈的产品市场竞争环境参数能够促进信息的有效传递、价格机制的及时反馈和竞争结果的优胜劣汰，从而增加公司高管进行不当决策的风险和交易成本，使得高管收益的行动决策选择更为谨慎，增强自身行为的自律性，从而对高管收益具有软约束作用。

（二）企业外部环境对监事会设置主动程度的影响

政治域中法律环境对监事会设置主动程度存在差异性影响。以企业外部环境变化是否引发监事会设置机制的自我实施为研究问题，本书运用比较制度分析理论的思想阐释法律环境对监事会制度演进的作用机理，并检验法律环境参数位移轨迹的影响。研究发现，法律环境将影响监事会设置机制的内生性自我实施，表现为法律环境的完善将提升监事会独立性和技术能力设置的主动程度，降低监事会规模设置的主动程度。研究结果意味着，政治域内法律环境参数趋于合理完善的位移轨迹，更有利于公司博弈参与人基于主观博弈模型预测和判断，从而推进监事会设置机制的自我实施。法律环境的良性发展能够给予公司更大的自律空间，具有创新精神的投资者在既定制度框架内将相机选择行动决策，从而提升监事会独立性设置主动程度和监事会技术能力设置主动程度，以期增强监事会监督效力，进一步为公司在有效信息流通环境中扩展额外收益的空间。同时，法律环境更趋于完善时，公司倾向于降低监事会规模设置主动程度，显现出公司依据立法水平和执法效力等法律环境的参数，主动性设置监事会的自律性，即监事会设置机制的自发性调整亦是充分考量外部法律环境以及交易成本最小化而进行的相机选择。

经济交换域中产品市场竞争环境对监事会设置主动程度存在差异性影响。本书运用比较制度分析理论的思想阐释产品市场竞争环境对监事会制度演进的作用机理，并检验产品市场竞争环境参数位移轨迹的作用。研究发现，产品市场竞争环境激烈，能够促进公司监事会自发性调整，提升监事会设置主动程度。研究结果意味着，经济交换域的产品市场竞争环境博弈规则的变化形成监事会设置机制演进的位移参数。激烈的产品市场竞争环境，强化了外部环境的信息传递和优胜劣汰效应，同时其博弈规则变化也带来了机遇和压力，采取积极策略应对的公司根据外生产品市场竞争环境参数的位移轨迹，相机选择决策进行监事会机制的自发性演进，从而提升监事会设置主动程度。

（三）监事会设置主动程度的提升能够增强对高管收益的监督效力

基于对我国监事会是否无效力，抑或是不同公司间监事会的监督效力是否存在差异，以及其差异的根源等一系列研究问题的解答，本书以交易成本经济学理论和代理理论阐释监事会制度演进的价值，并考察了监事会设置机制的内生性演进对高管收益的效应。研究发现，监事会规模设置主动程度、监事会独立性设置主动程度和监事会技术能力设置主动程度的提升能够有效监督高管货币性收益和非货币性收益的合理性；相比于高管非货币性收益，监事会设置主动程度对高管货币性收益的监督效力更大。研究结果说明，微观层级自发性实施的监事会设置机制演进具有积极作用。如果公司遵从既有刚性制度的强制性要求而被动性地设置监事会行使监督职能，随着公司规模的扩张、技术及资源禀赋的变化和交易成本的上升，既有监事会制度实施的交易成本增加，则不能充分制约高管的机会主义行为。然而，当监事会设置机制在既有正式制度框架范围内可选择性地自我实施时，监事会的监督效力能够得以提升。虽然监事会制度的内生性演进使初始投资成本增加，但主动的目的性治理机制的实施将导致单位成本和边际成本的下降，降低公司高管发生的剩余损失，减少因违规而发生的惩罚成本等。因而，在监督高管权力的合理运用的同时也为组织获取制度演进的潜在利润。同时，研究结果也意味着，我国监事会在信息获取渠道和获取能力等方面具有局限性，导致监事会设置主动程度的提升对高管获取货币性收益的监督作用相比于对非货币性收益的监督作用更大。相关研究结论深化了对监事会制度演进的理论认知，拓展了监事会监督效力和高管收益治理相关问题的分析视角。

（四）监事会设置主动程度在企业外部环境和高管收益之间发挥中介效应

为回应法律环境和产品市场竞争环境两个维度的企业外部环境是否通过监事会设置机制的演进这一中间介质的作用对高管收益产生间接影响的研究问题，本书以交易成本经济学理论的层级框架思想分析间接作用的路径，并以中介效应检验方法进行经验分析。

监事会作为企业外部环境与高管个体层级的中间层级治理主体，应以政治域和经济交换域中法律环境和产品市场竞争环境等外生博弈规则的变化和差异为位移参数，相机选择推进监事会设置机制自我实施并调整实施程度，积极地调整监事会规模、独立性和技术能力设置的主动程度，进而增强对高管获取收益合理性的监督效力，以此形成宏观企业外部环境至监事会设置机制演进，再至高管收益的自上而下的作用路径，正契合交易成本经济学理论自宏观到微观再到个体的三层级作用框架。

鉴于此，本书同时考察了公司外部和内部因素对高管货币性收益和非货币性收益的作用，以及位于中间介质的公司内生性监事会设置机制演进对企业外部环境与高管收益之间关系的影响。研究结果显示，法律环境和产品市场竞争环境不仅存在直接影响高管收益的唯一路径，还具有因外生制度的变化或差异而影响监事会规模设置主动程度、监事会独立性设置主动程度和监事会技术能力设置主动程度，进而影响高管收益的间接作用路径，即监事会设置主动程度在法律环境和产品市场竞争环境与高管货币性收益和非货币性收益之间分别发挥部分中介效应。研究结果说明，企业外部的法律环境和产品市场竞争环境的良性发展将促进监事会内生性相机调整设置机制，进而增强对高管获取收益行为的监督和约束力。同时，这也意味着组织域内监事会设置机制演进如果仅是孤立的制度安排并不一定是帕累托最优，应是关联其他域外生博弈规则的连锁反应，以形成整体的持续性制度安排，才能提升监事会对高管行为的监督效力，从而实现帕累托改进。这一研究结论丰富了交易成本经济学理论在微观治理机制问题方面的应用，拓展了高管收益影响因素的研究思路。

第二节　政策建议

本书融合了企业外部环境和监事会设置机制演进的耦合效应对高管收益的分析，具有一定的理论和实践价值。根据前文研究结论，本书提出相关政策建议。

一　宏观层面

（一）构建良性法律环境以完善投资者保护体系

本书验证政治域内法律环境有利于监事会设置机制演进和增强高管收益的合理性，因此应提升法律环境强化其对监事会机制和高管权力决策选择行为的积极效应。其一，针对投资者利益保护和高管收益决策选择行为进一步科学合理立法，强化执法，并完善投资者诉讼机制，以此减少相应法律的真空地带；加大对投资者利益的保护力度、对利益侵占行为的惩处力度，从而实现有效打击、震慑和遏制的实践效果；而且法律环境的良性运行，为公司治理机制（包括监事会设置机制）适应法律环境的内生性演进提供自主行为的空间。其二，借鉴德国《股份公司法》《公司法》和日本《公司法》《日本商法典》等关于监事会设置的明确法律规定，进一步立法，强化监事会设置及行权保障。主要包括提高监事会规模设置的最低标准，并按公司规模分别设置监事会规模的基准；除在我国《公司法》及《上市公司治理准则》等正式制度中规定监事会成员的消极任职资格外，应进一步明确界定监事会成员独立性和技术能力等积极任职资格，以及监事会独立性和技术能力设置的最低构成标准；明确监事会信息获取的法律基础、范围和渠道等程序规则，保障监事会切实履职。

（二）加强外部监管机制以发挥正式规则的强制性效应

一是通过准则或规定等正式制度完善信息披露内容，提升信息披露质量，借鉴美国证监会的做法，除要求上市公司披露高管薪酬总额外，还应要求隐性契约构成的具有重要性的在职消费信息、股权激励信息等内容予以披露，缩减公司高管隐匿非货币性收益的空间。二是强化国资委或证监会等政府部门对上市公司监事会的监管，可以通过重点检查、定期及不定期抽查或者列席监事会重要的工作会议等方式实施对监事会的监管，以此提升监事会的履职积极性和监督效力，同时也推进监事会设置机制的自我实施。

（三）促进产品市场健康发展以充分发挥产品市场竞争机制的作用

本书验证产品市场竞争环境对监事会设置机制的演进和高管收益具有正向作用，因此，应重视经济交换域中产品市场竞争环境的发展。政府应以政策鼓励和推进竞争，与微观经济主体共同营造良性竞争环境，公平竞争秩序，完善竞争机制，促进产品市场形成健康有序的竞争格局；同时，消除能源、移动通信等行业的垄断壁垒，适当降低行业准入门槛，将产品市场竞争引入垄断保护行业。由此增加并完善产品市场竞争机制，提升产品市场竞争的积极效应。

（四）推进政府放权改革以发挥市场主体作用

一方面，推进政府及政府部门持股或控股的公司产权改革，进一步明晰政府与国有公司的产权和权责，减少企业组织中的政府干预行为，从而完善公司治理机制，增强市场力量对区域公司治理的作用，尤其将国有公司高管薪酬置于市场驱动因素下签订。另一方面，减少政府对重要资源配置的控制权，将自然资源、人力资本和金融资本等重要资源配置交由市场发挥决定性作用，政府职责是相机的"缺失"弥补，充分发挥政府为企业服务的"管家"作用。

（五）强化社会监督和构筑社会道德信用体系以发挥外部非正式制度的力量

一方面，强化媒体和社会公众的外部监督功能，提高公司高管权力运行的透明度，以信息机制和声誉机制影响公司高管权力决策选择的难度。另一方面，把信用机制作为"法律盲区"的补充机制（张维迎，2001），从而督促高管忠诚勤勉履职，建立诚信记录，优化高管执业经历。

二 微观层面

（一）公司应主动推进监事会机制的内生性自我实施

本书研究结论验证了监事会设置主动程度对高管行为的积极作用，未来研究则更能够进一步验证监事会设置自发性演进的积极效应。因此，公司不仅仅应当以满足法律制度的强制性要求被动性地设置监事会，更应当在满足合规性要求的基础上，进一步扩展监事会规模、聘任并增加外部监事的比例以及具备财务、审计和法律等专业技能的监事比例，以提高监事会独立性和技术能力设置主动程度。积极提升监事会设置主动程度，避免公司被动承担监事会运行成本，避免监事会实践运行的低效力，提升外部利益相关者尤其是现时投资者或潜在投资者关于公司对投资者利益保护和公司治理水平的认知，从而为上市公司获得正向的经济及社会效应，使公司获取既定制度安排下最大化的潜在利润。可见，公司积极应对外部环境，推进监事会设置机制的自我实施，并不只是简单交易成本的增加，而将获取更多隐性或显性的现时和潜在的利益。

（二）公司需积极应对外部环境变化

组织作为开放性系统，置身于外部环境的正式规则与非正式规则的集合中，根据特定时空中不断变化的外部环境而快速适应是社会的主要经济问题（Hayek，1945），也是微观经济组织的核心问题（Barnard，1938）。外部宏观环境参数的良性位移为公司提供发展的空间，外部环境的变化或波动将引发微观层级公司面临机遇与风险，由此如何应对外部环境的波动和变化，形成具有适应性的内部协调机制是微观层级的公司面临的永恒主题。

（三）公司应进一步完善内部治理结构

外部环境的完善过程较为漫长，相对而言完善公司内部治理结构更为迫切。结合研究过程，本书认为公司应从三个方面进一步完善内部治理结构。一是合理制衡高管权力，公司高管职位的权力或影响力大小是构成高管不当行为发生与否的重要条件，调整公司治理结构，制衡高管权力过度集中能够最大限度地规范高管行为。二是提高股东治理效率，我国主要是控股股东治理，改革股权结构，形成控制权制衡；改革现行的"一股一票制"和"简单多数制"，

第六章　研究结论及政策建议

尝试限制性投票权或加大实施累计投票制，平衡大股东与中小股东的权力，提升股东治理的整体效率。三是提高董事会独立性和监管能力，聘任独立董事和外部董事，提高董事会独立性并保证其监管效力；同时，协调我国"二元制"公司治理体系中监事会和独立董事的监督权力和职能。

第三节　研究局限及展望

本书对微观层级监事会设置机制演进加以深入研究，并将外部环境、监事会设置主动程度和高管收益纳入同一框架进行跨层级研究，具有一定的理论和实践意义，然而依旧具有一定的局限性，以期在未来的研究中进一步扩展。

首先，在企业外部环境的界定方面，企业外部环境是宏观层级复杂的概念，本书依据大量文献分析选择法律环境和产品市场竞争环境两个维度，并在书中分析企业外部环境对高管收益的直接和间接作用，企业外部环境的界定及研究结果具有合理性。但是，作为宏观环境的重要构面之一，社会交换域的环境因为缺乏中介效应相关研究文献的支持及其衡量标准的确定等问题，本书未将社会交换域的环境纳入所界定的企业外部环境的概念之中，也未探讨其对监事会设置机制演进及高管权力寻租行为的影响，未来可以在这一研究视域加以补充。

其次，在监事会设置主动程度的衡量方面，我国关于公司在合规性基础上主动进行公司治理的研究尚处于初步探索阶段，也鲜有研究系统性探究监事会设置的主动程度。本书借鉴国内外学者Anand（2005）、Chhaochharia 和 Laeven（2009）、陈德球等（2009）以及 Bruno 和 Claessens（2010）关于公司主动性治理的研究思想，以及李维安和王世权（2005）、Firth 等（2007）、Ding 等（2010）、王世权（2011a）、Ran 等（2014）关于监事会设置及其作用的研究结论，选择以监事会规模、监事会独立性和监事会技术能力三个维度衡量监事会设置主动程度，并不能保证亦不可能全面精确地衡量和分析监事会设置机制自我实施及其程度。未来的研究中可以继续挖掘并丰富监事会设置主动程度的替代变量、度量方法及其衍生的价值效应。

最后，在理论分析方面，本书综合运用比较制度分析理论、交易成本经济学理论及代理理论将企业外部环境、监事会设置主动程度与高管收益纳入同一框架，对三者之间的作用机理进行全面系统的理论推导和阐释，然而并未进行数理推导。在未来研究中，可以进一步在综合框架下，通过构建数理模型补充和完善企业外部环境、监事会设置主动程度与高管收益之间的数理推导及其机理分析。

参考文献

〔美〕奥利弗·E. 威廉姆森：《治理机制：THE MECHANISMS OF GOVERNANCE》，石烁译，机械工业出版社，2016。

〔美〕奥利弗·E. 威廉姆森：《资本主义经济制度：论企业签约与市场签约》，段毅才、王伟译，商务印书馆，2002。

〔美〕奥利弗·E. 威廉姆森：《交易成本经济学的自然演进》，《西安交通大学学报》（社会科学版）2011年第4期。

曹廷求、钱先航：《公司治理与风险管理：基于治理风险视角的分析》，《会计研究》2011年第7期。

曹伟、杨德明、赵璨：《政治晋升预期与高管腐败——来自国有上市公司的经验证据》，《经济学动态》2016年第2期。

陈德球：《政府质量、公司治理与企业资本配置效率》，北京大学出版社，2014。

陈德球、李思飞、王丛：《政府质量、终极产权与公司现金持有》，《管理世界》2011年第11期。

陈德球、马连福、钟昀珈：《自主性治理、投资行为与股票收益——基于上市公司投资者关系管理的研究视角》，《经济评论》2009年第2期。

陈德球、魏刚、肖泽忠：《法律制度效率、金融深化与家族控制权偏好》，《经济研究》2013年第10期。

陈冬华：《地方政府、公司治理与补贴收入——来自我国证券市场的经验证据》，《财经研究》2003年第9期。

陈冬华、陈信元、万华林：《国有企业中的薪酬管制与在职消费》，《经济研究》2005年第2期。

陈冬华、梁上坤、蒋德权：《不同市场化进程下高管激励契约的成本与选择：货币薪酬与在职消费》，《会计研究》2010年第11期。

陈剑洪：《企业高管侵占型职务犯罪的会计调查与治理》，江西财经大学博士学位论文，2015。

陈仕华、姜广省、李维安、王春林：《国有企业纪委的治理参与能否抑制高管私有收益？》，《经济研究》2014年第10期。

陈仕华、卢昌崇：《国有企业党组织的治理参与能够有效抑制并购中的"国有资产流失"吗？》，《管理世界》2014年第5期。

陈晓萍、徐淑英、樊景立：《组织与管理研究的实证方法》（第二版），北京大学出版社，2012。

陈晓珊：《异质性企业高管在职消费与货币薪酬的治理效应研究——兼论在职消费的"代理观"与"效率观"》，《云南财经大学学报》2017年第1期。

陈信元、陈冬华、万华林：《国有企业薪酬管制、高管腐败与企业绩效》，立信会计学术研讨会，2005。

陈信元、陈冬华、万华林、梁上坤：《地区差异、薪酬管制与高管腐败》，《管理世界》2009年第11期。

陈修德、梁彤缨、陈波：《区域市场化与高管薪酬契约的管理层权力效应——基于对跨层级塑造作用的考察》，《江汉学术》2015年第4期。

陈炟、吴春雷、张秋生：《国企高管超控制权薪酬、薪酬替代与经济后果》，《经济与管理研究》2013年第5期。

陈宇峰、姜井勇：《交易成本、行为选择与治理经济学——2009年诺贝尔经济学奖得主奥斯特罗姆和威廉姆森学术贡献述评》，《西部论坛》2010年第4期。

程晓陵、王怀明：《公司治理结构对内部控制有效性的影响》，《审计研究》2008年第4期。

褚剑、方军雄：《政府审计能够抑制国有企业高管超额在职消费吗？》，《会计研究》2016年第9期。

戴德明、王茂林、林慧婷：《外部治理环境、控制权私有收益与上市公司高管晋升效率》，《经济与管理研究》2015年第1期。

邓路、刘瑞琪、廖明情：《宏观环境、所有制与公司超额银行借款》，《管理世界》2016年第9期。

邓启稳：《上市公司激励机制与会计信息质量实证研究》，《宏观经济研究》2013年第12期。

杜胜利、翟艳玲：《总经理年度报酬决定因素的实证分析——以我国上市公司为例》，《管理世界》2005年第8期。

樊纲、王小鲁、张立文、朱恒鹏：《中国各地区市场化相对进程报告》，《经济研究》2003年第3期。

樊纲、王小鲁、朱恒鹏：《中国市场化指数——各地区市场化相对进程2011年报告》，经济科学出版社，2011。

方芳、李实：《中国企业高管薪酬差距研究》，《中国社会科学》2015年第8期。

方军雄：《高管权力与企业薪酬变动的非对称性》，《经济研究》2011年第4期。

费方域：《契约人假定和交易成本的决定因素——威廉姆森交易成本经济学述评之一》，《外国经济与管理》1996a年第5期。

费方域：《交易、合同关系的治理和企业——威廉姆森交易成本经济学述评之二》，《外国经济与管理》1996b年第6期。

费方域：《交易成本理论和委托代理理论之比较——威廉姆森交易成

本经济学述评之四》,《外国经济与管理》1996c 年第 8 期。

冯根福、赵珏航:《管理者薪酬、在职消费与公司绩效——基于合作博弈的分析视角》,《中国工业经济》2012 年第 6 期。

傅颀、汪祥耀:《所有权性质、高管货币薪酬与在职消费——基于管理层权力的视角》,《中国工业经济》2013 年第 12 期。

高菲、李凯、王世权:《监事会治理影响要因的灰色关联分析》,《东北大学学报》(自然科学版) 2009 年第 8 期。

高雷、宋顺林:《董事会、监事会与代理成本——基于上市公司 2002~2005 年面板数据的经验证据》,《经济与管理研究》2007 年第 10 期。

郭雳:《中国式监事会:安于何处,去向何方?——国际比较视野下的再审思》,《比较法研究》2016 年第 2 期。

韩忠雪、周婷婷:《产品市场竞争、融资约束与公司现金持有:基于中国制造业上市公司的实证分析》,《南开管理评论》2011 年第 4 期。

郝臣:《中小企业成长:外部环境、内部治理与企业绩效——基于 23 个省市 300 家中小企业的经验数据》,《南方经济》2009 年第 9 期。

郝颖、刘星:《资本投向、利益攫取与挤占效应》,《管理世界》2009 年第 5 期。

郝照辉、胡国柳:《董事高管责任保险、私有收益与公司并购行为的研究》,《保险研究》2014 年第 12 期。

郝照辉、胡国柳、胡珺:《董事高管责任保险、公司治理与高管私有收益的研究》,《保险研究》2016 年第 5 期。

胡海川、张心灵:《公司治理与信息披露质量的关系分析》,《统计与决策》2013 年第 22 期。

胡坚:《股份公司监事会制度研究》,西南政法大学博士学位论文, 2010。

参考文献

胡晓静：《德国上市公司中董事会与监事会的共同作用》，《当代法学》2008 年第 3 期。

扈文秀、介迎疆、侯于默、李簪：《监事与独立董事激励对两类代理成本影响的实证研究》，《预测》2013 年第 3 期。

黄国良、丁月婷、吴汉英：《高管权力、股权激励与隐性腐败》，《经济经纬》2017 年第 3 期。

黄群慧：《管理腐败新特征与国有企业改革新阶段》，《中国工业经济》2006 年第 11 期。

姜付秀、黄继承：《经理激励、负债与企业价值》，《经济研究》2011 年第 5 期。

姜付秀、黄磊、张敏：《产品市场竞争、公司治理与代理成本》，《世界经济》2009 年第 10 期。

蒋荣、陈丽蓉：《产品市场竞争治理效应的实证研究：基于 CEO 变更视角》，《经济科学》2007 年第 2 期。

李伯侨、凌永琴：《中日两国监事会信息监控制度的比较分析》，《商业研究》2006 年第 6 期。

李慧聪、李维安、郝臣：《公司治理监管环境下合规对治理有效性的影响——基于中国保险业数据的实证研究》，《中国工业经济》2015 年第 8 期。

李克成：《中国石油监事会的运作与体会》，《管理世界》2004 年第 9 期。

李明辉：《股权结构、公司治理对股权代理成本的影响——基于中国上市公司 2001~2006 年数据的研究》，《金融研究》2009 年第 2 期。

李青原、陈晓、王永海：《产品市场竞争、资产专用性与资本结构——来自中国制造业上市公司的经验证据》，《金融研究》2007 年第 4 期。

李善民、毛雅娟、赵晶晶：《高管持股、高管的私有收益与公司的并购行为》,《管理科学》2009 年第 6 期。

李寿喜:《产权、代理成本和代理效率》,《经济研究》2007 年第 1 期。

李维安:《公司治理新阶段:合规、创新与发展》,《南开管理评论》2007 年第 5 期。

李维安、刘绪光、陈靖涵:《经理才能、公司治理与契约参照点——中国上市公司高管薪酬决定因素的理论与实证分析》,《南开管理评论》2010 年第 2 期。

李维安、邱艾超、牛建波、徐业坤:《公司治理研究的新进展:国际趋势与中国模式》,《南开管理评论》2010 年第 6 期。

李维安、王世权:《中国上市公司监事会治理绩效评价与实证研究》,《南开管理评论》2005 年第 1 期。

李维安、王守志、王世权:《大股东股权竞争与监事会治理——基于中国上市公司的实证分析》,《经济社会体制比较》2006 年第 3 期。

李维安、张亚双:《如何构造适合国情的公司治理监督机制——论我国监事会的功能定位》,《财经科学》2002 年第 2 期。

李维安主编《公司治理学》(第二版),高等教育出版社,2009。

梁彤缨、冯莉、陈修德:《金字塔结构、在职消费与公司价值——来自中国上市公司的经验证据》,《山西财经大学学报》2012 年第 11 期。

林浚清、黄祖辉、孙永祥:《高管团队内薪酬差距、公司绩效和治理结构》,《经济研究》2003 年第 4 期。

林毅夫、蔡昉、李周:《充分信息与国有企业改革》,上海人民出版社,1997。

林毅夫、刘明兴、章奇:《政策性负担与企业的预算软约束:来自中国的实证研究》,《管理世界》2004 年第 8 期。

刘凤委、孙铮、李增泉:《政府干预、行业竞争与薪酬契约——来自国有上市公司的经验证据》,《管理世界》2007 年第 9 期。

刘名旭:《监事会、公司治理与公司绩效——基于民营上市公司的研究》,《华东经济管理》2007 年第 10 期。

刘善敏:《监事会独立性与监督功能的实证研究》,《宏观经济研究》2008 年第 8 期。

刘星、徐光伟:《政府管制、管理层权力与国企高管薪酬刚性》,《经济科学》2012 年第 1 期。

刘银国:《基于博弈分析的上市公司监事会研究》,《管理世界》2004 年第 9 期。

刘志强:《CEO 权力、产品市场竞争与在职消费》,《云南财经大学学报》2015 年第 6 期。

卢锐、魏明海、黎文靖:《管理层权力、在职消费与产权效率——来自中国上市公司的证据》,《南开管理评论》2008 年第 5 期。

卢山:《东亚地区公司治理模式的发展与变革研究》,武汉理工大学博士学位论文,2011。

卢馨、方睿孜、郑阳飞:《外部治理环境能够抑制企业高管腐败吗?》,《经济与管理研究》2015 年第 3 期。

陆智强、李红玉:《经理超额薪酬:权力腐败抑或人力资本溢价》,《统计与决策》2012 年第 17 期。

逯东、林高、黄莉、杨丹:《"官员型"高管、公司业绩和非生产性支出——基于国有上市公司的经验证据》,《金融研究》2012 年第 6 期。

〔德〕路德·克里格尔:《监事会的权利与义务》,杨大可译,法律出版社,2011。

罗进辉、万迪昉:《大股东持股对管理者过度在职消费行为的治理研究》,《证券市场导报》2009 年第 6 期。

罗礼平:《监事会与独立董事:并存还是合一?——中国上市公司内

部监督机制的冲突与完善研究》,《比较法研究》2009 年第 3 期。

罗培新:《公司高管薪酬:制度积弊及法律应对之限度——以美国经验为分析视角》,《法学》2012 年第 12 期。

马洪娟:《产品市场竞争、公司治理与公司绩效》,暨南大学博士学位论文,2010。

马连福、曹春方:《制度环境、地方政府干预、公司治理与 IPO 募集资金投向变更》,《管理世界》2011 年第 5 期。

马连福、陈德球:《基于信息权视角的强制性治理与自主性治理》,《南开学报》(哲学社会科学版) 2008a 年第 6 期。

马连福、陈德球:《强制性治理与自主性治理问题探讨与比较》,《外国经济与管理》2008b 年第 6 期。

马连福、王元芳、沈小秀:《国有企业党组织治理、冗余雇员与高管薪酬契约》,《管理世界》2013 年第 5 期。

马施、李毓萍:《监事会特征与信息披露质量——来自深交所的经验证据》,《东北师大学报》(哲学社会科学版) 2009 年第 6 期。

牟韶红、李启航、陈汉文:《内部控制、产权性质与超额在职消费——基于 2007—2014 年非金融上市公司的经验研究》,《审计研究》2016 年第 4 期。

聂辉华:《交易费用经济学:过去、现在和未来——兼评威廉姆森〈资本主义经济制度〉》,《管理世界》2004 年第 12 期。

钱先航:《自主性治理与股权融资成本——基于公司治理自查报告的实证分析》,《经济管理》2010 年第 2 期。

钱先航、曹廷求:《强制性与自主性治理:法律、公司特征的交互效应》,《管理评论》2012 年第 9 期。

钱颖一:《国外经济体制比较研究前沿》,《经济社会体制比较》1992 年第 2 期。

〔日〕青木昌彦:《比较制度分析》,周黎安译,上海远东出版社,2001。

参考文献

〔日〕青木昌彦：《沿着均衡点演进的制度变迁》，载〔美〕罗纳德·H. 科斯（Ronald H. Coase）等《制度、契约与组织：从新制度经济学角度的透视》，刘刚等译，经济科学出版社，2003。

〔日〕青木昌彦、奥野正宽：《经济学原理》，魏加宁译，中国发展出版社，2005。

〔日〕青木昌彦、曹莉、王信：《比较制度分析：起因和一些初步的结论》，《经济社会体制比较》1997a 年第 1 期。

〔日〕青木昌彦、曹莉、王信：《比较制度分析：起因和一些初步的结论（续）》，《经济社会体制比较》1997b 年第 2 期。

卿石松：《监事会特征与公司绩效关系实证分析》，《首都经济贸易大学学报》2008 年第 3 期。

裘宗舜、饶静：《股权结构、治理环境与利益输送——来自我国上市公司的经验证据》，《当代财经》，2007 年第 9 期。

权小锋、吴世农、文芳：《管理层权力、私有收益与薪酬操纵》，《经济研究》2010 年第 11 期。

冉光圭、方巧玲、罗帅：《中国公司的监事会真的无效吗》，《经济学家》2015 年第 1 期。

冉戎、刘星：《合理控制权私有收益与超额控制权私有收益——基于中小股东视角的解释》，《管理科学学报》2010 年第 6 期。

邵东亚：《公司治理的机制与绩效——案例分析与制度反思》，《管理世界》2003 年第 12 期。

施东晖：《转轨经济中的所有权与竞争：来自中国上市公司的经验证据》，《经济研究》2003 年第 8 期。

苏方国：《人力资本、组织因素与高管薪酬：跨层次模型》，《南开管理评论》2011 年第 3 期。

孙烨、张晶：《监事会主动设置与高管货币性私有收益——基于制度环境的共时性关联》，《财经问题研究》2018 年第 4 期。

孙烨、张晶：《制度环境对高管腐败作用的边界条件研究》，《山东社会科学》2017年第7期。

泰赫曼、王彦明、孙昊：《德国股份公司的监事会：历史发展与现代挑战》，《社会科学战线》2015年第5期。

谭云清、朱荣林：《产品市场竞争、监督与公司治理的有效性》，《上海交通大学学报》2007年第7期。

唐跃军、李维安：《大股东对治理机制的选择偏好研究——基于中国公司治理指数（CCGI^{NK}）》，《金融研究》2009年第6期。

田妮、张宗益：《国有企业高管在职消费监管：理论与经验证据》，《经济与管理研究》2016年第10期。

王可、周亚拿：《监事会异质性对独立董事风险防控的影响分析——以银行业为例》，《山东社会科学》2016年第10期。

王立彦、王婧、刘军霞：《内部监控双轨制与公司财务信息质量保障——从案例解析看监事会制度和独立董事制度孰为有效》，《审计研究》2002年第6期。

王丽敏、王世权：《中国民营上市公司监事会治理评价及实证分析》，《经济问题探索》2007年第11期。

王敏：《论公司监事会机制创新的三条路径》，《苏州大学学报》（哲学社会科学版）2012年第1期。

王清刚、胡亚君：《管理层权力与异常高管薪酬行为研究》，《中国软科学》2011年第10期。

王清刚、胡亚君、王婧雅、陈震：《公司内部治理与异常高管薪酬行为研究》，《重庆理工大学学报》（社会科学）2011年第5期。

王世权：《监事会治理的有效性研究》，中国人民大学出版社，2011a。

王世权：《监事会的本原性质、作用机理与中国上市公司治理创新》，《管理评论》2011b年第4期。

王世权、李维安：《监事会治理理论的研究脉络及进展》，《产业经济评论》2009年第1期。

王世权、刘金岩：《日本独立董事制度实施效率分析》，《现代日本经济》2007年第2期。

王世权、宋海英：《上市公司应该实施独立监事制度吗？——来自中国证券市场的证据》，《会计研究》2011年第10期。

王世权、细沼蔼芳：《日本企业内部监督制度变革的动因、现状及启示》，《日本学刊》2008年第4期。

王小鲁、樊纲、于静文：《中国分省份市场化指数报告（2016）》，社会科学文献出版社，2017。

王雄元、何捷：《行政垄断、公司规模与CEO权力薪酬》，《会计研究》2012年第11期。

王彦超、辛清泉、王娅娅：《所有权安排与监事会治理效率——基于中国上市公司的实证发现》，《南方经济》2007年第3期。

王彦明、赵大伟：《论中国上市公司监事会制度的改革》，《社会科学研究》2016年第1期。

王曾、符国群、黄丹阳、汪剑锋：《国有企业CEO"政治晋升"与"在职消费"关系研究》，《管理世界》2014年第5期。

魏树发、江钦辉：《股份公司监事会独立性的强化与保障》，《中国海洋大学学报》（社会科学版）2010年第2期。

魏益华、程九思、田佳琦：《廉政建设视阈下国企高管收入问题研究》，《吉林大学社会科学学报》2017年第4期。

温忠麟、张雷、侯杰泰、刘红云：《中介效应检验程序及其应用》，《心理学报》2004年第5期。

吴成颂、唐伟正、钱春丽：《制度背景、在职消费与企业绩效——来自证券市场的经验证据》，《财经理论与实践》2015年第5期。

吴联生、林景艺、王亚平：《薪酬外部公平性、股权性质与公司业绩》，《管理世界》2010年第3期。

吴先聪：《机构投资者影响了高管薪酬及其私有收益吗？——基于不同特质机构投资者的研究》，《外国经济与管理》2015年第8期。

〔美〕W. 理查德·斯科特：《制度与组织——思想观念与物质利益》，姚伟、王黎芳译，中国人民大学出版社，2010。

〔美〕W. 理查德·斯科特、杰拉尔德·F. 戴维斯：《组织理论：理性、自然与开放系统的视角》，高俊山译，中国人民大学出版社，2011。

夏立军、方轶强：《政府控制、治理环境与公司价值——来自中国证券市场的经验证据》，《经济研究》2005年第5期。

肖继辉、彭文平：《基金管理公司内部治理及其效应分析——以开放式基金为样本》，《审计与经济研究》2010年第1期。

谢德仁：《独立董事：代理问题之一部分》，《会计研究》2005年第2期。

谢德仁：《审计委员会制度与中国上市公司治理创新》，《会计研究》2006年第7期。

谢获宝、惠丽丽：《市场化进程、企业绩效与高管过度隐性私有收益》，《南方经济》2015年第3期。

辛清泉、谭伟强：《市场化改革、企业业绩与国有企业经理薪酬》，《经济研究》2009年第11期。

徐光伟：《政府管制下的国有企业高管激励机制研究》，重庆大学博士学位论文，2012。

徐细雄：《企业高管腐败研究前沿探析》，《外国经济与管理》2012年第4期。

徐细雄、刘星：《放权改革、薪酬管制与企业高管腐败》，《管理世界》2013年第3期。

徐细雄、谭瑾：《制度环境、放权改革与国企高管腐败》，《经济体制改革》2013年第2期。

薛健、汝毅、窦超：《"惩一"能否"儆百"？——曝光机制对高管超额在职消费的威慑效应探究》，《会计研究》2017年第5期。

薛祖云、黄彤：《董事会、监事会制度特征与会计信息质量——来自中国资本市场的经验分析》，《财经理论与实践》2004年第4期。

杨大可：《德国股份有限公司监事会信息权制度评析及启示》，《德国研究》2015年第1期。

杨大可：《论监事独立性概念之界定——以德国公司法规范为镜鉴》，《比较法研究》2016a年第2期。

杨大可：《德国公司合规审查实践中董/监事会的分级合作及启示》，《证券市场导报》2016b年第11期。

杨德明、赵璨：《国有企业高管为什么会滋生隐性腐败？》，《经济管理》2014年第10期。

杨德明、赵璨：《媒体监督、媒体治理与高管薪酬》，《经济研究》2012年第6期。

杨慧辉：《上市公司内部治理效率对财务舞弊行为的影响》，《现代财经》（天津财经大学学报）2010年第11期。

杨蕾、卢锐：《独立董事与高管薪酬——基于中国证券市场的经验证据》，《当代财经》2009年第5期。

杨蓉：《垄断行业企业高管薪酬问题研究：基于在职消费的视角》，《复旦学报》（社会科学版）2011年第5期。

杨瑞龙、杨其静：《企业理论：现代观点》，中国人民大学出版社，2005。

杨瑞平：《治理层的监督与内部控制》，《商业研究》2011年第6期。

伊志宏、姜付秀、秦义虎：《产品市场竞争、公司治理与信息披露质量》，《管理世界》2010年第1期。

游志郎、余耀东、韩小明、周建：《银行高管薪酬的权力诱因与风险后果研究》，《外国经济与管理》2017年第4期。

于阳子：《独立董事主动设置、同业声誉对业绩与盈余质量的影响研究》，吉林大学博士学位论文，2015。

余明桂、潘红波：《金融发展、商业信用与产品市场竞争》，《管理世界》2010年第8期。

袁萍、刘士余、高峰：《关于中国上市公司董事会、监事会与公司业绩的研究》，《金融研究》2006年第6期。

翟胜宝、徐亚琴、杨德明：《媒体能监督国有企业高管在职消费么？》，《会计研究》2015年第5期。

张栋、王秀丽、姜锡明：《股权结构与上市公司高管违规行为——我国上市公司高管"落马"现象的经验分析》，《山西财经大学学报》2007年第5期。

张功富、宋献中：《产品市场竞争能替代公司内部治理吗？——来自中国上市公司过度投资的经验证据》，中国会计学会2007年学术年会论文集（上册），2007。

张晶、孙烨：《企业高管异常私有收益获取路径探析：基于微观企业制度层级的分析》，《湖北社会科学》2017年第8期。

张力、潘青：《董事会结构、在职消费与公司绩效——来自民营上市公司的经验证据》，《经济学动态》2009年第3期。

张洽、袁天荣：《CEO权力、私有收益与并购动因——基于我国上市公司的实证研究》，《财经研究》2013年第4期。

张蕊、管考磊：《高管薪酬差距会诱发侵占型职务犯罪吗？——来自中国上市公司的经验证据》，《会计研究》2016年第9期。

张铁铸、沙曼：《管理层能力、权力与在职消费研究》，《南开管理评论》2014年第5期。

张维迎：《产权、激励与公司治理》，经济科学出版社，2005。

张维迎：《产权、政府与信誉》，生活·读书·新知三联书店，2001。

张玮倩、方军雄：《地区腐败、企业性质与高管腐败》，《会计与经济研究》2016 年第 3 期。

张先治、戴文涛：《公司治理结构对内部控制影响程度的实证分析》，《财经问题研究》2010 年第 7 期。

张逸杰、王艳、唐元虎、蔡来兴：《监事会财务监督有效性的实证研究》，《山西财经大学学报》2006 年第 2 期。

张翼、马光：《法律，公司治理与公司丑闻》，《管理世界》2005 年第 10 期。

张运所、秦玉彬：《论我国上市公司内部监督机制模式的选择——兼及独立董事与监事会的关系》，《河北法学》2005 年第 6 期。

张振新、杜光文、王振山：《监事会、董事会特征与信息披露质量》，《财经问题研究》2011 年第 10 期。

章卫东、张江凯、成志策、徐翔：《政府干预下的资产注入、金字塔股权结构与公司绩效——来自我国地方国有控股上市公司资产注入的经验证据》，《会计研究》2015 年第 3 期。

赵璨、杨德明、曹伟：《行政权、控制权与国有企业高管腐败》，《财经研究》2015 年第 5 期。

赵璨、朱锦余、曹伟：《产权性质、高管薪酬与高管腐败——来自中国上市公司的经验证据》，《会计与经济研究》2013 年第 5 期。

赵大伟：《中国上市公司监事会制度改革论》，吉林大学博士学位论文，2017a。

赵大伟：《监事会监督方式变革论》，《当代法学》2017b 年第 2 期。

赵刚、梁上坤、王卫星：《超募融资、管理层权力与私有收益——基于 IPO 市场的经验证据》，《会计研究》2017 年第 4 期。

赵华伟：《管理者才能、权力与高管薪酬——基于我国上市银行的经验证据》，《宏观经济研究》2015 年第 9 期。

郑伯阳、丰华、刘家国：《河南省国有上市公司监事会治理现状与公司绩效》，《山西财经大学学报》2010 年第 S1 期。

郑浩昊、罗丽娜：《监事会：尴尬的稻草人——我国上市公司监事会虚化问题研究》，《统计与决策》2003年第3期。

郑志刚：《经理人超额薪酬和公司治理——一个文献综述》，《金融评论》2012年第1期。

郑志刚、丁冬、汪昌云：《媒体的负面报道、经理人声誉与企业业绩改善——来自我国上市公司的证据》，《金融研究》2011年第12期。

郑志刚、孙娟娟、R. Oliver：《任人唯亲的董事会文化和经理人超额薪酬问题》，《经济研究》2012年第12期。

周好文、李纪建、刘婷婷：《股权结构、董事会治理与上市公司高管违规行为——我国上市公司高管人员"落马"现象的实证分析》，《当代经济科学》2006年第6期。

周继军、张旺峰：《内部控制、公司治理与管理者舞弊研究——来自中国上市公司的经验证据》，《中国软科学》2011年第8期。

周黎安、陶婧：《政府规模、市场化与地区腐败问题研究》，《经济研究》2009年第1期。

周梅：《论监事会的信息获取请求权》，《南京大学学报》（哲学人文科学社会科学版）2013年第4期。

周仁俊、杨战兵、李礼：《管理层激励与企业经营业绩的相关性——国有与非国有控股上市公司的比较》，《会计研究》2010年第12期。

周玮：《政治密度、在职消费与制度环境》，《软科学》2010年第8期。

周玮、徐玉德、李慧云：《政企关系网络、在职消费与市场化制度建设》，《统计研究》2011年第2期。

左拙人：《弱利益无关者更有助于内控监督吗？》，《华东经济管理》2016年第7期。

〔日〕佐藤孝弘：《公司组织内部各机关的认知结构》，《社会科学辑刊》2011 年第 3 期。

Adams, R. B., Almeida, H., Ferreira, D., "Powerful CEOs and Their Impact on Corporate Performance", *Review of Financial Studies*, 18 (4), 2005, pp. 1403 – 1432.

Ades, A., Tella, R. D., "Rents, Competition, and Corruption", *The American Economic Review*, 89 (4), 1999, pp. 982 – 993.

Aghion, P., Bolton, P., "An Incomplete Contracts Approach to Financial Contracting", *The Review of Economic Studies*, 59 (3), 1992, pp. 473 – 494.

Aghion, P., Dewatripont, M., Rey, P., "Competition, Financial Discipline and Growth", *The Review of Economic Studies*, 66 (4), 1999, pp. 825 – 852.

Aidt, T. S., "Economic Analysis of Corruption: A Survey", *The Economic Journal*, 113 (491), 2003, pp. 632 – 652.

Alchian, A. A., Demsetz, H., "Production, Information Costs, and Economic Organization", *The American Economic Review*, 62 (5), 1972, pp. 777 – 795.

Alchian, A. A., "Uncertainty, Evolution, and Economic Theory", *Journal of Political Economy*, 58 (3), 1950, pp. 211 – 221.

Almeida, H. V., Wolfenzon, D., "A Theory of Pyramidal Ownership and Family Business Groups", *The Journal of Finance*, 61 (6), 2006, pp. 2637 – 2680.

Anand, A. I., Milne, F., Purda, L. D., *Voluntary Adoption of Corporate Governance Mechanisms* (Social Science Electronic Publishing, 2006).

Anand, A. I., "Voluntary vs. Mandatory Corporate Governance", *Proceedings of the American Law & Economics Association Annual Meetings*, 2005.

Aoki, M., "The Evolution of Organizational Conventions and Gains from Diversity", *Industrial and Corporate Change*, 7 (3), 1998, pp. 399 – 431.

Argandoña, A., "Corruption: The Corporate Perspective", *Business Ethics: A European Review*, 10 (2), 2001, pp. 163 – 175.

Arrow, K. J., "The Organization of Economic Activity: Issues Pertinent to the Choice of Market Versus Nonmarket Allocation", *The Analysis and Evaluation of Public Expenditure: The PPB System*, 1, 1969, pp. 59 – 73.

Athanasouli, D., Goujard, A., "Corruption and Management Practices: Firm Level Evidence", *Journal of Comparative Economics*, 43 (4), 2015, pp. 1014 – 1034.

Bai, C. E., Liu, Q., Lu, J., Song, F. M., Zhang, J., "Corporate Governance and Market Valuation in China", *Journal of Comparative Economics*, 32 (4), 2004, pp. 599 – 616.

Bai, C. E., Lu, J., Tao, Z., "The Multitask Theory of State Enterprise Reform: Empirical Evidence from China", *American Economic Review*, 96 (2), 2006, pp. 353 – 357.

Balsmeier, B., Bermig, A., Dilger, A., "Corporate Governance and Employee Power in the Boardroom: An Applied Game Theoretic Analysis", *Journal of Economic Behavior & Organization*, (91), 2013, pp. 51 – 74.

Barnard, C., *The Functions of The Executive* (Cambridge: Harvard University Press, 1938.)

Baron, R. M., Kenny, D. A., "The Moderator-Mediator Variable Distinction in Social Psychological Research: Conceptual, Strategic, and Statistical Considerations", *Journal of Personality and Social Psy-*

chology, 51 (6), 1986, p. 1173.

Bassen, A., Kleinschmidt, M., Zöllner, C., "Corporate Governance of German Growth Companies. Empirical Analysis of the Corporate Governance Quality and the Structure of Supervisory Boards of Companies Listed on TEC-DAX", *Corporate Ownership & Control*, 3 (3), 2006, pp. 128 – 137.

Beasley, M. S., Carcello, J. V., Hermanson, D. R., Lapides, P. D., "Fraudulent Financial Reporting: Consideration of Industry Traits and Corporate Governance Mechanisms", *Accounting Horizons*, 14 (4), 2000, pp. 441 – 454.

Beasley, M. S., "An Empirical Analysis of the Relation between the Board of Director Composition and Financial Statement Fraud", *Accounting Review*, 71 (4), 1996, pp. 443 – 465.

Bebchuk, L. A., Fried, J. M., Walker, D. I., "Managerial Power and Rent Extraction in the Design of Executive Compensation", *University of Chicago Law Review*, 69 (3), 2002, pp. 751 – 846.

Bebchuk, L. A., Fried, J. M., "Executive Compensation as an Agency Problem", *Journal of Economic Perspectives*, 17 (3), 2003, pp. 71 – 92.

Bebchuk, L. A., Kahan, M., "A Framework for Analyzing Legal Policy Towards Proxy Contests", *California Law Review*, 78 (5), 1990, pp. 1071 – 1135.

Bebchuk, L. A., Peyer, U., "Lucky CEOs and Lucky Directors", *Journal of Finance*, 65 (6), 2010, pp. 2363 – 2401.

Berg, S. V., Jiang, L., Lin, C., "Regulation and Corporate Corruption: New Evidence from the Telecom Sector", *Journal of Comparative Economics*, 40 (1), 2012, pp. 22 – 43.

Bergman, N. K., Nicolaievsky, D., "Investor Protection and the Coasian View", *Journal of Financial Economics*, 84 (3), 2007, pp. 738 – 771.

Berle, A. A., Means, G. C., *The Modern Corporation and Private Property* (New York: Macmillan, 1932).

Bermig, A., "A Comprehensive Data Set on German Supervisory Boards", *Schmollers Jahrbuch*, 131 (1), 2011, pp. 195 – 205.

Bhattacharya, U., Daouk, H., "The World Price of Insider Trading", *The Journal of Finance*, 57 (1), 2002, pp. 75 – 108.

Bhattacharya, U., Daouk, H., "When No Law Is Better Than a Good Law", *Review of Finance*, 13 (4), 2009, pp. 577 – 627.

Bolton, P., Scheinkman, J., Xiong, W., "Executive Compensation and Short-Termist Behaviour in Speculative Markets", *The Review of Economic Studies*, 73 (3), 2006, pp. 577 – 610.

Boneberg, F., "The Economic Consequences of One-third Co-determination in German Supervisory Boards", *Jahrbücher für National Konomie und Statistik*, 231 (3), 2011, pp. 440 – 457.

Boubakri, N., Cosset, J. C., Saffar, W., "Political Connections of Newly Privatized Firms", *Journal of Corporate Finance*, 14 (5), 2008, pp. 654 – 673.

Boubakri, N., Smaoui, H., Zammiti, M., "Privatization Dynamics and Economic Growth", *Journal of Business & Policy Research*, 4 (2), 2009, pp. 16 – 44.

Bowen, R. M., Rajgopal, S., Venkatachalam, M., "Accounting Discretion, Corporate Governance, and Firm Performance", *Contemporary Accounting Research*, 25 (2), 2008, pp. 351 – 405.

Bozec, R., Dia, M., "Board Structure and Firm Technical Efficiency:

Evidence from Canadian State-Owned Enterprises", *European Journal of Operational Research*, 177 (3), 2007, pp. 1734 – 1750.

Brick, I. E. , Palmon, O. , Wald, J. K. , "CEO Compensation, Director Compensation, and Firm Performance: Evidence of Cronyism?", *Journal of Corporate Finance*, 12 (3), 2006, pp. 403 – 423.

Broadman, H. G. , Recanatini, F. , "Seeds of Corruption-Do Market Institutions Matter?", *Most Economic Policy in Transitional Economies*, 11 (4), 2001, pp. 359 – 392.

Brunetti, A. , Weder, B. , "A Free Press Is Bad News for Corruption", *Journal of Public Economics*, 87 (7), 2003, pp. 1801 – 1824.

Bruno, V. , Claessens, S. , "Corporate Governance and Regulation: Can There Be too Much of a Good Thing? ", *Journal of Financial Intermediation*, 19 (4), 2010, pp. 461 – 482.

Bryan, S. , Hwang, L. S. , Lilien, S. , "CEO Compensation after Deregulation: The Case of Electric Utilities", *Journal of Business*, 78 (5), 2005, pp. 1709 – 1752.

Burgstahler, D. C. , Hail, L. , Leuz, C. , "The Importance of Reporting Incentives: Earnings Management in European Private and Public Firms", *Accounting Review*, 81 (5), 2006, pp. 983 – 1016.

Byrd, J. W. , Hickman, K. A. , "Do Outside Directors Monitor Managers?: Evidence from Tender Offer Bids", *Journal of Financial Economics*, 32 (2), 1992, pp. 195 – 221.

Cai, H. , Fang, H. , Xu, L. C. , "Eat, Drink, Firms and Government: An Investigation of Corruption from Entertainment and Travel Costs of Chinese Firms", *The Journal of Law and Economics* , (54), 2011, pp. 55 – 78.

Campbell, K. , Jerzemowska, M. , Najman, K. , "Corporate Governance

Challenges in Poland: Evidence from 'Comply or Explain' Disclosures", *Corporate Governance: The International Journal of Business in Society*, 9 (5), 2009, pp. 623 – 634.

Chandler, Alfred D. , *Strategy and Structure* (Cambridge, MA: MIT Press, 1962).

Chang, E. C. , Wong, S. M. L. , "Political Control and Performance in China's Listed Firms", *Journal of Comparative Economics*, 32 (4), 2004, pp. 617 – 636.

Chen, C. H. , Alnajjar, B. , "The Determinants of Board Size and Independence: Evidence from China", *International Business Review*, 21 (5), 2012, pp. 831 – 846.

Chen, D. , Li, O. Z. , Liang, S. , "Do Managers Perform for Perks?", *Working Paper*, 2009.

Chen, G. , Firth, M. , Gao, D. N. , Rui, O. M. , "Ownership Structure, Corporate Governance, and Fraud: Evidence from China", *Journal of Corporate Finance*, 12 (3), 2006, pp. 424 – 448.

Chen, H. L. , Hsu, W. T. , Chang, C. Y. , "Independent Directorsâ Human and Social Capital, Firm Internationalization and Performance Implications: An Integrated Agency-Resource Dependence View", *International Business Review*, 25 , 2016, pp. 859 – 871.

Chhaochharia, V. , Laeven, L. , "Corporate Governance Norms and Practices", *Journal of Financial Intermediation*, 18 (3), 2009, pp. 405 – 431.

Chowdhury, S. K. , "The Effect of Democracy and Press Freedom on Corruption: An Empirical Test", *Economics Letters*, 85 (1), 2004, pp. 93 – 101.

Claessens, S. , Djankov, S. , Lang, L. H. P. , "The Separation of Ownership and Control in East Asian Corporations", *Journal of Financial*

Economics, 58 (1 – 2), 2000, pp. 81 – 112.

Claessens, S., "Corporate Governance and Development", *World Bank Research Observer*, 21 (1), 2006, pp. 91 – 122.

Clarke, G. R., Xu, L. C., "Privatization, Competition, and Corruption: How Characteristics of Bribe Takers and Payers Affect Bribes to Utilities", *Journal of Public Economics*, 88 (9), 2004, pp. 2067 – 2097.

Coase, R. H., "The Nature of the Firm", *Economica, New Series*, 4 (16), 1937, pp. 386 – 405.

Coase, R. H., "The Problem of Social Cost", *Journal of Law and Economics*, 3, 1960, pp. 1 – 44.

Coffee, J. C., "Do Norms Matter?: A Cross-Country Examination of the Private Benefits of Control", *Working Paper*, 2001.

Collier, M. W., "Explaining Corruption: An Institutional Choice Approach", *Crime, Law and Social Change*, 38 (1), 2002, pp. 1 – 32.

Collins, J. D., Uhlenbruck, K., Rodriguez, P., "Why Firms Engage in Corruption: A Top Management Perspective", *Journal of Business Ethics*, 87 (1), 2009, pp. 89 – 108.

Commons, J. R., "The Problem of Correlating Law Economics and Ethics", *Wisconsin Law Review*, 8, 1932, pp. 3 – 26.

Core, J. E., Guay, W., Larcker, D. F., "The Power of the Pen and Executive Compensation", *Journal of Financial Economics*, 88 (1), 2008, pp. 1 – 25.

Core, J. E., Holthausen, R. W., Larcker, D. F., "Corporate Governance, Chief Executive Officer Compensation, and Firm Performance", *Journal of Financial Economics*, 51 (3), 1999, pp. 371 – 406.

Crespí-Cladera, R., Pascual-Fuster, B., "Does the Independence of Independent Directors Matter?", *Journal of Corporate Finance*, 28,

2014, pp. 116 – 134.

Dahya, J. , Karbhari, Y. , Xiao, J. Z. , Yang, M. , "The Usefulness of the Supervisory Board Report in China", *Corporate Governance: An International Review*, 11 (4), 2003, pp. 308 – 321.

Dahya, J. , Karbhari, Y. , Xiao, J. Z. , "The Supervisory Board in Chinese Listed Companies: Problems, Causes, Consequences and Remedies", *Asia Pacific Business Review*, 9 (2), 2002, pp. 118 – 137.

Dal, B. E. , Rossi, M. A. , "Corruption and Inefficiency: Theory and Evidence from Electric Utilities", *Journal of Public Economics*, 91 (5), 2007, pp. 939 – 962.

Davis, L. , North, D. C, *Institutional Change and American Economic Growth* (New York: Cambridge University Press, 1971).

Dechow, P. M. , Sloan, R. G. , Sweeney, A. P. , "Causes and Consequences of Earnings Manipulation: An Analysis of Firms Subject to Enforcement Actions by the SEC", *Contemporary Accounting Research*, 13 (1), 1996, pp. 1 – 36.

Demsetz, H. , Lehn, K. , "The Structure of Corporate Ownership: Causes and Consequences", *Journal of Political Economy*, 93 (6), 1985, pp. 1155 – 1177.

Demsetz, H. , *Efficiency, Competition, and Policy* (Oxford: Basil Blackwell, 1989).

Di, M. D. S. , Alexandre, R. P. C. L. , Carvalhaldasilva, A. L. , "Evolution and Determinants of Firm-Level Corporate Governance Quality in Brazil", *Working Paper*, 2007.

Dilger, J. , "The Effects of General Anaesthetics on Ligand-Gated Ion Channels", *British Journal of Anaesthesia*, 89 (1), 2002, pp. 41 – 51.

Dimaggio, P. J., Powell, W. W., "The Iron Cage Revisited: Institutional Isomorphism and Collective Rationality in Organizational Fields", *American Sociological Review*, 48 (2), 1983, pp. 147 – 160.

Ding, S., Jia, C., Li, Y., Wu, Z., "Reactivity and Passivity after Enforcement Actions: Better Late Than Never", *Entrepreneurship, Governance and Ethics*, eds. by Robert Cressy, Douglas Cumming, Christine Mallin (Springer, 2012).

Ding, S., Wu, Z., Li, Y., Jia, C., "Executive Compensation, Supervisory Board, and China's Governance Reform: A Legal Approach Perspective", *Review of Quantitative Finance and Accounting*, 35 (4), 2010, pp. 445 – 471.

Djankov, S., Glaeser, E., La Porta, R., Lopez-de-Silanes, F., Shleifer, A., "The New Comparative Economics", *Journal of Comparative Economics*, 31 (4), 2003, pp. 595 – 619.

Djankov, S., Murrell, P., "Enterprise Restructuring in Transition: A Quantitative Survey", *Journal of Economic Literature*, 40 (3), 2002, pp. 739 – 792.

Doidge, C., Andrewkarolyi, G., Stulz, R., "Why Do Countries Matter so Much for Corporate Governance?", *Journal of Financial Economics*, 86 (1), 2007, pp. 1 – 39.

Dong, B., Torgler, B., "Causes of Corruption: Evidence from China", *China Economic Review*, 26, 2013, pp. 152 – 169.

Dyck, A., Volchkova, N., Zingales, L., "The Corporate Governance Role of the Media: Evidence from Russia", *The Journal of Finance*, 63 (3), 2008, pp. 1093 – 1135.

Dyck, A., Zingales, L., "Private Benefits of Control: An International Comparison", *The Journal of Finance*, 59 (2), 2004, pp. 537 – 600.

Estrin, S., "Competition and Corporate Governance in Transition", *Journal of Economic Perspectives*, 16 (1), 2002, pp. 101 – 124.

Fama, E. F., Jensen, M. C., "Separation of Ownership and Control", *The Journal of Law & Economics*, 26 (2), 1983, pp. 301 – 325.

Fama, E. F., "Agency Problems and the Theory of the Firm", *Journal of Political Economy*, 88 (2), 1980, pp. 288 – 307.

Fan, J. P., Wong, T., Zhang, T., "Institutions and Organizational Structure: The Case of State-Owned Corporate Pyramids", *The Journal of Law, Economics, and Organization*, 29 (6), 2013, pp. 1217 – 1252.

Fan, J. P., Huang, J., Oberholzer-Gee, F., Zhao, M., "Corporate Diversification in China: Causes and Consequences", *Working Paper*, 2007.

Firth, M., Fung, P. M., Rui, O. M., "Corporate Performance and CEO Compensation in China", *Journal of Corporate Finance*, 12 (4), 2006, pp. 693 – 714.

Firth, M., Fung, P. M., Rui, O. M., "Ownership, Two-Tier Board Structure, and the Informativeness of Earnings-Evidence from China", *Journal of Accounting & Public Policy*, 26 (4), 2007, pp. 463 – 496.

Freedman, L. S., Schatzkin, A., "Sample Size for Studying Intermediate Endpoints within Intervention Trials or Observational Studies", *American Journal of Epidemiology*, 136 (9), 1992, pp. 1148 – 1159.

Freille, S., Haque, M. E., Kneller, R., "A Contribution to the Empirics of Press Freedom and Corruption", *European Journal of Political Economy*, 23 (4), 2007, pp. 838 – 862.

Friedland, R., Alford, R. R., "Bringing Society Back in: Symbols, Practices, and Institutional Contradictions", *The New Institutional-*

ism in *Organizational Analysis*, eds. by Powell, W. W., Dimaggio, P. J. (Chicago: The University of Chicago Press, 1991).

Furubotn, E. G., "Codetermination and the Modern Theory of the Firm: A Property-Rights Analysis", *Journal of Business*, 61 (2), 1988, pp. 165 – 181.

Garas, S. N., "The Conflicts of Interest inside the Shari'a Supervisory Board", *International Journal of Islamic & Middle Eastern Finance & Management*, 5 (2), 2012, pp. 88 – 105.

Garoupa, N., Klerman, D., "Corruption and the Optimal Use of Non-monetary Sanctions", *International Review of Law and Economics*, 24 (2), 2004, pp. 219 – 225.

Glaeser, E. L., Saks, R. E., "Corruption in America", *Journal of Public Economics*, 90 (6), 2006, pp. 1053 – 1072.

Gomes, A., Novaes, W., "Sharing of Control as a Corporate Governance Mechanism", *Working Paper*, 2001.

Greif, A., *Genoa and the Maghribi Traders: Historical and Comparative Institutional Analysis* (Cambridge: Cambridge University Press, 1999).

Greif, A., "Historical and Comparative Institutional Analysis", *The American Economic Review*, 88 (2), 1998, pp. 80 – 84.

Griffith, S. R., "Product Market Competition, Efficiency and Agency Costs: An Empirical Analysis", *Working Paper*, 2001.

Grosfeld, I., Tressel, T., "Competition and Ownership Structure: Substitutes or Complements? Evidence from the Warsaw Stock Exchange", *Economics of Transition*, 10 (3), 2002, pp. 525 – 551.

Grossman, S. J., Hart, O. D., "Corporate Financial Structure and Managerial Incentives", *The Economics of Information and Uncertainty*, ed. by Mccall, J. J. (Chicago: The University of Chicago Press. 1982).

Grossman, S. J., Hart, O. D., "One Share-One Vote and the Market for Corporate Control", *Journal of Financial Economics*, 20 (1), 1988, pp. 175 – 202.

Guiso, L., Sapienza, P., Zingales, L., "People's Opium? Religion and Economic Attitudes", *Journal of Monetary Economics*, 50 (1), 2003, pp. 225 – 282.

Hall, B. J., Murphy, K. J., "The Trouble with Stock Options", *Journal of Economic Perspectives*, 17 (3), 2003, pp. 49 – 70.

Harris, M., Raviv, A., "The Theory of Capital Structure", *The Journal of Finance*, 46 (1), 1991, pp. 297 – 355.

Hart, O. D., "An Economist's Perspective on the Theory of The Firm", *Columbia Law Review*, 89 (7), 1989, pp. 1757 – 1774.

Hart, O. D., "Financial Contracting", *Journal of Economic Literature*, 39 (4), 2001, pp. 1079 – 1100.

Hart, O. D., "The Market Mechanism as an Incentive Scheme", *The Bell Journal of Economics*, 14 (2), 1983, pp. 366 – 382.

Hartzell, J. C., Ofek, E., Yermack, D., "What's in It for Me? Ceos Whose Firms Are Acquired", *The Review of Financial Studies*, 17 (1), 2004, pp. 37 – 61.

Hayek, F. A., *Law, Legislation and Liberty* (Chicago: University of Chicago Press, 1973).

Hayek, F. A., "The Use of Knowledge in Society", *American Economic Review*, 35 (4), 1945, pp. 519 – 530.

Hellmann, T., "The Allocation of Control Rights in Venture Capital Contracts", *The RAND Journal of Economics*, 29 (1), 1998, pp. 57 – 76.

Hermalin, B. E. , "The Effects of Competition on Executive Behavior", *Rand Journal of Economics*, 23 (3), 1992, pp. 350 – 365.

Hirsch, P. M. , Lounsbury, M. D. , "Rediscovering Volition: The Institutional Economics of Douglass C. North", *Academy of Management Review*, 21 (3), 1996, pp. 872 – 884.

Hirsch, R. , Watson, S. , "The Link between Corporate Governance and Corruption in New Zealand", *New Zealand Universities Law Review*, 24 (1), 2010, p. 42.

Holderness, C. G. , "A Survey of Blockholders and Corporate Control", *FRBNY Economic Policy Review*, (4), 2003, pp. 51 – 64.

Holmstrom, B. , Kaplan, S. N. , "The State of U. S. Corporate Governance: What's Right and What's Wrong?", *Journal of Applied Corporate Finance*, 15 (3), 2003, pp. 8 – 20.

Holmstrom, B. , Milgrom, P. , "The Firm as an Incentive System", *American Economic Review*, 84 (4), 1994, pp. 972 – 991.

Holmstrom, B. , Tirole, J. , "Financial Intermediation, Loanable Funds, and the Real Sector", *the Quarterly Journal of Economics*, 112 (3), 1997, pp. 663 – 691.

Holmstrom, B. , "Moral Hazard in Teams", *The Bell Journal of Economics*, 13 (2), 1982, pp. 324 – 340.

Huang, L. J. , Snell, R. S. , "Turnaround, Corruption and Mediocrity: Leadership and Governance in Three State Owned Enterprises in Mainland China", *Journal of Business Ethics*, 43 (1 – 2), 2003, pp. 111 – 124.

Hubbard, R. G. , Palia, D. , "Executive Pay and Performance Evidence from the U. S. Banking Industry", *Journal of Financial Economics*, 39 (1), 1995, pp. 105 – 130.

Hung, H., "Normalized Collective Corruption in a Transitional Economy: Small Treasuries in Large Chinese Enterprises", *Journal of Business Ethics*, 79 (1/2), 2008, pp. 69 – 83.

Hurwicz, L., "Toward a Framework for Analyzing Institutions and Institutional Change", *Markets and Democracy: Participation, Accountability and Efficiency*, eds. by Bowles, S., Gintis, H., Gustafsson, B. (New York: Cambridge University Press, 1993).

Husted, B. W., "Wealth, Culture, and Corruption", *Journal of International Business Studies*, 30 (2), 1999, pp. 339 – 359.

Jagannathan, R., Srinivasan, S. B., "Does Product Market Competition Reduce Agency Costs?", *North American Journal of Economics & Finance*, 10 (2), 1999, pp. 387 – 399.

Januszewski, S. I., Köke, J., Winter, J. K., "Product Market Competition, Corporate Governance and Firm Performance: An Empirical Analysis for Germany", *Research in Economics*, 56 (3), 2002, pp. 299 – 332.

Jensen, M. C., Meckling, W. H., "Theory of the Firm: Management Behavior, Agency Cost and Ownership Structure", *Social Science Electronic Publishing*, 3 (4), 1976, pp. 305 – 360.

Jensen, M. C., "Agency Costs of Free Cash Flow, Corporate Finance, and Takeovers", *The American Economic Review*, 76 (2), 1986, pp. 323 – 329.

Jensen, M. C., "Organization Theory and Methodology", *Accounting Review*, 58 (2), 1983, pp. 319 – 339.

Jensen, M. C., "The Modern Industrial Revolution, Exit, and the Failure of Internal Control Systems", *The Journal of Finance*, 48 (3), 1993, pp. 831 – 880.

参考文献

Jia, C., Ding, S., Li, Y., Wu, Z., "Fraud, Enforcement Action, and the Role of Corporate Governance: Evidence from China", *Journal of Business Ethics*, 90 (4), 2009, pp. 561 – 576.

Jiang, F., Kim, K. A., "Corporate Governance in China: A Modern Perspective", *Journal of Corporate Finance*, 32 (3), 2015, pp. 190 – 216.

Johnson, S., Mcmillan, J., Woodruff, C., "Property Rights and Finance", *American Economic Review*, 92 (5), 2002, pp. 1335 – 1356.

Johnson, S., Porta, R. L., Lopez-de-Silanes, F., Shleifer, A., "Tunneling", *American Economic Review*, 90 (2), 2000, pp. 22 – 27.

Joskow, P. L., Rose, N. L., Wolfram, C. D., "Political Constraints on Executive Compensation: Evidence from the Electric Utility Industry", *The RAND Journal of Economics*, 27 (1), 1994, pp. 165 – 182.

Kalyta, P., Magnan, M., "Executive Pensions, Disclosure Quality, and Rent Extraction", *Journal of Accounting and Public Policy*, 27 (2), 2008, pp. 133 – 166.

Karamanou, I., Vafeas, N., "The Association between Corporate Boards, Audit Committees, and Management Earnings Forecasts: An Empirical Analysis", *Journal of Accounting Research*, 43 (3), 2005, pp. 453 – 486.

Kato, T., Long, C., "Ceo Turnover, Firm Performance, and Enterprise Reform in China: Evidence from Micro Data", *Journal of Comparative Economics*, 34 (4), 2006, pp. 796 – 817.

Kaufmann, D., *Governance Matters VI: Aggregate and Individual Governance Indicators*, 1996 – 2006 (World Bank Publications, 2007).

Kis-Katos, K., Schulze, G. G., "Corruption in Southeast Asia: A Survey of Recent Research", *Asian-Pacific Economic Literature*, 27

(1), 2013, pp. 79 – 109.

Klapper, L. F., Laeven, L., Love, I., "What Drives Corporate Governance Reform? Firm-Level Evidence from Eastern Europe", *Working Paper*, 2005.

Klapper, L. F., Love, I., "Corporate Governace, Investor Protection and Performance in Emerging Markets", *Jurnal of Corporate Finance*, 10 (3), 2004, pp. 703 – 728.

Knack, S., Keefer, P., "Does Social Capital Have an Economic Payoff? A Cross-Country Investigation", *Quarterly Journal of Economics*, 112 (4), 1997, pp. 1251 – 1288.

Koh, P. S., Laplante, S. K., Tong, Y. H., "Accountability and Value Enhancement Roles of Corporate Governance", *Accounting & Finance*, 47 (2), 2007, pp. 305 – 333.

Koopmans, T. C., *Three Essays on the State of Economic Analysis* (New York: McGraw-Hill, 1957).

Kraft, K., Stank, J., Dewenter, R., "Co-Determination and Innovation", *Cambridge Journal of Economics*, 35 (1), 2009, pp. 145 – 172.

La Porta, R., Lopez-de-Silanes, F., Shleifer, A., Vishny, R., "Investor Protection and Corporate Governance", *Journal of Financial Economics*, 58 (1), 2000, pp. 3 – 27.

La Porta, R., Lopez-de-Silanes, F., Shleifer, A., Vishny, R., "The Quality of Government", *Journal of Law, Economics, and Organization*, 15 (1), 1999, pp. 222 – 279.

La Porta, R., Lopez-de-Silanes, F., Shleifer, A., Vishny, R. W., "Law and Finance", *Journal of Political Economy*, 106 (6), 1998, pp. 1113 – 1155.

La Porta, R., Lopez-de-Silanes, F., Shleifer, A., Vishny, R. W.,

"Legal Determinants of External Finance", *Journal of Finance*, 52 (3), 1997, pp. 1131 – 1150.

Laffont, J. J., N'Guessan, T., "Competition and Corruption in an Agency Relationship", *Journal of Development Economics*, 60 (2), 1999, pp. 271 – 295.

Lederman, D., Loayza, N. V., Soares, R. R., "Accountability and Corruption: Political Institutions Matter", *Economics & Politics*, 17 (1), 2005, pp. 1 – 35.

Lee, P. C., "Effectiveness of Supervisory Boards in Coordination with Audit Committees in China", *Chinese Business Review*, 11 (12), 2012, pp. 1250 – 1263.

Lieder, J., "German Supervisory Board on Its Way to Professionalism", *German Law Journal*, 11 (2), 2010, pp. 115 – 158.

Lipton, M., Lorsch, J. W., "A Modest Proposal for Improved Corporate Governance", *Business Lawyer*, 48 (1), 1992, pp. 59 – 77.

Liu, Q., "Corporate Governance in China: Current Practices, Economic Effects and Institutional Determinants", *Cesifo Economic Studies*, 52 (2), 2006, pp. 415 – 453.

Luo, W., Zhang, Y., Zhu, N., "Bank Ownership and Executive Perquisites: New Evidence from an Emerging Market", *Journal of Corporate Finance*, 17 (2), 2011, pp. 352 – 370.

Luo, Y., "Corruption and Organization in Asian Management Systems", *Asia Pacific Journal of Management*, 19 (2 – 3), 2002, pp. 405 – 422.

Ma, L., Chen, D., Gao, L., "Overseas Listing, Voluntary Corporate Governance and Performance", *Frontiers of Business Research in China*, 2 (3), 2008, pp. 440 – 457.

MacKinnon, D. P., Lockwood, C. M., Hoffman, J., "A New Method to

Test for Mediation", *Proceedings of the Annual Meeting of the Society for Prevention Research*, 1998.

Mauro, P., "Corruption and Growth", *The Quarterly Journal of Economics*, 110 (3), 1995, pp. 681 – 712.

Mayer, C., "Corporate Governance, Competition, and Performance", *Journal of Law and Society*, 24 (1), 1997, pp. 152 – 176.

McKnight, P. J., Milonas, N. T., Travlos, N. G., Weir, C., "The Cadbury Code Reforms and Corporate Performance", *IUP Journal of Corporate Governance*, VIII (1), 2009, pp. 22 – 42.

Milgrom, P. R., North, D. C., Weingast, B. R., "The Role of Institutions in the Revival of Trade: The Law Merchant, Private Judges, and the Champagne Fairs", *Economics & Politics*, 2 (1), 1990, pp. 1 – 23.

Mollah, S., Zaman, M., "Shari'ah Supervision, Corporate Governance and Performance: Conventional vs. Islamic Banks", *Journal of Banking & Finance*, 58, 2015, pp. 418 – 435.

Morse, A., Nanda, V., Seru, A., "Are Incentive Contracts Rigged by Powerful Ceos?", *The Journal of Finance*, 66 (5), 2011, pp. 1779 – 1821.

Muravyev, A., Berezinets, I., Ilina, Y., "The Structure of Corporate Boards and Private Benefits of Control: Evidence from the Russian Stock Exchange", *International Review of Financial Analysis*, 34, 2014, pp. 247 – 261.

Murphy, K. J., "Executive Compensation", *Handbook of Labor Economics*, eds. by Ashenfelter, O., Card, D. (North Holland, Amsterdam: Elsevier. 1999).

Murphy, K. J., "Explaining Executive Compensation: Managerial Power versus the Perceived Cost of Stock Options", *University of Chicago Law Review*, 69 (3), 2002, pp. 847 – 869.

Nenova, T., "The Value of Corporate Voting Rights and Control: A Cross-Country Analysis", *Journal of Financial Economics*, 68 (3), 2003, pp. 325 – 351.

Nickell, S. J., Nicolitsas, D., Dryden, N., "What Makes Firms Perform Well?", *European Economic Review*, 41 (3), 1997, pp. 783 – 796.

Nickell, S. J., "Competition and Corporate Performance", *Journal of Political Economy*, 104 (4), 1996, pp. 724 – 746.

North, D. C., *Institutions, Institutional Change and Economic Performance* (Cambridge: Cambridge University Press, 1990).

North, D. C., "Institutions", *Journal of Economic Perspectives*, 5 (1), 1991, pp. 97 – 112.

North, D. C., "Transaction Costs, Institutions, and Economic History", *Zeitschrift Für Die Gesamte Staatswissenschaft*, 140 (1), 1984, pp. 7 – 17.

Oler, D., Olson, B., Skousen, C. J., "Governance, Ceo Power, and Acquisitions", *Corporate Ownership and Control*, 7 (3), 2010, pp. 430 – 447.

Oliver, C., Holzinger, I., "The Effectiveness of Strategic Political Management: A Dynamic Capabilities Framework", *Academy of Management Review*, 33 (2), 2008, pp. 496 – 520.

Oliver, C., "Strategic Responses to Institutional Processes", *Academy of Management Review*, 16 (1), 1991, pp. 145 – 179.

Osuji, O., "Fluidity of Regulation-CSR Nexus: The Multinational Corporate Corruption Example", *Journal of Business Ethics*, 103 (1), 2011, pp. 31 – 57.

Oxelheim, L., Gregorič, A., Randøy, T., Thomsen, S., "On the Internationalization of Corporate Boards: The Case of Nordic Firms", Journal of International Business Studies, 44 (3), 2013, pp. 173 – 194.

Pagano, M., Roell, A., "The Choice of Stock Ownership Structure: Agency Costs, Monitoring, and the Decision to Go Public", Quarterly Journal of Economics, 113 (1), 1998, pp. 187 – 225.

Paldam, M., "Corruption and Religion Adding to the Economic Model", Kyklos, 54 (2 – 3), 2001, pp. 383 – 413.

Pellegrini, L., Gerlagh, R., "Causes of Corruption: A Survey of Cross-Country Analyses and Extended Results", Economics of Governance, 9 (3), 2008, pp. 245 – 263.

Rajan, R. G., Wulf, J., "Are Perks Purely Managerial Excess?", Journal of Financial Economics, 79 (1), 2006, pp. 1 – 33.

Rama, M. D., "Corporate Governance and Corruption: Ethical Dilemmas of Asian Business Groups", Journal of Business Ethics, 109 (4), 2011, pp. 501 – 519.

Ran, G., Fang, Q., Luo, S., Chan, K. C., "Supervisory Board Characteristics and Accounting Information Quality: Evidence from China", International Review of Economics & Finance, (37), 2014, pp. 18 – 32.

Rauch, J. E., Evans, P. B., "Bureaucratic Structure and Bureaucratic Performance in Less Developed Countries", Journal of Public Economics, 75 (1), 2000, pp. 49 – 71.

Ross, S. A., "The Economic Theory of Agency: The Principal's Problem", American Economic Review, 63 (2), 1973, pp. 134 – 139.

Schaubroeck, J. M., Hannah, S. T., Avolio, B. J., Kozlowski, S. W. J., Lord, R. G., Treviño, L. K., Dimotakis, N., Peng,

A. C. ,"Embedding Ethical Leadership within and across Organizational Levels", *Academy of Management Journal*, 55 (5), 2012, pp. 1053 – 1078.

Schipani, C. A. , Liu, J. , "Corporate Governance in China: Then and Now", *Working Paper*, 2002.

Schmidt, K. M. , "Managerial Incentives and Product Market Competition", *The Review of Economic Studies*, 64 (2), 1997, pp. 191 – 213.

Schneider, J. , Chan, S. Y. , "A Comparison of Corporate Governance Systems in Four Countries", Working Paper of Hong Kong Baptist University, 2001.

Schotter, A. , *The Economic Theory of Social Institutions* (Cambridge: Cambridge University Press, 1981.)

Scott, W. R. , *Institutions and Organizations. Ideas, Interests and Identities* (Tousand Oaks, CA: Sage Publications, 1995).

Scott, W. R. , *Law and Organizations* (Tousand Oaks, CA: Sage Publications, 1994.)

Scott, W. R. , "The Adolescence of Institutional Theory", *Administrative Science Quarterly*, (32), 1987, pp. 493 – 511.

Serra, D. , "Empirical Determinants of Corruption: A Sensitivity Analysis", *Public Choice*, 126 (1 – 2), 2006, pp. 225 – 256.

Shan, Y. G. , Xu, L. , "Do Internal Governance Mechanisms Impact on Firm Performance? Empirical Evidence from the Financial Sector in China", *Journal of Asia-Pacific Business*, 13 (2), 2012, pp. 114 – 142.

Shan, Y. G. , "Can Internal Governance Mechanisms Prevent Asset Appropriation? Examination of Type I Tunneling in China", *Corporate Governance: An International Review*, 21 (3), 2013, pp. 225 – 241.

Shleifer, A. , Vishny, R. W. , *The Grabbing Hand: Government Patholo-*

gies and Their Cures (Cambridge: Harvard University Press, 1998).

Shleifer, A., Vishny, R. W., "A Survey of Corporate Governance", *The Journal of Finance*, 52 (2), 1997, pp. 737 – 783.

Shleifer, A., Vishny, R. W., "Corruption", *Quarterly Journal of Economics*, 108 (3), 1993, pp. 599 – 617.

Simon, H. A., *Administrative Behavior* (New York: Macmillan, 1947).

Simon, H. A., *Administrative Behavior* (New York: Macmillan, 1961).

Simon, H. A., "Rationality as Process and as Product of Thought", *The American Economic Review*, 68 (2), 1978, pp. 1 – 16.

Stigler, G. J., "The Economies of Scale", *Journal of Law & Economics*, 1, 1958, pp. 54 – 71.

Stulz, R. M., Williamson, R., "Culture, Openness, and Finance", *Journal of Financial Economics*, 70 (3), 2003, pp. 313 – 349.

Su, C., Littlefield, J. E., "Entering Guanxi: A Business Ethical Dilemma in Mainland China?", *Journal of Business Ethics*, 33 (3), 2001, pp. 199 – 210.

Sugden, R., *The Economics of Rights, Co-operation and Welfare* (London: Palgrave Macmillan, 1986).

Tam, O. K., "Ethical Issues in the Evolution of Corporate Governance in China", *Journal of Business Ethics*, 37 (3), 2002, pp. 303 – 320.

Tian, X., "Analysis of the Functions of Supervisory Board System in Modern Chinese Companies", *International Journal of Law and Management*, 51 (3), 2009, pp. 153 – 168.

Ting, G., "Forms and Characteristics of China's Corruption in the 1990s: Change with Continuity", *Communist and Post-Communist Studies*, 30 (3), 1997, pp. 277 – 288.

Treisman, D., "The Causes of Corruption: A Cross-National Study",

Journal of Public Economics, 76 (3), 2000, pp. 399 – 457.

Tušek, B., Filipović, D., Pokrovac, I., "Empirical Evidence about the Relationship between External Auditing and the Supervisory Board in the Republic of Croatia", *Ekonomski Pregled-Economic Review*, 60 (1 – 2), 2009, pp. 3 – 27.

Uzun, H., Szewczyk, S. H., Varma, R., "Board Composition and Corporate Fraud", *Financial Analysts Journal*, 60 (3), 2004, pp. 33 – 43.

Vafeas, N., "Board Meeting Frequency and Firm Performance", *Journal of Financial Economics*, 53 (1), 1999, pp. 113 – 142.

Velte, P., "The Link between Supervisory Board Reporting and Firm Performance in Germany and Austria", *European Journal of Law & Economics*, (29), 2010, pp. 295 – 331.

Wang, M., "Independent Directors? Supervisors? Who Should Monitor China's Boards?", *Corporate Ownership & Control*, (3), 2005, pp. 142 – 147.

Wang, S. Q., Liu, J. Y, "The Market for Controlling Rights, Independent Directors System and Supervisory Board Governance-A New View Based on Comparative Institutional Analysis", Proceedings of the International Conference on Management Science and Engineering, 2006.

Wei, G., Geng, M., "Ownership Structure and Corporate Governance in China: Some Current Issues", *Managerial Finance*, 34 (12), 2008, pp. 934 – 952.

Williamson, O. E., *The Economic Institutions of Capitalism: Firms, Markets, Relational Contracting* (New York: Free Press, 1985).

Williamson, O. E., *The Mechanisms of Governance* (Oxford University Press, 1996a).

Williamson, O. E., *Efficiency, Power, Authority and Economic Organization* (Springer Netherlands, 1996b).

Williamson, O. E., "Economic Institutions: Spontaneous and Intentional Governance", *Journal of Law, Economics & Organization*, 7, 1991a, pp. 159 – 187.

Williamson, O. E., "Comparative Economic Organization: The Analysis of Discrete Structural Alternatives", *Administrative Science Quarterly*, 36 (2), 1991b, pp. 269 – 296.

Williamson, O. E., "Markets and Hierarchies: Analysis and Antitrust Implications by Oliver E. Williamson", *Accounting Review*, 86 (343), 1975, p. 619.

Williamson, O. E., "Markets and Hierarchies: Some Elementary Considerations", *American Economic Review*, 63 (5), 1973, pp. 316 – 325.

Williamson, O. E., "Transaction Cost Economics and Organizational Theory", *Journal of Industrial and Corporate Change*, 2, 1993, pp. 107 – 156.

Williamson, O. E., "Transaction-Cost Economics: The Governance of Contractual Relations", *Journal of Law & Economics*, 22 (2), 1979, pp. 233 – 261.

Wu, X., "Corporate Governance and Corruption: A Cross-Country Analysis", *Governance: An International Journal of Policy, Administration and Institutions*, 18 (2), 2005, pp. 151 – 170.

Wulf, J., "Do Ceos in Mergers Trade Power for Premium? Evidence from 'Mergers of Equals'", *Journal of Law, Economics and Organization*, 20 (1), 2004, pp. 60 – 101.

Xi, C., "In Search of an Effective Monitoring Board Model: Board Reforms and the Political Economy of Corporate Law in China", *Con-*

necticut Journal of International Law, 22, 2006, pp. 1 – 46.

Xiao, J. Z., Dahya, J., Lin, Z., "A Grounded Theory Exposition of the Role of the Supervisory Board in China", *British Journal of Management*, 15 (1), 2004, pp. 39 – 55.

Xu, X., Wang, Y., "Ownership Structure and Corporate Governance in Chinese Stock Companies", *China Economic Review*, 10 (1), 1999, pp. 75 – 98.

Yalamov, T., Belev, B., "Corporate Governance: An Antidote to Corruption", *Working Paper*, 2002.

Yermack, D., "Flights of Fancy: Corporate Jets, CEO Perquisites, and Inferior Shareholder Returns", *Journal of Financial Economics*, 80 (1), 2006, pp. 211 – 242.

Zahra, S. A., Priem, R. L., Rasheed, A. A., "Understanding the Causes and Effects of Top Management Fraud", *Organizational Dynamics*, 36 (2), 2007, pp. 122 – 139.

Zingales, L., "What Determines the Value of Corporate Votes?", *Quarterly Journal of Economics*, 110 (4), 1995, pp. 1047 – 1073.

Zyglidopoulos, S. C., "Toward a Theory of Second-Order Corruption", *Journal of Management Inquiry*, 25 (1), 2015, pp. 3 – 10.

Zyglidopoulos, S. C., Fleming, P. J., "Ethical Distance in Corrupt Firms: How Do Innocent Bystanders Become Guilty Perpetrators?", *Journal of Business Ethics*, 78 (1 – 2), 2008, pp. 265 – 274.

图书在版编目(CIP)数据

企业外部环境与高管收益研究/张晶著. -- 北京：社会科学文献出版社，2021.1
ISBN 978 - 7 - 5201 - 7838 - 9

Ⅰ.①企… Ⅱ.①张… Ⅲ.①企业 - 管理人员 - 工资管理 - 研究 Ⅳ.①F275

中国版本图书馆 CIP 数据核字(2021)第 022024 号

企业外部环境与高管收益研究

著　　者 / 张　晶

出 版 人 / 王利民
责任编辑 / 高　雁
文稿编辑 / 王红平

出　　版 / 社会科学文献出版社·经济与管理分社(010)59367226
　　　　　 地址：北京市北三环中路甲29号院华龙大厦　邮编：100029
　　　　　 网址：www.ssap.com.cn

发　　行 / 市场营销中心 (010) 59367081　59367083
印　　装 / 三河市尚艺印装有限公司

规　　格 / 开　本：787mm × 1092mm　1/16
　　　　　 印　张：15.75　字　数：203千字

版　　次 / 2021年1月第1版　2021年1月第1次印刷

书　　号 / ISBN 978 - 7 - 5201 - 7838 - 9
定　　价 / 128.00元

本书如有印装质量问题，请与读者服务中心 (010 - 59367028) 联系

版权所有 翻印必究